财政部规划教材
全国高等院校财经类专业规划教材

大数据金融

张 云 主 编
韩 云 副主编

中国财经出版传媒集团
中国财政经济出版社

图书在版编目（CIP）数据

大数据金融/张云主编．--北京：中国财政经济出版社，2020.9（2024.8重印）

财政部规划教材　全国高等院校财经类专业规划教材

ISBN 978-7-5095-9922-8

Ⅰ.①大… Ⅱ.①张… Ⅲ.①金融－数据管理－高等学校－教材 Ⅳ.①F830.41

中国版本图书馆CIP数据核字（2020）第128473号

责任编辑：王佳欣　　　　责任校对：李　丽
封面设计：育林华夏

中国财政经济出版社 出版

URL：http://www.cfeph.cn

E-mail：cfeph@cfemg.cn

（版权所有　翻印必究）

社址：北京市海淀区阜成路甲28号　邮政编码：100142

营销中心电话：010-88191537

北京中兴印刷有限公司印刷　各地新华书店经销

787×1092毫米　16开　17.75印张　427 000字

2020年9月第1版　2024年8月北京第5次印刷

定价：65.00元

ISBN 978-7-5095-9922-8

（图书出现印装问题，本社负责调换）

本社质量投诉电话：010-88190744

打击盗版举报热线：010-88191661　QQ：2242791300

大数据是信息化发展的新阶段,在党的十九大报告中指出,要推动互联网、大数据、人工智能和实体经济深度融合,在中高端消费、创新引领、绿色低碳、共享经济、现代供应链、人力资本服务等领域培育新增长点、形成新动能。2020年3月30日,中共中央、国务院发布《关于构建更加完善的要素市场化配置体制机制的意见》,明确提出数据作为一种新型要素和劳动、资本、技术、土地等一起融入经济价值创造的过程中,推动社会的创新发展。我国正积极培育数据要素市场,推进大数据的开发利用,释放数据红利,而金融行业在经营管理业务中累积了海量数据,数据来源可靠且多元化。因此,应用大数据具有天然优势,大数据和金融的深度融合成为大数据应用的重要领域。

大数据金融正在改变金融业的商业模式和服务模式,提升金融行业服务价值,推动金融业创新发展。大数据金融市场广阔,应用场景不断扩展,迎来快速发展时期。当前,大数据在风险防控、信用评级、普惠金融、智能投顾和供应链金融等方面的应用发展迅速,改变了传统的金融风险管理模式和产品创新方式,能够进一步减少信息不对称性和道德风险,大幅提高金融体系的市场定价能力和服务效率,拓展金融服务的边界,提高金融机构服务的综合化和智能化。因此,大数据金融能够发挥大数据的指数效应,重构金融生态圈,释放数据金融价值,提高金融机构竞争力。未来金融业的竞争,将是数据间的竞争,大数据作为战略性资源的价值将愈发凸显。

为了满足大数据金融迅猛发展下的新型金融人才需要,高等院校金融人才培养的课程体系也需要不断更新和完善。教育部实施"六卓越一拔尖"计划2.0,全面推进新工科、新医科、新农科、新文科建设,提高高校服务经济社会发展能力,其中新文科建设就是要推动哲学社会科学与新科技革命交叉融合,显然大数据、云计算、人工智能和区块链等新技术将在中国特色人文社会科学学科体系构建中发挥重要作用,促进多学科专业的交叉融合。大数据金融有机融合大数据科学知识和金融专业知识,既有大数据算法等数据科学基础知识,又包括具体的金融行业应用和理论分析,是培养现代高素质复合型金融人才的重要课程。

本书在编写过程中,以大数据在金融行业的应用分析为重点,阐述大数据金融的含义、特征、具体应用以及大数据算法等知识,努力做到理论分析和实践案例的有机结合。本书适用于大学大数据金融等相关课程教学之用,也可以供金融机构和企业人士了解大数据金融相关知识和行业应用。全书共11章,主要研究内容如下表所示:

课程内容		核心知识点
第一章	大数据与大数据金融	本章从大数据的概念入手,阐述大数据的特征和演化发展过程。针对大数据与金融的融合,提出大数据金融的概念,具体分析大数据和金融的融合动因,并对其融合模式进行对比分析。最后,结合大数据的最新实践,分析大数据金融的发展趋势
第二章	大数据与银行业	首先,阐述大数据与银行的融合,分析银行业大数据发展的机遇和挑战。其次,从资产负债业务和中间业务等具体业务,分别阐述大数据在商业银行业务场景的创新应用和特点。最后,分析商业银行经营管理大数据的发展,包括运营管理变革和管理模式优化等
第三章	大数据与证券业	在阐述了大数据给证券业带来的具体变化的基础上,分别从量化投资、程序化交易和智能投顾等三个方面分析了大数据在证券业务上的创新应用,界定其概念,分析其具体应用方法及其发展趋势
第四章	大数据与保险业	首先,阐述了大数据保险的发展和产品革新情况,指出其应用现状和发展趋势。其次,分析了保险大数据在风险控制、精准营销和产品运营管理上的具体实践。最后,介绍了大数据保险的发展趋势和面临的问题
第五章	金融大数据与征信	首先,介绍了征信的基础知识,包括概念、发展历程、产品和服务、诚信体系等。其次,分析大数据征信理论和基本流程,从多学科介绍大数据征信理论基础。最后,阐述大数据征信的实践发展,包括金融大数据、网络借贷、反欺诈、芝麻信用分等的发展情况
第六章	大数据与风险管理	首先,简要介绍金融风险管理,包括金融风险的概念和类型等。其次,阐述大数据风险管理框架,包括风控数据、风控模型等。最后,具体介绍大数据在市场风险、信用风险、操作风险和流动性风险等风险管理中的实践应用
第七章	大数据与供应链金融	首先,阐述大数据在供应链金融中的应用状况,包括概念、发展演进等。其次,具体介绍供应链金融中的大数据分析与应用,包括大数据来源、类型、具体分析方法等。最后,分析了大数据在供应链金融风险管理中的应用和发展趋势
第八章	大数据与金融监管	从金融监管的本源入手,阐述金融监管的概念、特征和演化过程。继而,重点讲述监管科技的概念、发展动因和监管科技的主要模式。最后,分析当前监管科技的发展创新趋势
第九章	其他大数据金融机构与产品	本章节阐述信托、融资租赁、第三方支付、P2P网贷、众筹等其他金融机构在大数据上的发展应用情况,包括具体应用场景、大数据应用特点和具体大数据金融产品的概念与特征,分析其发展应用趋势

续表

课程内容		核心知识点
第十章	大数据金融商业模式与生态环境	本章节阐述大数据金融商业模式的概念和分类，介绍其构成要素，分析大数据应用的典型金融商业模式创新和发展趋势，分析大数据金融生态环境概念、发展演化趋势和生态环境建设
第十一章	金融大数据资源和算法	本章节讲述了金融大数据资源的类型和特点，介绍金融大数据挖掘技术基础，包括概念、挖掘流程和常用挖掘工具等，讲解金融大数据挖掘的经典算法，包括分类、聚类分析、特征抽取、关联规则、时间序列分析等经典算法

参与本书编写的人员包括上海立信会计金融学院、长沙理工大学、桂林电子科技大学等高校教师以及金融机构和金融科技公司的专业人士，各章主要负责人为：第一章，张云；第二章，王东明；第三章，刘郭方；第四章，李文；第五章，李兆琼、尹筑嘉；第六章，孙洁；第七章，李雪静；第八章，韩云、张云；第九章，甘晓丽；第十章，褚燕；第十一章，李兆琼、尹筑嘉。

在本书出版之际，感谢中国财政经济出版社的大力支持和主动服务。本书编写过程中，借鉴了大量专业人士、同行和机构的文献资料，在此表示诚挚的谢意，如有不当之处，敬请指正。由于我们经验有限，书中难免有错误和不足之处，请广大师生和读者朋友对本书提出宝贵意见和建议，欢迎同行专家批评指正，以便后续修改完善。

编 者

2020年8月10日于上海

第一章	大数据与大数据金融	(1)
	第一节　大数据的概念	(1)
	第二节　大数据与金融的融合	(9)
	第三节　大数据金融的发展趋势	(17)
第二章	大数据与银行业	(23)
	第一节　大数据和银行业的融合	(23)
	第二节　商业银行负债业务大数据	(27)
	第三节　商业银行资产业务大数据	(31)
	第四节　商业银行中间业务大数据	(35)
	第五节　商业银行经营管理大数据	(40)
第三章	大数据与证券业	(47)
	第一节　大数据分析在证券业中的应用	(47)
	第二节　量化投资	(51)
	第三节　程序化交易	(64)
	第四节　智能投顾	(69)
第四章	大数据与保险业	(81)
	第一节　保险业大数据的发展与产品革新	(81)

第二节　保险业大数据在风险控制方面的应用　　（88）

第三节　保险业大数据在精准营销中的应用　　（92）

第四节　保险业大数据在产品运营管理中的应用　　（96）

第五节　保险业大数据未来的发展趋势与问题　　（98）

第五章　金融大数据与征信　　（103）

第一节　征信基础知识　　（103）

第二节　大数据征信理论基础　　（109）

第三节　金融大数据在征信中的应用　　（113）

第六章　大数据与风险管理　　（120）

第一节　金融风险管理简介　　（120）

第二节　大数据风险管理框架　　（123）

第三节　大数据与市场风险管理　　（126）

第四节　大数据与信用风险管理　　（129）

第五节　大数据与操作风险管理　　（133）

第六节　大数据与流动性风险管理　　（135）

第七章　大数据与供应链金融　　（138）

第一节　大数据在供应链金融管理中的应用　　（138）

第二节　供应链金融管理中大数据的分析与运用　　（142）

第三节　大数据下的供应链金融风险管理及趋势　　（150）

第八章　大数据与金融监管　　（157）

第一节　金融监管的发展　　（157）

第二节　金融监管与监管科技　　（162）

第三节　监管科技的模式与创新　　（169）

第九章　其他大数据金融机构与产品　(179)

- 第一节　信托业大数据金融　(179)
- 第二节　融资租赁业大数据金融　(187)
- 第三节　第三方支付大数据金融　(192)
- 第四节　P2P 网贷大数据金融　(199)
- 第五节　众筹大数据金融　(204)
- 第六节　互联网金融门户大数据金融　(207)

第十章　大数据金融商业模式与生态环境　(211)

- 第一节　大数据金融商业模式概述　(211)
- 第二节　大数据金融商业模式构成要素　(214)
- 第三节　基于大数据应用的典型金融商业模式创新　(217)
- 第四节　大数据金融商业模式的创新发展趋势探索　(222)
- 第五节　大数据金融生态环境演化趋势　(225)
- 第六节　大数据金融生态环境建设　(230)

第十一章　金融大数据资源和算法　(233)

- 第一节　金融大数据资源　(233)
- 第二节　金融大数据挖掘基础　(239)
- 第三节　金融大数据挖掘的经典算法　(245)

参考文献　(270)

第一章　大数据与大数据金融

【本章重要知识点】

- 大数据的概念、特征和演化
- 大数据金融概念、动因和模式
- 大数据金融的发展趋势

第一节

大数据的概念

一、什么是大数据

大数据（Big Data），IT 行业术语，是指无法在一定时间范围内用常规软件工具进行捕捉、管理和处理的数据集合。有研究机构[①]提出"大数据"需要新处理模式才能具有更强的决策力、洞察发现力和流程优化能力来适应海量、高增长率和多样化的信息资产。麦肯锡全球研究对"大数据"的定义是：一种在获取、存储、管理、分析方面大大超出了传统数

[①] Gartner（高德纳，又译为顾能公司，NYSE：IT and ITB）是全球最具权威的 IT 研究与顾问咨询公司，成立于 1979 年，总部设在美国康涅狄克州斯坦福。

据库软件工具能力范围的数据集合，具有海量的数据规模、快速的数据流转、多样的数据类型和价值密度低四大特征。因此，我们可以把"大数据"界定为无法在一定时间范围内用常规软件工具进行捕捉、管理和处理的数据集合，是需要引入新的处理模式才能具有更强的决策力、洞察发现力和流程优化能力的海量、高增长率和多样化的信息资产。

大数据通常包含的数据大小超出了传统软件在可接受的时间内处理的能力。由于技术进步，发布新数据的便捷性以及全球大多数政府对高透明度的要求，大数据分析在现代研究中越来越突出。大数据分析技术是指从各种各样类型的数据中，快速获得有价值信息的能力。大数据一般无法使用单台的计算机进行处理，快速发展的分布式计算及多样的数据分析模型使海量数据处理成为可能。随着云时代的来临，大数据分析通常和云计算联系在一起，实时的大型数据集分析需要向数十、数百甚至数千的计算机分配工作。大数据技术的意义就在于对数据进行专业化处理，通过提高数据"加工能力"，依靠"加工"实现数据的"增值"。

【知识拓展】

数据科学的发展历史

自 20 世纪中期以来，生物学领域的基因组测序技术迅猛发展，积累了海量的生物学数据，如何处理这些数据，是生物学家们面临的一种新挑战，同样的数据分析问题也存在于其他领域（如气象学、社会学等）和复杂系统的研究之中。值得注意的是，国际科学技术数据委员会（Committee on Data for Science and Technology，CODATA）于 1966 年成立，旨在提升数据的质量、可信度、可达性并加强数据的管理，从而在世界范围内实现共享科技数据的目标。1984 年 6 月，中国科学院以国家会员的身份加入 CODATA。

基于数据的相关研究已得到学术界的广泛关注。数据科学是一门以大量观测数据、理论数据和计算机模拟数据为研究对象，通过挖掘、提取等手段寻求其内在规律的学科。1960 年，Peter Naur 首次提出"数据科学"（Data Science）这一术语。1996 年，在日本东京召开的分类国际联合会（The International Federation of Classification Societies，IFCS）上，第一次将数据科学用于会议题目——"数据科学，分类和相关方法"（Data Science, Classification and Related Methods）。美国普渡大学统计学教授 William S. Cleveland 于 2001 年首次倡导将数据科学建设成一门独立的学科，他认为数据科学是统计学领域扩展到与以数据作为先进计算对象相结合的部分，并建立了数据科学的六个技术领域：多学科研究、数据模型和方法、数据计算、教育、工具评估、理论。

2001年，CODATA创办了学术期刊《CODATA Data Science Journal》，标志着数据科学的诞生。2003年，由中美两国学者共同创办的《Journal of Data Science》在哥伦比亚大学正式出版，该期刊主要发表关于数据的研究成果，如数据的收集、分析和建模。2012年，Springer出版集团创办了期刊《EPJ Data Science》，该期刊的主办方认为，21世纪出现的"数据驱动科学"是传统"假说驱动科学"研究方法的重要补充。数据的出现促进了科学研究范式的变革。利用电子计算机，在对密集型数据进行深度挖掘后获取有用信息，由此催生了不同学科领域的新的研究方向，如生物信息科学、地理信息科学等。这种发展伴随着科学范式从"还原主义"到"复杂系统"的转变，不仅极大地丰富了自然科学的研究范式，而且对技术—社会—经济科学研究也产生了非常重大的影响。

二、大数据的特征

2001年2月，梅塔集团（Mehta Group）的分析师道格·莱尼发表题为《3D数据管理：控制数据容量、处理速度及数据种类》的研究报告，提出数据成长将朝三个方向发展，分别为数据及时处理的速度（Velocity）、数据格式的多样化（Variety）与数据量的规模（Volume），称为"3V特征"。随着信息咨询科技的进步，数据量的复杂程度越来越高，"3V"已无法概括新时代的大数据，众多研究者、高科技公司（IBM）等纷纷提出新的概括特征。大数据主要具有"4V"特征（见图1-1），即Volume（量级巨大）、Variety（多样性）、Velocity（高速处理）、Value（价值密度低），以及其他一些特征。

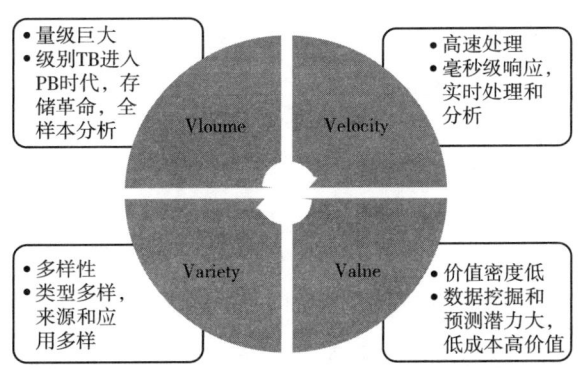

图1-1 大数据的主要特征

（一） Volume（量级巨大）

海量数据是大数据最基本的特征，计算机数据最小的基本单位是 bit，按顺序给出所有单位：bit、Byte、KB、MB、GB、TB、PB、EB、ZB、YB、BB、NB、DB。它们按照进率1 024（2 的十次方）来计算。一般数据库的大小在 TB 级别，大数据的标准是其数量级要超过100TB，往往起始计量单位在 PB（1PB = 1 024TB）级别，有的甚至跃升至 EB、ZB 级别，其采集、存储和计算的量都非常大。一本普通高清电子图书只有几十 MB，大数据的要求是其数量相当于上亿本图书，在过去是难以想象和处理的。信息技术和网络技术的发展，微型计算机、移动终端设备技术的进步提供了大量的源数据，使人类的一切商业或非商业的活动得以被记录下来；存储介质的革命、单位芯片的晶体管几何级增加又使超级数据的保存成为可能；超级计算机、云计算技术又给数据的转换、分析提供了便捷。大数据"大"的特性有另一层含义，就是追求样本的"全"。过去由于知识与技术制约，只能通过抽样方法获取数据和进行分析预测，现在信息技术成熟后获取数据的成本"瓶颈"得以解决，采用全样本分析，较抽样更具说服力。

（二） Variety（多样性）

数据类型是多种多样的，具体表现为图片、视频、音频、地理位置信息、网络日志等。目前所有数据中绝大部分是数字数据，只有不到2%是书本等非数字数据，数字数据本身也存在结构化数据和非结构化数据之分。结构化数据是指存储在数据库中，可以通过二维表结构实现逻辑表达的数据，而非结构化数据，是很难通过二维逻辑表来表达的。例如，早期的文本信息，主要为邮件、医疗档案、写作文档等；互联网和物联网发展之后，网页搜索记录、图片、视频、社交媒体状态等也纳入其中。多类型的数据对数据处理能力的要求更高，已冲破了以前所限定的结构化数据的范畴。大数据的多样性特征的另一层含义是数据来源及数据应用是多样性的。

（三） Velocity（高速处理）

在数据量非常庞大的情况下，大数据技术的应用能够实现数据的实时处理与分析，与传统的数据挖掘技术有着本质的不同。数据量增大对数据的处理速度、时效性也提出了更高的要求，大数据时代数据获取是随时随地进行的，是毫秒级响应的。例如，在购物网页上的停留会立刻被记录在数据库中，同时数据也在进行高速处理，当我们刚刚换到新的网页时就会为你推荐之前在购物网站浏览的类型相似的商品。在日新月异的时代，企业实时分析处理数据信息，才能获得消费者当时的偏好，并立刻作出生产和销售决策，大数据技术正好能满足这一需求，这也是其区别于传统数据挖掘的显著特征。

（四）Value（价值密度低）

传统数据基本都是结构化数据，每个字段都有用，价值密度非常高。在大数据领域，数据量越大，数据价值密度越低是常见的情况，因为越来越多的数据都是半结构化和非结构化数据。以视频为例，几个小时的视频，在持续的监控过程中，有价值的数据可能只有一两秒；网站访问日志里面大量内容都是无价值的，虽然数据量比以前大了N倍，但单位数据所产生的有价值的信息量低了很多。互联网技术广泛应用后信息感知无处不在，大量信息的价值密度很低，如何结合业务逻辑并通过强大的机器算法来挖掘数据价值，利用大数据以低成本创造高价值，是大数据时代需要解决的问题。

（五）其他特征

除了上述"4V"特征之外，研究者和机构还总结出其他特征，例如，数据的Veracity（真实性）。随着社会数据、商业交易与应用数据等新型数据源的兴起，企业越来越希望得到有效的信息以确保其真实性及安全性。大数据相比传统数据是低价值密度的，在抽样时代，数据量小，每个数据都显得很重要，但存在随机抽样带来的偏态风险；在大数据时代，"样本=总体"，虽然数据的价值密度变低了，但每一个数据都是对真实世界的无偏刻画。例如，以前想要获得春节联欢晚会的收视率与好评度，一般采用电话随机采访的抽样调查，而现在基于互联网等技术可以直接从智能电视和计算机终端获取全部的收视数据。大数据的另一个特征是在线的（Online），在线的数据可以随时调用和处理，互联网高速发展时代的数据资源不仅是体量大，更重要的是数据只有在线才能够及时传递，数据使用方通过数据分析或数据挖掘进行加工。提炼出的大数据特征有：存活性（Viability）低，指的是在特定情况下的大数据具有很强的时效性；可变性（Variability），指妨碍了处理和有效地管理数据的过程；复杂性（Complexity），数据量巨大，而且数据的来源是多渠道。

三、大数据的演化

大数据的发展可以分为萌芽阶段、发展阶段和兴盛阶段，如图1-2所示。在萌芽阶段，大数据主要是一种构想，其概念内涵逐渐丰富；在发展阶段，大数据进入众多研究者视野，并且取得阶段性突破，进入逐渐成熟发展期；在兴盛阶段，大数据概念风靡全球，各个国家都重视大数据发展，其从理论迈向实际应用。

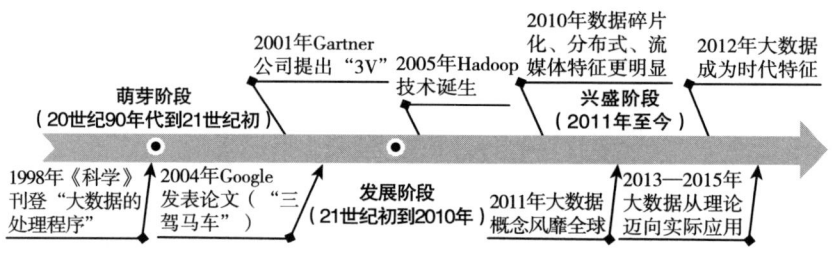

图1-2 大数据发展阶段时间轴

(一) 20世纪90年代到21世纪初：大数据的萌芽阶段

这个阶段的"大数据"主要是一种概念构想。1997年10月，美国国家航空航天局（NASA）阿姆斯研究中心的迈克尔·考克斯（Michael Cox）和大卫·埃尔斯沃斯（David Ellsworth）在第八届美国电气和电子工程师协会（Institute of Electrical and Electronics Engineers，IEEE）关于可视化的会议论文集中首次使用了"大数据"的概念；1998年《科学》刊登一篇名为"大数据的处理程序"的文章，明确使用了"Big Data"一词。刚开始"大数据"概念还没有涵盖到相关的收集、存储、分析、应用等技术方法与特征内涵，随着数据挖掘理论和数据库技术的逐步成熟，如数据仓库、知识管理系统等工具和技术被广泛应用，"大数据"内涵才得以丰富，所以这个时期是大数据的萌芽阶段。

(二) 21世纪初到2010年：大数据的发展阶段

21世纪初研究者已经开始关注大数据，如经济学家弗朗西斯·迪博尔德（Francis X. Diebold）在2000年撰写的《大数据，宏观经济度量与预测动态因素模型》一文中讨论了大数据在经济分析方面的运用。2001年，美国Gartner公司的Doug Laney首先提出了"3V"（Volume、Velocity和Variety）模型来描述大数据处理系统与传统数据处理系统的不同。

2003—2006年是大数据发展的突破阶段，是非结构化数据的自由探索阶段。2004年前后，Google发表了三篇重要论文，俗称"三驾马车"：分布式文件系统GFS、大数据分布式计算框架Map Reduce、NoSQL的数据库系统Big Table。2004年Facebook的创立使大量非结构化数据涌现，大数据技术的快速突破得益于非结构化数据的爆发。2005年，Hadoop技术诞生，包含两项关键服务：采用分布式文件系统（HDFS）的可靠数据存储服务和利用Map Reduce技术的高性能并行数据处理服务。

2006—2009年为大数据发展的成熟阶段，大数据技术并行运算与分布式系统基本形成。2007年数据密集型科学出现，为科学界提供新的研究方式，而且为大数据的发展提供科学依据。2008年《科学》杂志推出了一系列大数据专刊，详细讨论了大数据问题。2010年，随着智能手机的日益广泛应用，数据的碎片化、分布式、流媒体特征更加明显，移动数据量急剧增长。这一时期大数据作为新名词，其概念和内涵得到进一步丰富，相关数据处理技术层出不穷。

（三）2011年至今：大数据的兴盛阶段

2011年大数据概念开始风靡全球。通用开发了沃森超级计算机，通过每秒扫描和分析4TB数据打破了世界纪录，大数据计算达到新的高度。麦肯锡（Mc Kinsey）全球研究院（MGI）发布研究报告《大数据：创新、竞争和生产力的下一个新领域》，这是专业机构第一次全面介绍和展望大数据。之后，经Gartner技术炒作曲线和2012年维克托舍恩伯格《大数据时代：生活、工作与思维的大变革》的宣传推广，大数据概念开始风靡全球。

2012年大数据已经成为重要的时代特征。1月，在瑞士达沃斯召开的世界经济论坛上，大数据成为主题之一，会上发布报告《大数据，大影响》，称数据已经成为一种新的经济资产类别，就像货币和黄金一样。3月，美国奥巴马政府在白宫网站发布《大数据研究和发展倡议》，标志着大数据已经成为重要的时代特征，也意味着大数据从商业行为上升到国家科技战略这一更高层面。7月，联合国在纽约总部发布了关于"大数据政务"的白皮书，概括性地阐述了各国政府如何利用大数据更好地服务和保护人民。

2013—2015年大数据从理论迈向实际应用。大数据产业发展成为一种新型产业，其市场化和规模化程度得到提升，数据租售服务大量出现，数据分析企业专业化运作，数据决策外包服务更加高效，云计算的爆发推动了更多企业向智能化转型，同时"大数据"监管进入大众视野。我国证监会构建证券市场监控的综合数据模型，全面提升对内幕交易、市场操纵、证券欺诈等文本信息的挖掘和监管。2014年"大数据"首次写入我国《政府工作报告》，指出要设立新兴产业创业创新平台，在大数据等方面赶超先进，引领未来产业发展。2014年12月，中关村大数据产业联盟与计算机协会发布《大数据白皮书》，第一次全面系统地阐述了我国大数据产业发展与学术研究的大方向，分析我国大数据市场当前发展现状以及未来发展趋势。2015年9月，国务院正式印发《促进大数据发展行动纲要》，明确推动大数据发展和应用，系统部署大数据发展工作。很显然，信息技术与经济社会的交汇融合引发了数据迅猛增长，数据成为国家基础型战略资源，大数据越来越受到重视，至此，大数据从理论迈向实际应用。

【案例】

腾讯大数据的发展历程

2019年腾讯大数据技术沙龙首站——Angel专场在深圳举办，腾讯大数据团队详细披露了腾讯大数据十年发展历程，并全面展示了腾讯第三代全栈机器学习平台Angel在大模型数据训练、深度学习、图计算等方面的技术能力，也深入分享了在微信支付、效果广告、微众银行等场景上的应用案例。作为大数据领域的前沿探索者，腾讯大数据从2009年开始，经历离线计算、实时计算与机器学习三个阶段，在实践中积累了大量的经验，如图1-3所示。

图1-3 腾讯大数据的发展历程

腾讯大数据负责人刘煜宏介绍，2009年之前，腾讯主要使用传统的关系型数据库。2009年开始，传统的单机数据库所提供的服务，在系统可扩展性、性价比方面已不再适应腾讯业务的爆发式增长。面对这种变化，腾讯大数据转向分布式，基于开源的Hadoop体系，构建了腾讯第一代大数据平台，并建设离线计算平台，主要发力规模化。腾讯大数据由此进入第一阶段。三年里，腾讯实现了从关系型数据库到自建大数据平台的全面迁移，到2012年，腾讯大数据的单集群规模突破了4 400台。

2012年，移动互联网爆发，为适应业务数据统计及时性、快速性的需求，腾讯大数据从Hadoop转向Spark和Storm体系，在吸收开源技术的基础上，结合腾讯自身的需求进行重写，探索流式计算、秒级采集系统的建设，构建企业级的实时数据分析体系，腾讯大数据发展进入第二阶段。

2015年至今，腾讯大数据迈入了第三阶段。随着数据挖掘、数据应用的深入，腾讯大数据再次自我迭代，于2016年推出了自研机器学习平台Angel，专攻复杂计算场景，可进行大规模的数据训练，支撑内容推荐、广告推荐等AI应用场景。它由腾讯与北京大学等联合研发，兼顾了工业界的高可用性和学术界的创新性；不仅支撑腾讯自身业务需求，在行业上也具有里程碑意义。

第二节

大数据与金融的融合

一、大数据金融的概念与特点

（一）大数据金融的概念

大数据金融（Big Data Finance）是运用大数据技术开展金融服务，即集合海量结构化、半结构化、非结构化数据，通过互联网、云计算和数据挖掘等信息技术进行实时分析，向客户提供全方位的信息，并通过分析和挖掘客户的交易信息和消费习惯，精准预测客户的行为，支持开展资金融通和提供创新金融服务。大数据技术与金融相结合形成独特的应用场景，彻底改变了传统金融服务模式，大数据金融对传统金融行业革新、产业链价值重构、金融生态圈建设等起到了重要的推动作用，如图1-4所示。

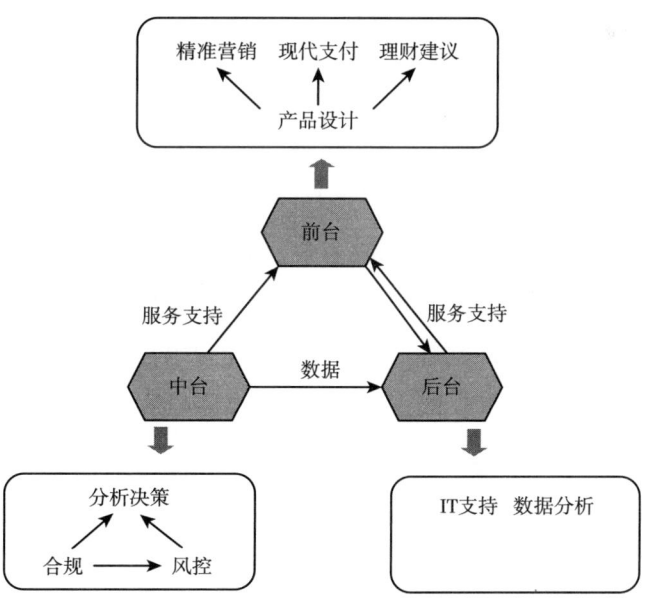

图1-4 大数据和人工智能的金融应用场景

(二) 大数据金融的特点

1. 平等开放

传统金融服务体现资金中介和信息中介的功能，降低资金融通成本以及减少信息不对称引发逆向选择和道德风险问题。大数据金融时代，新兴技术如社交网络、物联网、搜索引擎、移动互联网等改变了信息产生、传播、处理和运用的方式，避免了信息不对称和物理距离障碍，金融机构不再拥有社会经济信息中心的地位，企业也不再通过向金融机构提供信息来获取信用，资金供需双方可以直接通过网络获取信息并参与交易。大数据金融领域，开放的信息流、数据流引导各类资源的有效分配，包括金融机构在内的各个主体需要以开放的方式与其他主体进行平等交流获取信息。

2. 高生产力

大数据与金融结合，可以创造出巨大的经济价值，相关企业和金融机构表现出更高生产力。大数据金融有利于金融机构进行精准营销，通过全面分析自身内部数据和外部社会化数据，避免因客户信息不对称而导致错误认知，大大提高其金融服务效率；金融机构可以通过现有客户及其社交网络或商业网络找到更有价值的潜在客户并发起精准营销；提供更为周到的金融服务，增加客户的认同感和归属感，在客户心目中树立起良好的企业形象。大数据信息技术发展还实现了金融产品交易虚拟化，驱动金融供应链对外延伸，降低了全社会融资成本和财务费用，提高了金融机构和整个市场的生产效率。

3. 决策科学

大数据为金融机构经营决策提供了全面、及时的决策支持信息，大数据的客观性和价值性改变了传统金融机构决策依赖于样本数据分析和高层管理经验，构建以数据为核心进行决策判断的决策机制。金融机构通过大数据分析技术对海量结构化数据和非结构化数据进行分析、判断和提取后，能够及时准确地发现业务和管理领域可能存在的机会与风险，为业务发展和风险防范提供重要决策依据。大数据金融脱离了传统风险管理理念和工具，使金融机构可以准确量化风险，增强风险的可控性，及时发现潜在风险并有效规避风险，呈现出全方位、立体的客户构图，并贯穿于整个业务流程，有效防范和控制金融风险。

4. 数字化

大数据金融带来了金融机构业务的数据化和网络化，而且表现出虚拟化和电子化的交易特征。传统的资金流将转变为数据信号的交换，电子货币等数字化金融产品在经济生活中将成为主流。金融机构传统服务模式发生变化，人工服务将逐渐被移动互联网、全息仿真技术等科技手段所替代，虚拟的渠道更广泛地向客户提供金融服务。金融机构业务流程中所使用的单据和凭证等，将逐渐由传统的纸质形式转变为数字文件的形式，极大地提高了工作效率和便利性。可见,数字化实现了金融产品、服务和资金等虚拟化发展趋势,"数字金融"将成为未来金融机构和金融行业的主流。

【知识拓展】

数字货币

数字货币可以认为是一种基于节点网络和数字加密算法的虚拟货币。数字货币的核心特征主要体现在三个方面:由于来自于某些开放的算法,数字货币没有发行主体,因此没有任何人或机构能够控制它的发行;由于算法解的数量确定,所以数字货币的总量固定,这从根本上消除了虚拟货币滥发导致通货膨胀的可能;由于交易过程需要网络中的各个节点的认可,因此数字货币的交易过程足够安全。电子货币、虚拟货币与数字货币的对比,如表1-1所示。

表1-1 电子货币、虚拟货币与数字货币的对比表

对比标的	电子货币	虚拟货币	数字货币
发行主体	金融机构	网络运营商	无
使用范围	一般不限	网络企业内部	不限
发行数量	法币决定	发行主体决定	数量一定
储存形式	磁卡或账号	账号	数字
流通方式	双向流通	单向流通	双向流通
货币价值	与法币对等	与法币不对等	与法币不对等
信用保障	政府	企业	网民
交易安全性	较高	较低	较高
交易成本	较高	较低	较低
运行环境	内联网、外联网、读写设备	企业服务器与互联网	开源软件、P2P网络
典型代表	银行卡、公交卡	Q币、论坛币	比特币、莱特币

资料来源:朱阁. 数字货币的概念辨析与问题争议. 价值工程,2015 (31).

二、大数据金融的发展动因

(一) 金融企业追求利润的需求

大数据金融得到快速发展,很大程度上取决于金融企业追求更高的利润,适应人们对快速高效金融服务的需求。金融企业作为市场经济参与者,一般来说都有追求利润的意愿。以银行为例,除了一些政策性银行外,商业银行会以追求利润最大化为经营目标。传

统金融企业的服务水平和管理效率低下、运营成本和风险控制成本过高，盈利能力不足。大数据技术迎合了金融企业紧跟时代趋势、转变经营战略的需求，可以推动金融企业提高管理效率，降低运营和管理成本，提高风险控制能力，从而提高盈利水平。首先，大数据技术可以提高金融企业的内部管理水平，通过减少组织纵向层级，增强横向联系来推进组织机构扁平化，使金融企业内部管理信息的传递效率和质量均有所提高；而且金融企业可以在大数据技术支持下得到精确的客户画像，使金融机构能够更好地了解客户的消费特征和行为习惯，及时、准确地推荐合适的产品或者服务于合适的客户，提高营销的成功率和服务水平，得以降低人力物力成本。其次，金融企业可以通过大数据技术完善征信体系，提高风险管理效率，降低业务成本。征信体系通过大数据技术对各类信息进行高效率的综合分析，判断客户违约的概率，通过采集更广泛、更真实的数据，利用大数据分析和处理技术，更深刻地分析客户或项目的风险，从而更好地监控风险，改善风险决策，提高风险管理效率。国内金融机构对大数据的认知已经从探索阶段进入认同阶段，金融行业对大数据的需求属于业务驱动型，希望应用大数据技术使营销更精准、风险识别更准确、经营决策更具针对性、产品更具吸引力，从而降低企业成本，提高企业利润。

（二） 互联网企业进军金融业的冲击

互联网企业凭借其强大的数据积累和客户基础进军金融业，创造全新的业务模式，获得了新业务的巨大收益，同时也冲击着传统金融企业的地位，对传统金融企业的运行甚至生存构成潜在威胁。百度、阿里巴巴、腾讯、京东等互联网企业，利用原有平台的海量用户交易数据，分析用户的消费偏好、行为模式，进而为用户提供个性化服务，利用平台协同效应为用户提供多样化的理财服务。一些新兴金融机构，例如，小额信贷公司依托于互联网和大数据技术，为优质客户提供"金额小、期限短、随借随还"的纯信用小额贷款服务，这种基于大数据分析的贷款模式将传统的抵押贷款模式转变为信用贷款模式，节省人力物力，对传统金融企业贷款模式形成替代。互联网企业还以数据为基础，完善客户信用评估和构建信用体系，例如，芝麻信用、腾讯信用，对传统金融企业业务形成一定冲击。传统金融企业如果不引进大数据技术，转变经营思维，创新业务发展模式，提高自身竞争力，那么将逐渐被淘汰。互联网企业进军金融业引发的行业竞争，实际上是推动大数据技术在金融行业发挥重要作用和发展。

（三） 大数据技术在金融业的应用

后金融危机时代全球经济处于复苏阶段，信息技术的发展推动金融业进入一个全新的发展阶段，各种新型金融企业和金融新业态层出不穷。大数据、人工智能、云计算等新科技日趋成熟，推动金融行业变革，削弱信息不对称性，帮助企业控制风险、降低成本、发掘个性化需求与潜在价值。通过大数据技术，金融企业可以精确地刻画出客户画像。个人客户画像包括人口统计学特征、消费能力数据、兴趣数据、风险偏好等；企业客户画像包括生产、流通、运营、财务、销售和客户数据、上游和下游相关产业链数据。金融企业利用大数据技术对客户个人情况等静态信息和交易记录等动态信息进行综合分析，得出客户的消费偏好、风险偏好等内在的客户行为数据，可以为客户提供个性化的服务。例如，精准营销中的一种典型模式——实时营销，可以根据客户当时的所在地、客户最近一次交易记录等信息数据进行有针对地营销，或者把客户改变居住城市等生活状态事件挖掘成营销机会，从而大大提高了金融服务效率。大数据技术也在客户金融生命周期管理上发挥了重大的作用，它可以帮助建立监测模型，分析客户在金融生命周期的阶段，从而对其提供差异化的服务，例如，为处于不同生命周期阶段的客户提供不同的理财规划方案与金融产品和服务；同时可以培养潜在客户，发挥现有客户的潜在价值，从整体上改善前瞻性金融服务水平。图1-5系统阐释了科技赋能现代金融业的发展状况。

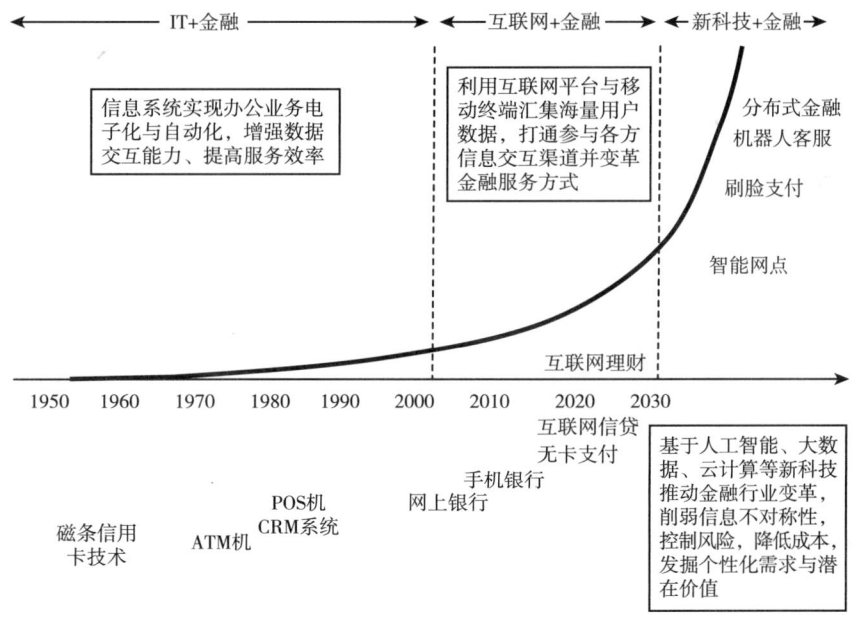

图1-5 科技赋能现代金融业发展[1]

---

[1] 资料来源：艾瑞咨询研究院。

三、大数据金融的模式

大数据金融的模式分为平台金融模式和供应链金融模式。平台金融模式是指平台的所有者依靠聚集于平台的商户多年的交易数据积累,利用互联网、云计算等技术对数据进行专业挖掘,再与传统金融服务相结合,通过平台向企业或个人提供资金融通、结算等快捷的金融服务。供应链金融模式指供应链条中的核心企业依托自身的产业优势地位,掌控上下游企业的现金流、进销存、合同订单等数据信息,利用自有资金(平台)或与其他金融机构合作,对上下游企业提供金融服务。两种金融模式的优势及典型代表如表1-2所示。

表1-2　　　　　　　　　　　大数据金融的模式

类型	业务运营	优势	典型代表
平台金融模式	平台的所有者利用自身掌握的大数据,利用互联网、云计算等技术进行专业挖掘,向企业或个人提供金融服务	● 拥有庞大的数据流量,征信系统数据完善,有助于解决风险控制的问题 ● 依托于平台企业的交易系统,具有稳定、持续的客户源 ● 可以有效解决信息不对称的问题,将借贷流程流水线化	阿里金融、腾讯等
供应链金融模式	供应链条中的核心企业掌控上下游企业数据信息,利用自有资金(平台)或与其他金融机构合作,对上下游企业提供金融服务	● 核心企业对资金需求企业以及产业链进行风险评估,扩大市场服务范围 ● 解决传统供应链金融发展过程中的问题,促进整条产业链的协调发展 ● 可以满足企业的短期资金需求,增加对中小企业的关注度及实际服务效果	京东商城、华胜天成等

(一)平台金融模式

平台金融模式主要依靠交易平台所拥有的数量庞大的商户经营活动大数据,平台的所有者就是利用这些大数据进行专业数据挖掘,完成对平台上商户的信用评价、授信服务,进而提供资金融通和结算等金融服务。平台金融模式具有的优势:一是平台的所有者掌握平台上商户的庞大交易数据信息,依托完善的征信系统数据解决风险控制的问题,金融核心在于信用评估和风险管理,基于大数据的信用评估,可以有效解决风险控制问题、降低坏账率;二是依托于平台较好的交易系统,具有稳定、持续的客户源,可以形成良性互动的发展关系;三是依托大数据和先进的云计算技术,系统能够自动进行信用评价和授信服务,有效解决信息不对称问题,借贷流程完全实现流水化,提升效率且降低运营成本。

阿里金融是典型的平台金融模式。2013年1月1日，阿里巴巴集团开始建立阿里金融、电商平台、数据服务三大业务板块，旨在重建一个金融信用体系。2014年10月，蚂蚁金服正式上线，它集成了阿里在金融领域的强大势力，在架构上有三个子平台：理财（存）、融资（贷）和支付（汇），被誉为目前互联网金融最大的平台之一。2015年2月，阿里小贷重组进入蚂蚁金服。根据服务对象和服务范围的不同，阿里小贷分为淘宝贷款和阿里巴巴贷款两大类。淘宝贷款主要面向天猫、淘宝平台上的中小企业、个人创业者，阿里巴巴贷款主要面向阿里巴巴B2B平台的会员商家。阿里小贷在支付宝、阿里云计算平台以及网络贷款系统的支持下，凭借强大的数据库支持，通过客户体系、信用模型、授信审批、风险管理、贷款产品等各个模块的配合运作，充分发挥低成本和高效率优势，打造了"微贷工厂化"的运营模式。

（二）供应链金融模式

供应链金融模式指供应链条中的核心企业依托自身优势地位，掌控上下游企业的现金流、进销存、合同订单等数据信息，对上下游企业提供金融服务。传统供应链金融仅仅针对某个特定的产业链条，依托于某一个实力雄厚的核心企业，以自有资金或者联合金融机构对整个供应链条的参与者提供金融支持和服务，促进产业链协调发展；大数据视角下的供应链金融涵盖的面则更为广泛，而且依赖于精确的数据"理性"。供应链金融模式具有三方面优势：一是核心企业对资金需求企业以及产业链进行风险评估，给平台上下游各个中小企业提供信用支撑，突破了单个供应链的限制，扩大了市场服务范围；二是发挥对上游企业信息收集、信息挖掘、信用评估的作用，进而向银行提供担保，解决传统供应链金融发展过程中的问题，促进整条产业链的协调发展；三是可以满足企业的短期资金需求，增加对中小企业的关注度及实际服务效果。

中国供应链金融经历了三个发展阶段。第一个阶段是传统供应链金融模式（"1+N"模式），主要是银行基于供应链中的核心企业"1"的信用支持为其上下游企业"N"提供融资服务。第二个阶段是线上供应链金融模式（线上"1+N"模式），主要是通过技术手段对接供应链的上下游及各参与方，包括核心企业、上下游中小企业、银行等资金提供方以及物流服务商等，将供应链中的商流、物流、资金流、信息流在线化。第三个阶段是电商供应链金融模式（"M+1+N"生态圈模式），"1"代表服务于供应链的综合服务平台，"M""N"分别代表上下游中小企业，通过互联网技术的深度介入，打造一个综合性的大服务平台代替核心企业来给平台上下游各个中小企业提供信用支撑，突破了单个供应链的限制。电商供应链金融模式不仅是产业链与金融的结合，更是"互联网+产业链+金融"三个要素的高度融合，构建了依托三大产业的跨地域、跨行业、跨平台、跨资金来源的金融生态圈。

京东供应链金融属于典型的电商供应链金融模式（"M+1+N"生态圈模式）。京东将电商平台、物流等各种渠道的信息流融合，开发针对特定场景的金融产品，凭借其自建的物流体系及客户和技术优势构建了以京东电商平台为依托创建的供应链金融模式。2013年10月，京东金融正式独立运营，打造"一站式"在线投融资平台，作为京东"电商、互联网金融、物流业务、技术平台"四驾马车之一。京东金融在2013年12月6日正式发布集京东基因、大数据基因和互联网基因为一体的一款互联网保理产品——"京保贝"，主要根据京东自营平台上下游企业的以往交易记录与资金周转状况等数据为京东自营供应商提供融资服务。2014年10月28日"京小贷"上线，为解决京东商城内开放平台商家的融资难题而推出的纯信用融资服务，极大限度地解决了中小企业融资难的问题。2016年3月，"京保贝"从1.0版升级成2.0版，扩宽了客户来源，节约了融资时间，并且实现了融资程序上的便捷化、高效化以及融资成功率，2.0版"京保贝"也把京东这个特例泛化成一个通用的模型，可以支持对外输出。

【案例】

蚂蚁金服——大数据已经改变了传统金融的基因

蚂蚁金融服务集团（以下简称"蚂蚁金服"）起步于2004年成立的支付宝；2013年3月支付宝的母公司宣布将以其为主体筹建小微金融服务集团（以下简称"小微金服"），小微金融（筹）成为蚂蚁金服的前身；2014年10月，蚂蚁金服正式成立。蚂蚁金服以"让信用等于财富"为愿景，致力于打造开放的生态系统，通过"互联网推进器计划"助力金融机构和合作伙伴加速迈向"互联网+"，为小微企业和个人消费者提供普惠金融服务。蚂蚁金服旗下有支付宝、余额宝、招财宝、蚂蚁聚宝、网商银行、蚂蚁花呗、芝麻信用等子业务板块，以移动互联网、大数据、云计算为基础，为中国践行普惠金融的重要实践。

蚂蚁金服有以下几个特点：第一，技术立命。蚂蚁金服有庞大的科技人才储备，依靠科技力量打造金融生态，技术岗员工占员工总数超过60%，2016年专利申请量达到1 161件，超过Amazon、Facebook，技术服务收入是公司总收入的重要组成部分。第二，构筑核心竞争堡垒。蚂蚁金服有效掌握金融与科技平衡点，建立以线上线下应用场景为依托的互联网金融生态圈，巩固在支付领域的市场领先地位，同时探索智慧出行、城市公共服务、医疗健康等领域，形成独具一格的商业模式。第三，全球化布局。蚂蚁金服在海外市场发展较快，并投入大量资金帮助合作伙伴发展本土化的电子钱包，致力于迈向全球化发展。

蚂蚁金服将大数据技术广泛运用于传统金融业务，包括信贷服务领域、理财服务领域、安全领域、征信领域、客户服务领域和保险领域等。在信贷服务领域，整合开发传统金融数据和多维度、非结构化行为数据，运用于贷前反欺诈筛查、借款主体评分评级，以及贷后资金追偿等阶段，优化传统信贷业务流程，充分筛选和挖掘市场潜在优质客户，控制信贷风险。在理财服务领域，运用大数据和人工智能技术，深入分析顾客个体特点和理财偏好，通过精准营销，开发有针对性和特色的理财产品，为顾客提供智能设计和推送个性化的理财方案，并应用到余额宝等各类产品以及复杂流动性管理中。在安全领域，基于大数据追踪技术，通过实施交易追溯活动，监控金融账户安全，深入运用于金融合规管理工作中，比如反洗钱业务等，切实防范和化解金融风险。在征信领域，基于传统的信用评分卡模型，广泛运用结构与非结构化的金融数据、商业交易数据、行为数据、社交数据等，构建新型信用评级模型，让金融资源和服务惠及市场长尾客户成为可能，也进一步拓宽了蚂蚁金服的客户群体和盈利范围，为充分践行普惠金融政策提供技术支持。在客户服务领域，运用大数据和人工智能技术更精确的实施客户服务异常监测，更好地提供全方位、精准服务，提升客户体验度。在保险领域，运用大数据技术进行前期客户欺诈风险识别，降低骗保风险。同时，在产品设计阶段，将客户特征变量纳入传统保险精算模型，用大数据的意象模型做补充，应用到财产定损、投保人基本健康特征识别和鉴定等方面。

第三节 大数据金融的发展趋势

一、金融行业进入数据开放和价值变现时代

各国政府和企业越来越认识到数据的社会效益和商业价值，全球已经掀起一股数据开放共享热潮。欧美等发达国家和地区开始探索数据共享思维下开放大量公共事业数据，中国政府也着力推动数据开放，2015年8月国务院就颁发《促进大数据发展行动纲要》，把"促进大数据发展，建设数据强国"提升到国家发展的战略层面，明确提出"加快建设数据强国，释放数据红利、制度红利和创新红利"，实现金税、金关、金财、金审、金盾、

金宏、金保、金土、金农、金水、金质等信息系统通过统一平台进行数据共享和交换，通过推动建设各类大数据服务交易平台，为数据使用者提供更丰富的数据来源。经过持续推进的数字化改造，金融企业建造了日益完善的信息系统，通过这些系统积累了海量的数据。金融机构已经意识到并开始积极探索数据资产的有效管理，主动思考和实践数据资产治理和共享的方法。数据开放共享，使金融市场各参与方有了更坚实的合作基础，信息自由流动，非对称程度大大降低，这将使资源配置突破时间、空间和行业的限制，成本大为降低，效率进一步提高。

随着大数据与金融的融合逐步加深，金融企业有效利用大数据能力进一步提升，企业或个人的各种融资行为都可以数据化，大多数的问题都能通过数据化的方法进行解决，大数据技术提升金融数据价值成为必然趋势。在"大数据1.0时代"，金融企业以发现、存储、处理大数据为主要特征，数据挖掘主要以自身数据、结构化数据为主，注重发挥大数据效率；而进入"大数据2.0时代"，金融企业需要构筑"数据＋平台＋场景"，数据包含金融企业自身数据和外部数据，平台包括移动APP分析平台和大数据管理平台（DMP），场景是金融业共同开发O2O场景和跨界营销场景。在"大数据2.0时代"，移动大数据成为基础数据，金融企业除了收集和处理自身APP应用中的行为数据外，还需要利用有价值的外部数据；金融企业建设大数据管理平台，实现用户标签、用户画像、精准营销渠道、自我算法优化、数据可视化、外部数据引入和广告监测等功能，帮助实现大数据价值变现。大数据金融发展带动整个金融行业的革新，金融行业大数据进入大数据价值变现的时代，给整个金融体系带来创新动能。

二、大数据应用水平成为金融企业竞争力核心要素

大数据技术在金融行业的应用具有坚实基础，随着移动互联网和信息技术的迅速发展，金融企业的数据收集和处理能力得到大幅度提高，与其他行业相比，大数据决策模式对金融业更具针对性。大数据技术在信用评价和征信体系具有广泛的应用前景，大数据所具有的预测能力将使风险管理和决策的模式由静态变为实时动态，个人的网络行为及动机也将被纳入风险定价和金融决策，信息不对称情况的减少以及参与个体的信用可以被有效纳入定价模型，大大增强了金融市场的定价能力和效率，使市场价格信号和调节作用更及时有效。完善数据治理成为金融企业亟须解决的问题。大数据时代，大数据技术应用水平及数据资产管理水平已经成为金融企业的核心竞争力。

大数据技术也使金融企业服务的综合化、一体化程度加深，金融服务边界被扩大，同时客户对服务体验的要求越来越高。金融企业提供的产品和服务是竞争重点，大数据

能够提高产品设计和客户服务两方面的创新能力。在产品设计方面，大数据能够更好地利用现有数据，为客户进行全面的画像从而识别客户的需求。基于精准的客户认知，金融机构可以细分客户的需求，从而有针对性地设计出符合客户个性化需求的、场景化的产品。在客户服务方面，大数据可以提高产品的自动化程度，从而扩大产品和服务的范围、拓宽客户基础，使金融机构得以覆盖以前服务不到的长尾客户。伴随着大数据的应用、技术革新和商业模式的创新，金融交易形式日趋电子化和数字化，银行、券商、保险等传统金融行业将迎来巨大转变；此外，百度、阿里巴巴、腾讯、京东等互联网企业凭借其强大的数据积累和客户基础，进军金融业，开拓新的业务模式。大数据推动了金融企业创新，促使金融行业竞争进入新的局面，大数据技术应用水平成为金融企业竞争力的核心要素。

三、互联网金融向物联网金融的转化

物联网金融（IOTFIN）是指面向所有物联网的金融服务与创新，涉及所有的各类物联网应用，不局限于金融物联网的应用，物联网金融是互联网金融（ITFIN）的高阶形态。互联网金融从人人交互的大数据出发，样本即整体，大数据预测技术突破了传统的统计技术，使主观信用开始向客观信用过渡。但是，互联网金融基于虚拟经济，与实体经济缺少连接，有些数据无法有效验证，大数据采集来源无法避免人工数据的主观性问题。例如，社交数据主要是个人的意愿表达且存在大量假数据。为克服主观信用的问题，常常需要引入中介作为交易和投融资担保。物联网金融则能实现完全客观的信用体系，风险管控的可靠性和效率将得到明显提升。物联网金融从人、机、物的客观感知数据出发，能够有效避免社交和消费平台上的假数据问题。物联网能采集行为轨迹、消费习惯、医疗数据、场景数据、供应链数据等，将虚拟经济和实体经济连接，有效解决数据的客观性问题，形成更好的信贷模式、信用评估和风控模型等。

目前，物联网产业发展已进入到与垂直行业深度融合的阶段，物联网技术也不断应用于金融服务的各项业务中，如基于传感器的智能安防、移动支付、远程结算等，其不断打破金融行业壁垒、创造崭新价值。从物联网金融发展优势看，物联网实现金融服务设备可视化、自动化控制，在提高金融企业安全运营效率的同时，有效管理和协同风险，从而不影响系统运行。除了运营效率的驱动因素外，物联网对于金融服务的另一个好处是收集实时数据反馈，通过深入了解内部和客户信息，集成其他创新技术，如人工智能和机器学习算法，增强对客户行为、行业趋势、产品及服务变化的了解，实时掌握数据资源的同时还能预测未来潜在客户需求和关注点，响应前瞻性需求，从而增加新的业务机会，间接达到

精准营销的目的。同时,金融企业还可通过物联网端点集成现有系统和工作流从中获得更多收益,未来,金融产品和服务基于物联网提供的数据信息,将向细分化、差异化、定制化不断延伸。物联网先进的管控技术可加强金融服务业的安全保障,例如,通过跟踪客户消费金额与地理位置,创造防止借记卡和信用卡进行交易欺诈的技术。物联网金融使金融服务从主要面向"人",延伸到可以面向"物",使金融服务创新融入物理世界,从而创造出新型商业模式。物联网金融可以借助物联网技术整合商品社会各类经济活动,实现商品社会各类商品的智慧金融服务。

四、人工智能正在成为金融大数据应用的新方向

金融科技的发展持续爆发,金融业正进入一个大数据驱动的人工智能新时代。新兴技术高速发展,大数据和人工智能技术快速融合,大数据技术强调数据的采集、存储、处理和展现,而人工智能可以在各个阶段助力大数据发挥更大的作用。在数据采集方面,图像识别、语音识别、语义理解等人工智能认知技术可以实现海量非结构化数据采集。在数据储存和管理方面,人工智能技术可以实现自动为数据打标签,将数据归类。在数据处理方面,人工智能的深度学习、机器学习、知识图谱等技术可以提高算法模型的数据处理效率和准确度。在数据展现方面,智能可视化大屏技术可实现数据实时监控和可视化呈现。金融领域大数据与人工智能多维度的深度融合驱动了数据应用进入智慧层,利用人工智能和数据挖掘技术,实现信息的分解和提炼,并找出金融产品、业务流程对应的有价值的信息点,支持后续的营销、管理、优化等场景。所以,人工智能大大拓展了金融大数据的应用价值和应用场景。

金融业务的核心是要控制风险,金融机构的风控水平直接影响坏账率、营收和利润。"人工智能+金融风控"也被业内认为是人工智能在金融领域最有想象力的环节。普通大数据风控流程是由建模专家从众多维度的变量中找到一些有效的变量,组合成一个模型,再运用到实际中,不停地验证模型和迭代模型;而人工智能技术应用到风控流程中,主要工作是给机器喂养大量数据,让它自行构建模型,最终输出一个结果。当前中国"人工智能+金融风控"还处于萌芽阶段,一些企业或机构尝试搭建人工智能风控体系。工商银行为应对各类金融风险的挑战,积极探索大数据在风险管理领域的应用,通过智能风控理念以及事前、事中、事后"三位一体"的风险防控机制,构建大数据风险防控体系。工商银行基于大数据平台,建设统一的风险监控平台框架,建立健全风险名单、事件、模型、策略等各类信息,丰富客户风险画像,形成风险模型、计算引擎等风险服务。通过将风险管控和业务流程紧密结合,将数据驱动的风险管控服务于个金、对公、银行卡、信贷、业务

运营、电子银行等各渠道及业务领域，并逐步拓展向行外提供风险信息服务，使信息优势转化为业务竞争优势。

五、数据安全和监管问题越来越受到重视

大数据的应用为数据安全带来新的风险，大数据意味着数据量更加庞大、更高的复杂度和更强大的敏感性，尤其在网络虚拟空间，大数据集群数据库容易被攻击。互联网数据中心（IDC）相关数据显示，互联网上的数据每两年将翻一番，而目前全球互联网90%以上的数据是近几年才产生的。金融行业信息化程度很高，大数据使金融企业内海量的高价值数据得到集中，并使数据实现高速存取。但是，数据规模越来越大，数据变得高度集中，数据具有高价值、无限复制、可流动等特性，这些特性为数据安全管理带来了新的挑战。如果出现信息泄露情况，可能会一次性泄露组织内大多数的数据资产，数据泄露后还可能急速扩散，甚至出现更加严重的数据篡改和智能欺诈的情况。近年来，金融机构受到的网络恶意攻击成倍增长，数据被窃的事件层出不穷。对于个人而言，金融信息的泄露会暴露出大量的个人基本信息和消费信息等，大数据技术可以大批量收集这些信息并对其进行画像，这使公民更容易受到欺诈，造成经济损失。因此，大数据时代下的金融信息数据值得重视，这不仅关系到金融行业本身，甚至关系到国家的经济命脉，需要全方位保证数据安全。

大数据金融时代，数据信息安全成为政府、企业和个人关注的重要问题，不仅如此，大数据金融发展已经打破了传统意义上的金融混业经营模式，实时信息交流超越了金融细分行业的界限，对金融监管带来冲击。我国金融市场发展迅速，货币市场、资本市场、保险市场等均取得了很大进步，混业经营和协调发展趋势明显，但现有金融监管体制本质上还是分业监管。现有的分业金融监管体制阻碍了金融机构进行改革创新，银行业、证券业、保险业等相互割裂，无法适应大数据时代"大金融模式"的发展需求。金融市场的创新发展引领并驱动着"新型金融监管体系"的构建，2019年中国人民银行加强顶层设计与统筹指导，出台《金融科技（FinTech）发展规划（2019—2021年）》，健全金融科技监管基本规则体系，着力打造包容、审慎的金融科技创新监管工具。但是，目前还没有实施根本性变革措施，大数据金融时代迫切需要创新金融监管体制机制，鼓励银行、证券、保险等各方增强自身金融科技实力，积极融入大数据、人工智能等驱动的金融创新浪潮。同时，为适应时代变化，鼓励由大数据技术发展带来的创新型金融业务和新业态企业，积极引入科技手段全方面整合监管资源，提升监管水平。

 **本章复习题**

1. 大数据的概念和特征是什么?
2. 大数据金融的概念与特点是什么?
3. 大数据金融的发展动因有哪些?
4. 大数据金融的模式有哪些?举例说明。
5. 大数据金融的发展趋势是什么?

第二章 大数据与银行业

【本章重要知识点】

- 大数据在银行业的主要应用场景
- 大数据在银行资产负债业务中的发展应用
- 不同类型中间业务和大数据的融合
- 大数据下商业银行经营管理的优化和变革

第一节

大数据和银行业的融合

商业银行在经营管理业务中积累了海量数据,数据来源可靠且多元化,应用大数据具有天然优势。业界认为,未来银行业的竞争,将是数据间的竞争。银行业的传统数据分析过程,是相对割裂开的过程,这是银行业数据的安全性优势,同时又是其弊端所在。近年来,数据整合和数据分析技术飞速发展,为银行业的数据综合分析提供了强有力的支撑,"割裂"开来的数据逐步建立了联系,银行业可为客户提供更加专业和个性化的服务,以提高自身竞争力。大数据时代,商业银行的资产负债业务、中间业务和经营管理模式等,正在发生着深刻变化。

一、商业银行和大数据融合的基础

(一) 具备完整的客户和业务数据资源

商业银行出于监管要求、内部管理、流程优化、市场分析和客户服务等方面需要,在业务经营和日常管理中需记录数据,涉及客户的个人基本信息、财务信息、风险偏好、资金往来等多种类信息,信息量丰富。同时,伴随着智能手机的普及,商业银行通过掌上金融服务平台(APP),持续记录客户的资金进出、融资习惯,甚至消费偏好等行为数据,为银行业和大数据融合打下了坚实的基础。

(二) 拥有处理数据的经验和人才

数据分析和计量模型,在银行业务中被充分运用,为银行培养了精通计量分析的大量数据人才。在商业银行日常经营管理中,涉及风险管理、合规管理、资金流动等其他和数据密切相关的业务,使银行不断提高数据分析和挖掘水平,注重数据处理和复合型数据人才的培养。目前,银行不仅将数据分析技术广泛应用于贷款评估、客户准入退出、授信审批、产品定价、风险分类和绩效考核等诸多领域,而且对诸如特定客群营销拓展、单一客户综合贡献测算等复杂业务,研发出较为有效的辅助数据模型。这些业务实践,为银行积累了数据分析经验,聚集了一批数据分析人才。

(三) 拥有数据应用的基本经验

目前,我国商业银行距离系统性、大规模运用大数据仍有一段路要走,但是多家银行已从实践业务尝试进行了数据挖掘应用,提升了业务运营效率,具备了一定的数据应用经验。例如,中国建设银行开通了微信银行、网上银行和手机银行三大互联网渠道,实现数据实时交互、客户快速增长。其中,网上银行和手机银行分别拥有近2亿用户数量,而微信银行拥有的客服总数,远远多于传统模式,商业银行的数字化应用趋势显著。

二、主要应用场景

(一) 客户画像

客户画像,是由交互设计之父艾伦·库珀(Alan Cooper)提出的,即"客户画像是作为真实客户的虚拟代表出现的,是通过一系列真实数据建立的特定目标客户模型"。客户画像，包括对私客户画像和对公客户画像。对私客户画像，包括人口统计学特征、消费能力数据、客户信用、兴趣爱好等基本信息。对公客户画像，包括企业的生产、流通、运营、财务、销售及相关产业链上下游等关联数据。早期的客户画像数据量小，画像之间的区分度不高，价值相对较小。近年来，大数据技术的应用和分析技术的愈发成熟，使客户画像更为精确，应用价值也在稳步增长。

对于商业银行来讲，客户画像的基本步骤为：

（1）不同系统中数据的集中和处理。将人口属性、客户信用、客户消费特征、兴趣爱好、社交信息等信息汇总后，利用数据仓库，商业银行批量加工数据，绘制出原始的客户画像。

（2）强相关数据的查找。过多的信息会使客户画像工作变得复杂且低效，此时找到与用户、业务和产品密切相关的数据变得非常重要。运用强相关数据查找方法，实现数据高效清洗和筛选，为产品开发服务。

（3）数据的定性与加工。将数据由复杂化转向简单化，将商业数据融入其中并归类，有助于商业银行准确定位客户群体，提高营销转化率，降低营销成本。

（4）根据业务场景引入外部数据。银行拥有的客户信息并不全面，仅仅凭借银行自身所拥有的数据，有时难以得出理想的结果，此时银行需要借助大数据平台和社交数据等来完善客户画像。

（二）精准营销

要做到精准营销，必须做好以下几点：

（1）提升客户定位能力。依靠大数据技术，可以实现实时营销（根据客户实时状态进行营销），针对客户最近浏览、消费等信息进行指向性营销，增加营销成功概率。例如，某客户浏览房产信息较多，通过模型推测该客户可能最近有购房贷款需求，进而给该客户推荐住房贷款政策和优惠贷款组合。

（2）个性化推荐。为不同客户推出个性化服务，也是银行业依靠大数据技术进行精准营销的重点。根据客户的年龄、风险厌恶程度、资产规模和消费习惯等信息对客户精准定位，分析其在理财投资上的需求，提供个性化服务和产品推荐。个性化推荐，既可以提高工作效率，又让客户有被重视的感受，从而提高客户忠诚度。

（3）全生命周期营销。客户生命周期管理包括新客户获取、客户防流失和客户赢回等。全生命周期，意味着将客户引入银行内之后，在适当时期为客户提供适宜的产品，持续增加客户黏性。同时，积极思考拓展业务的可能性，例如，企业客户的上下游关系、零售客户的社交圈是否值得拓展等，这些都是在全生命周期营销中所关注的问题。

(三) 信贷风险管理

在传统信贷业务中，银行通过历史信贷数据和交易数据估算客户的违约风险，存在主观性因素，在风险识别和风险度量等方面的科学性不足。更重要的是，通过这种方法测算出的违约风险不具有可预测性。传统风控管理，没有考虑行业的发展变化、经营策略和不确定性等外部动态因素，仅凭历史数据不能较好地预判客户的未来违约可能性。引入大数据测评之后，可以整合内外部数据资源，例如，通过整合企业的生产、销售和财务等信息，识别客户需求、估算客户价值和评判客户质量，能够更为准确地预测客户违约风险。

(四) 金融欺诈识别

金融交易欺诈手段日益多样化，隐蔽性更强，仅根据单一的数据信息难以判断欺诈行为，需要掌握更为丰富的数据。银行可以根据持卡人的基本信息、客户历史交易情况、正在发生的交易模式以及交易数额等，利用智能规则引擎进行实时交易反欺诈分析。例如，中国工商银行的金融交易反欺诈体系，利用数据挖掘手段，部署了数百个智能模型，有效拦截了许多欺诈风险事件。

三、银行业大数据发展的机遇与挑战

(一) 银行业大数据发展的机遇

1. 差异化竞争需要

大数据应用已成为银行业发展的中坚推动力量，正在改变银行业的运营模式和经营理念。大数据的成功应用，将有助于设计出具有定价权和竞争力的创新产品，在激烈的竞争中为银行业提供先发优势和差异化竞争力，进而打造核心竞争力。

2. 精细化管理需要

大数据将掀起金融业的精细化管理革命，可以科学规避业务风险，全面评价经营业绩，优化资源配置，并实现银行业务链之外的信息处理。有效地利用大数据建模和分析，是银行业发展的关键，"数据—信息—智能金融"的开放模式，成为银行精细化管理和定量建模分析的发展路线图，为银行业的服务升级提供了有力支撑。

3. 精准决策分析需要

对于银行业来说，以大数据模型的建立、分析与决策作为辅助，通过数据广度和深度分析，实现银行业的风险决策从依赖"经验"到依据"数据"的转型，可以更加科学地评价经营业绩、评估业务风险、配置全行资源，实现精准决策，确保银行业健康发展。

（二）银行业大数据发展的挑战

1. 数据复杂，充分处理有困难

银行业数据体量庞大，在数据处理过程中存在很多不成熟的地方，主要有：第一，数据治理和分析还未形成系统方法，商业银行未能高效进行数据分类、整理和加工。第二，数据资源整合度较低。银行业产生了巨量数据，数据利用比例低，在组织内部缺乏高效的共享机制，数据的充分利用难以实现。第三，数据种类繁多，潜在价值尚未发挥。由于近年来银行业非结构化数据比例不断上升，且其内在关系复杂，加之数据处理方法单一，使既有数据价值未能得到充分挖掘利用。

2. 数据应用难度大，制约因素多

大数据技术框架是由处理系统、平台基础和计算模型三部分组成的。首先，处理系统必须稳定可靠，同时支持实时处理和离线处理功能，支持多源异构数据的储存和处理。其次，平台基础要解决硬件资源的抽象和调度管理问题，以提高硬件资源的利用效率，充分发挥设备的性能。最后，计算模型需要解决三个基本问题：模型三要素、扩展性与容错性、性能优化。以上要求，对构建银行业大数据技术框架提出了非常大的挑战。银行业在风险控制、反欺诈、征信等领域较为成熟，但在数据整理和处理上还处于起步阶段。早期，商业银行在新建应用系统过程中，缺乏数据思维，没有充分了解大数据分析的价值，加之大数据投资成效难以衡量，领域建模未得到充分重视。

第二节

商业银行负债业务大数据

负债业务是形成商业银行资金来源的业务，是商业银行最基本的业务之一。负债业务主要有三类：一是吸收存款。存款是商业银行最主要的负债业务，是银行从事资产业务的基础。商业银行的存款种类丰富，在存款账户设置、期限及利率约定、存户受益方式等方面的创新不断出现。二是结算资金占用。金融科技的发展，使银行结算速度大大加快，但由于结算规模的扩大,银行办理结算过程中仍然有大量的短期资金暂时停留在银行账户上。三是主动性借入资金。随着银行经营管理理论对主动性负债的肯定和银行业竞争的加剧,商业银行日益重视通过同业拆借、向中央银行借款和发行金融债券等方式借入资金,其在总负债中的比重不断提高。

一、商业银行传统负债业务的困境

如图2-1所示,2009—2019年,我国商业银行金融机构总体负债规模呈现出逐年上涨的趋势,每年同比增速却在逐步下降。商业银行负债增长率,由2009年的26.85%下降至2019的7.60%,负债业务运营持续承压。银行业负债业务规模增速减缓,除了宏观经济增速下滑因素外,还有金融科技的冲击。

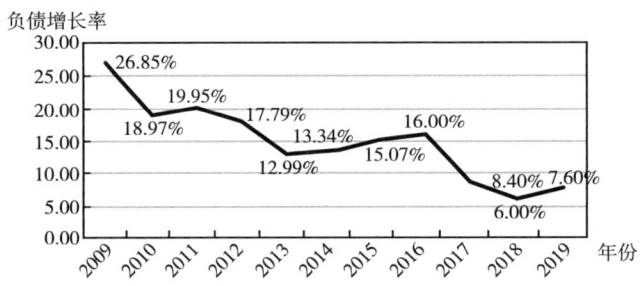

图2-1 2009—2019年商业银行金融机构总体负债增长率

(资料来源:中国银行保险监督管理委员会。)

金融科技加速金融脱媒,使商业银行负债业务客户逐渐流失。商业银行在业务经营中,扮演着资金中介与信息中介的双重角色。通过发挥信息优势,银行能够降低信息不对称程度,缓解逆向选择和道德风险等问题,将资金需求者与供给者有效连接起来。然而,当大量数据充斥着金融市场,信息不再是商业银行所独有时,金融科技的发展加速了商业银行"去中介化"的趋势。从负债端看,由于商业银行的存款利率尚未形成有效的市场定价机制,金融科技实质上推动了利率市场化的进程,商业银行面临的存款"脱媒"压力增加。以我们熟悉的"余额宝"为例,如图2-2所示,余额宝2014年6月同比增长209.78%,增速惊人。与此形成鲜明对比的是,同期银行存款的增长率仅为6.27%。此外,在网络客户时代,消费者的消费习惯和支付方式也开始发生了根本性的转变,第三方支付等快速发展,使客户对银行的依赖性大幅下降,加剧了客户流失。

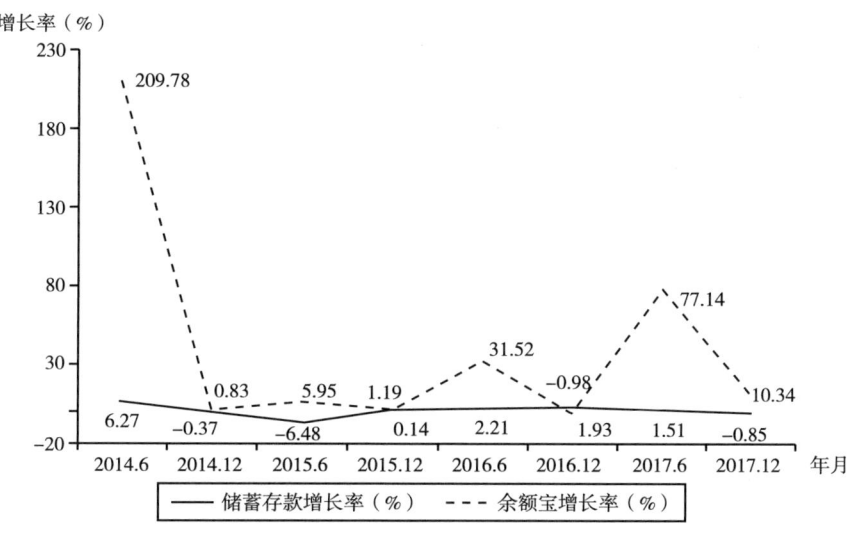

图 2-2 2014—2017 年大型银行储蓄存款增长率与余额宝增长率对比

二、我国商业银行负债业务大数据的应用

（一）用大数据预测客户存款行为

在储户资源竞争日趋激烈的背景下，商业银行开始重视用信息系统和数据挖掘，预测客户存款行为。客户存款是商业银行最重要的负债业务和资金来源，如何在智能时代获取存款客户或吸引客户储蓄，是银行日常营销管理的重要内容。在传统经营中，商业银行主要依靠在营业厅推广优惠活动、客户经理直接推销等手段吸引客户储蓄。这些揽储方法，在客户选择空间不大的情况下，效果尚可。但是，随着客户到营业厅的频率下降、可选择投资渠道增加和互联网金融的兴起，仅靠这种传统的营销活动来防止储户流失和存款流失，费时费力，往往事倍功半。

运用大数据预测存款行为，有针对性地进行吸储营销，能够大幅提高营销效率和客户黏性。如图 2-3 所示，依托大数据资源平台，商业银行获取客户数据后，将其纳入到数据分析结构模型中，对客户资金行为进行实时关注，通过概要分析数据字段和相关内容，按照机械学习开发步骤，对客户数据的使用采用特征工程，建立逻辑回归模型，预测客户是否会存款，并实时评估模型的精确度。相比人工揽储，通过大数据预测客户存款行为，可大幅降低揽储成本，稳定负债业务发展。

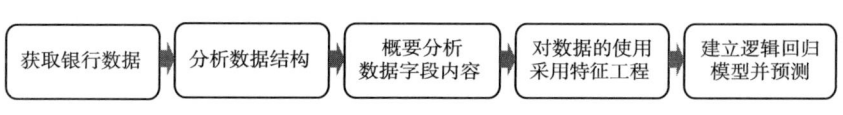

图 2-3 大数据预测客户存款行为

(二) 储户精准营销

面对存款整体增长乏力和同业竞争激烈的不利局面，银行业应积极营销以吸引潜在客户，建立以大数据为依托的精准营销体系。在建立信息齐全的数据仓库基础上，推进从产品销售驱动向客户需求驱动的转变升级。全面采集整合客户信息，分析客户资产水平和规模大小，建立客户档案，包括客户家庭成员、风险喜好、购买产品频率、共享客户贷款、信用卡信息、业务需求等内外部关联信息，从而使银行工作人员可以迅速、有效、精准地识别客户资金需求和使用情况，提高精准营销服务能力，为客户提供差异化储蓄产品和综合储蓄服务方案，改变粗放低效的揽储营销方式。

利用已有客户信息，建立客户分层分类维护体系，协同线下线上渠道服务。充分运用大数据技术提升对客群的覆盖，突出抓好批量客群深度经营。在实践中，大力拓展居民小区、大学校园、科技园区和商场等重点场景建设，打造综合金融服务体系，分层分级维护客户，有效实现链式反应。在实现对高端客户的标准化服务管理同时，精细化管理长尾客户，吸引客户流入，提高客户忠诚度。例如，对我国居民储蓄多喜欢风险低又追求更高收益的特点，要注重宣传各类优惠活动，吸引其参与其中。同时，结合大数据分析，对第三方客户、已有保险到期和基金赎回等资金流动的特殊情况，持续优化储蓄产品种类，积极进行精准承接，引导客户将资金转化为存款类产品，起到储蓄存款的"稳定器"作用。

(三) 发展趋势

大数据是信息技术与互联网产业发展到一定阶段的产物，充分利用大数据技术是提高银行核心竞争力的关键。负债业务，作为银行业务中的重要一环，是获取盈利的源头。将大数据与储蓄存款等负债业务有机融合，是实现负债业务可持续健康发展的重要保证。随着负债业务竞争的加剧，即使商业银行不断提高存款利率，其运营压力依然较大。此时，运用大数据，把握客户存款需求，激活客户存款兴趣，对于负债业务的发展具有重要意义。

挖掘负债业务大数据的潜力的前提是全面了解客户的各种信息，要求银行在充分利用自有数据资源的基础上，应积极寻求与互联网平台的合作，提高普惠金融服务能力。银行必须占有并掌握足够多的数据，将其聚集起来，构建属于自己的商务数据平台，才能在互联网金融模式下获得一定的地位。通过此平台的使用，来掌握更多的信息交流，最终形成自己的云数据，才能在数量众多的客户中，精准设定差异化储蓄产品，吸引客户。

利用大数据，绕不开商业银行与互联网企业的竞合关系。面对互联网企业的挑战，商业银行应懂得与竞争对手建立互利互惠合作关系，利用各自的优势，积极开发更加符合人们使用习惯的金融产品，在竞争发展中取得共赢。通过和互联网企业的合作，可以依托大数据,从了解客户的交易渠道和历史交易数据着手,通过分析客户的账户数据、交易数据和社交特征数据等,掌握客户的行为规律,在产品目标受众、产品盈利能力、产品契合度等方面,进行深度分析,进而开发出种类丰富、贴合客户需求的储蓄新产品,增加客户的存款动力。经过大数据精确分析,实现定位精准,能够有效提升商业银行的揽储竞争力。目前,阿里巴巴、蚂蚁金服与中国建设银行签署了三方合作战略,中国工商银行与京东金融达成了零售银行、个人联名账户等战略合作协议,均显示了银行和金融科技公司的合作发展态势。

第三节

商业银行资产业务大数据

资产业务是指银行资金运用的业务,包括现金业务、贷款业务和投资业务等。在大数据时代背景下,商业银行资产业务大数据,通过强化大数据在贷款业务模式、风险管理和投资交易等方面的应用,加快商业银行资产业务的转型升级,提高资产质量和促进业务创新。

一、大数据下商业银行资产业务的新特征

商业银行通过将大数据运用于资产业务的处理,在风险控制、业务处理和投资管理等方面,显现了其积极作用,呈现出以下三个新特征:第一,交易量大。大数据能够帮助银行全面收集客户的信息与历史交易,并进行深入的挖掘与分析,锁定目标客户群并对他们进行风险评级,注重长尾群体,如小微企业以及个人贷款等,有利于扩展业务面和提高交易量,从而增加银行收益。第二,处理速度快。将大数据与人工智能结合,运用合适的算法和模型,大大提高了银行信贷业务效率。同时,充分利用大数据,能够及时了解贷款业务信息,降低信息不对称,加之操作便捷和放贷快,可有效提升客户的满意度。第三,业务风险更加可控。通过对客户信息的收集与追踪,利用大数据技术对其进行风险测评,相较于传统风控更为客观与精准。而且,在办理资产业务之后,可对放出资金进行实时监测,实时更新客户信用等级,对可疑资金使用进行及时制止,降低银行的不良贷款率,保证自身平稳运营。在投资业务方面,商业银行利用大数据对目标项目进行评估,判断其与自身风险承受度和盈利偏好是否匹配,满足利润指标。

大数据下资产业务的三点新特征相互作用、相辅相成。风险的严格把控，使银行敢于向小微企业和个人拓展业务，使其资产业务交易量大幅上升。高效业务处理，保证了大量交易的办理，降低了业务成本。

二、小微企业信贷模式创新

在信贷市场上，小微企业由于经营风险高，加之缺乏抵押资产和有效担保等原因，与银行放贷的审慎性原则冲突，获取银行信贷资金较为困难。通常，银行普遍对小微企业的贷款申请持非常谨慎的态度，对没有抵押物担保的信用类贷款客户，设置更高的准入门槛和资质要求。随着"金融脱媒"和国家对普惠金融发展的大力支持，商业银行逐步重视小微企业信贷业务。具有先进数字理念的银行，通过产业链金融等方式，在风险可控的情况下可为小微企业解决融资难题。同时，小贷公司等新兴机构，也增加了小微企业的融资可获得性，这些均是凭借大数据的支持打破传统金融服务模式，助力小微企业融资。银行尝试打破小微企业融资成本与收益难以均衡的僵局，将大数据与信贷业务相结合，为小微企业贷款业务提供了更大的平台。银行针对小微信贷风险特征，实施小微信贷业务全程风险控制，实施全过程风险识别、计量评估和措施控制，优化贷款流程以防范风险。

在贷前调查（如风险评估）时，更为精细化。大数据下进行贷前调查，主要有三个步骤：第一，结合银行内部数据与外部数据，进行客户画像。例如，客户在社交媒体上的行为数据、在电商网站上的交易数据、产业链上下游数据以及其他利于银行明确客户兴趣爱好的数据，为存量客户建立画像，使银行对客户有较为完整的了解。第二，建立专项集中的企业及个人风险名单库。统一"风险客户"等级标准，集中支持各专业条线、各金融产品对高风险客户的过滤工作。第三，对不同客户和业务进行等级划分。对新客户、高级客户、高存量业务、高风险客户及业务进行实时采集式更新，对普通时效业务、低风险业务进行集中批量滚动更新。

在贷前审查时，商业银行依靠积攒的大量客户信息建立模型，计算业务违约的概率和风险的损失，进行合理授信。依靠先进的信息科学技术建立功能强大的数据库，通过数据库的分析对小微企业的资质进行综合排序，量化分析小微企业贷款。在具体授信额度上，对潜在小微企业客户通过进一步审核，结合其财务报表、现金流量、主营业务、管理方式和风险测评等进行细致调查，通过对小微企业所在行业、经营时间、营业收入、现有资金、信用记录、资产负债和上下游企业等方面，对贷款申请者进行打分，根据分值确定所属信用等级，批准不同的授信额度，如表2-1所示。

表 2-1　　　　　　　　　信用额度与授信额度对应关系表

信用等级	分值（分）	授信额度（万元）
AA	90（含）~100	5
A	80（含）~90	3
B	70（含）~80	2
C	60（含）~70	1
无信用等级	60以下	无

在贷后检查时，对放贷企业进行全过程监督。银行需要在小微企业获得贷款后，实时关注贷款资金流向，了解企业经营的各个环节。例如，原材料购入、产品销售、资金回流等环节，保证贷款确实用于企业的经营及生产。同时，商业银行对小微企业贷款、不良贷款采取再贷款协议、限时分期还贷和变卖资产还贷等方法，针对已经产生的呆账及时进行冲销，最大程度地降低信贷资产的损失。

三、信贷风险评估创新

银行界有句话：银行业务就是风险，而数据是银行最有价值的资产。如果将风险比作银行的"骨骼系统"，那数据就是银行的"血肉系统"，两者相辅相成，不可分割，维系着银行的持续运营。由于宏观经济增速下降等原因，我国商业银行不良贷款率呈现上升态势，其中关注类贷款和逾期类贷款增长较快，信用风险管理压力加大。传统的信用风险管理决策，是将客户的财务信息、经营状况、客户经理调查、客户以往的信用记录及抵押质押担保状况综合起来，通过专家测评决策。这种信贷风险评估方法，具有明显的缺点：一是财务信息完整、运作规范与银行有着良好合作基础且没有过度抵押质押和担保的企业，才会获得贷款，而小微企业获得贷款的机会微乎其微；二是传统的信贷风险评估方法，依靠专家主观评判，缺乏客观性，且可能存在评判标准不一、业务流程复杂等问题，导致效率低下；三是传统方法决策的依据是以往的静态数据，而不是实时信息，时效性、相关性和可靠性不足，风险不能得到有效控制。

银行通过大数据风控体系，可有效化解传统风控的不足。第一，通过多个渠道采集数据，使银行更全面、更真实、更准确地了解借款人的信息，有效降低银行和借款人之间的信息不对称。第二，利用大数据建立精确的风险监测模型，依靠大数据作出决策，避免人情世故和主观因素的干扰，使风险测评更准确、更公正、更统一。第三，银行利用大数据对实时、历史的数据进行整合，做到全局分析和实时监测，还可以对客户进行风险等级智能分类，动态调整，实现对客户的精细化管理，大大减少了信贷风险。例如，中国银行的

"艾达"大数据风控平台,就是面向中国银行全行前、中、后台业务人员,进行有效风险管理。通过对结构化、非结构化数据的整合,重塑业务流程与风险管理模式,将大数据应用作为提升风险管理能力的关键工具和重要途径,也是中国银行首次尝试用大数据建模进行风险管理。

四、案例解析:浙江网商银行信贷管理

浙江网商银行是由蚂蚁金服发起的以互联网为平台的首批五家民营银行之一,以"小存小贷"为特色,专注于为小微企业、三农用户以及网络消费者提供服务。网商银行没有线下门店,是一家开在"云"上的银行,依靠大数据、云计算等互联网前沿技术推动自身不断发展,满足小微企业的资金需求。

网商银行借助金融科技,推出业内首创的"310"模式:3分钟申请、1秒钟放款、0人工干预,其特色产品"网商贷"具有纯信用、价格低、速度快的特点,和传统商业银行信贷的差异显著,具体如表2-2所示。网商贷能够满足小微企业对小额资金的高频需求,不仅操作简便,而且大大降低了小微企业的融资成本,助力其发展成长。

表2-2 网商贷和传统贷款的差异

对比标的	网商贷	传统贷款
信用要求	无抵押、免担保	房产抵押或担保人
价格	利率低于同类产品;首次申请客户,可申请3天无理由退息	无优惠利率
放款速度	平均3个工作日放款	平均15个工作日放款

小微企业数量多,信用等级参差不齐,信息收集和处理难度高、成本高。那么,网商银行是如何在不断给小微企业"输血"的同时保障自己安全运行的呢?注重运用大数据技术进行风险控制,是实现稳定运营的秘诀。首先,转变信贷风控理念。传统的风险控制理念,是把所有人进行反面预设,而网商银行不进行任何预设,而是一开始先给予客户较低的贷款额度,再利用大数据根据客户使用资金、归还资金的表现,不断更新客户的资质,保证客户信用风险保持在可接受范围内。其次,进行客户关系网识别。通过分析贷款人与其发生资金联系的人之间的关系,网商银行能够判别出资金流向。例如,如果是个人,与他发生资金联系的人,互相之间多少是有联系的,他们的关系图就像一个毛线团。而如果是个人经营者,与他发生资金关系的人会更多,而且彼此之间没有什么联系,关系图像一个蒲公英。对如此数量众多和复杂的小微企业客户,网商银行依靠强大的人工智能计算,从而在几秒之内精准识别出千万级客户关系。小微企业信贷的一大难题在于其信息

分散，可借助大数据网商银行将数据结构化，再建立模型来测评企业资金的流动性、偿债风险、资本充足率等指标，并且实时追踪，以此对贷款方进行精准的信用评估，降低不良贷款率，保证自身稳定发展。

第四节

商业银行中间业务大数据

一、中间业务大数据的特征

中间业务[①]是指不构成商业银行表内资产、表内负债，形成银行非利息收入的业务。按照功能与性质，中间业务主要包括传统型的支付结算类、银行卡类、代理类、担保类、承诺类业务和新兴型的交易类、基金托管类、咨询顾问类业务及其他类。

随着中间业务所占比重的稳步增加，商业银行在拓展中间业务时，积极将金融科技与中间业务相融合，提升中间业务质量和风险防控水平。大数据由于其先进的分布式存储及加工技术，在数据储存管理、整合处理、分析挖掘等方面具有明显优势，在中间业务应用上有着不可或缺的作用。大数据具有的"4V"特点，在商业银行处理中间业务中发挥着重要作用。信息挖掘、产品营销、风险管控等与大数据应用结合后，中间业务被注入了新动力，展现出低成本高效率、产品种类丰富、信息透明度高和风险可监控等特点。

（一）低成本高效率

由于大数据具有价值密度低的特点，其占用商业银行储存数据的成本相较于传统数据明显下降。同时，大数据能够让银行在短时间内储存或查找量级巨大的数据，节省了银行的时间成本，同时也提升了信息的匹配度。从人力成本方面看，通过应用大数据、区块链、云计算等技术，商业银行不再需要大量的营业网点和人力资源，同样节约了一大笔成本。

（二）产品种类丰富

通过对用户信息的采集，银行可以将客户的不同需求进行整合，设计出适合不同客户的中间业务产品，有助于促进中间业务的创新和精准营销，为银行创造更多的利润。

---

① 资料来源：《商业银行中间业务暂行规定》，中国人民银行令［2001］第5号。

(三) 信息透明度高

传统数据由于记载成本大,查找程序复杂等问题难以被银行在办理业务时使用。通过与大数据的结合,银行能够随查随取、随取随用。当银行在为客户办理业务时,能够第一时间地掌握过去信息,了解客户信用状况。

(四) 风险可监控

银行在中间业务中扮演中介或代理人的身份,在办理业务时需要对信用双方进行风险评估。在大数据帮助下,能够避免具有不良记录的客户,严格实施自己的风控措施,降低自身运营风险。

二、中间业务与大数据的融合

(一) 支付结算业务与大数据融合

以票据支付结算为例,通过研发可编程数字票据,将纸质票据中的信息进行电子化并进行编程,令其适用于各种场景,使票据在流转和对账时都以数字化信息传递,与传统支付结算业务相比大大节约了成本和信息交换时间,并且降低了票据伪造、变造的可能性,具体流程如图2-4所示。此外,受到第三方支付平台的冲击,银行逐步注重发展移动支付,移动支付结算流程简便,适用场景多样,适用人群广,有利于巩固银行支付结算的传统中介地位。例如,工商银行的工银二维码支付,平安银行的光子支付,建设银行的支付品牌"龙支付",交通银行的"云闪付""立码付"等。

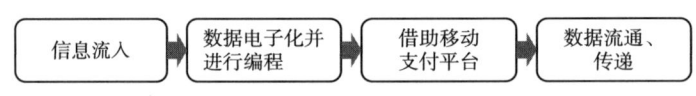

图 2-4 大数据下商业银行支付结算业务流程

(二) 信用卡业务与大数据融合

信用卡业务是商业银行通过发行信用卡向客户提供存取款业务服务。信用卡业务具有支付和信贷两种功能,但又不同于活期存款透支放款和其他消费者信贷。大数据技术的运用,主要体现在整合服务平台,对信用卡进行综合授信额度管理,如表2-3所示。信用卡综合授信额度是指无论一个持卡人持有该银行多少张银行卡,该持卡人所拥有的信用透支额度之和是一样的。大数据在信用卡授信的贷前审核、账户管理和贷后管理三个环节,均能发挥作用。商业银行首先根据客户的基础信息进行建模，通过开展信用评分、客户需求预测等方式建立信用卡目标客户数据库，有针对性地向客户发行信用卡业务，也避免了向信用不良客户发放信用额度，可高效进行贷前审核。账户管理方面，由于大数据信息传播快，银行能实时掌握客户的还款情况，并记录数据在册。在贷后管理方面，积极通过建立资金流向模型、监控不良资产等进行风险防控，以此降低信用卡的信用风险、欺诈风险、操作风险等。

表 2-3　　　　　　　　　　商业银行信用卡平台和大数据应用方式

银行平台	应用方式
中信银行信用卡整合服务平台	1. 提供 PC、网络通信协议、客户端等多个信用卡申请平台 2. 形成集电话、网络在线服务、客户端、微博、微信公众账号于一体的整合服务平台
广发银行讯鸟云平台信用卡电销系统	1. 呼叫中心全部业务数据被采集分析，客户意向探测和客户画像分析贯穿客户全部生命周期 2. 数据和关键绩效指标以实时报表的形式呈现给电销中心，电销中心据此动态调整营销战略，获取最佳投资回报率
交通银行信用卡中心智能语音云	信用卡中心着眼于大数据的挖掘和分析，通过对海量语言数据的持续在线和实时处理，为服务质量改善、经营效率提升、服务模式创新提供支撑，从而全面提升运营管理水平

（三）理财业务与大数据融合

银行将大量信息数据集中处理，如客户的理财经历、收入状况、年龄层次等，分析客户偏好和风险承受能力，为其制定契合其需求的个性化理财产品。商业银行利用大数据了解自身与行业情况，通过对技术、资本和人力资源等信息的分析，在制定理财产品和提高理财服务时，更能发挥自身优势，进行精准营销。此外，商业银行将大数据和人工智能相结合，利用人工智能的智能学习特长，研发出智能投顾，通过资产配置模型精确地为客户推荐最合适的理财方案，具体流程如图 2-5 所示。例如，招商银行的"摩羯智投"、中国银行的"中银慧投"都在理财业务方面展现出了大数据优势。

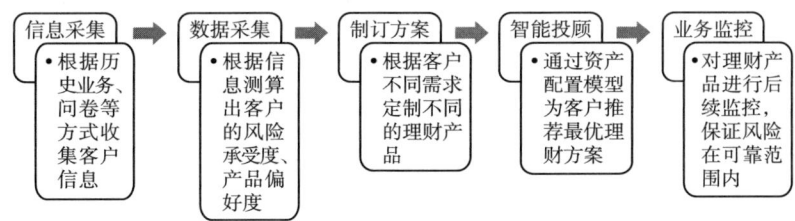

图 2-5　商业银行智能投顾

（四）担保类业务与大数据融合

担保业务不占用银行资金，但形成银行的或有负债，当申请人不能及时完成其应尽的义务时，银行就必须代为履行付款职责，所以担保业务是一项风险较大的中间业务。大数据在担保类业务上，有客户信用评级、资金流向监控、自身风险评估等应用。由于商业银行办理担保类业务时一旦客户信用出现问题，银行将承担其还款责任。通过大数据在互联网方面的运用，银行可以掌握客户先前的所有信用状况以及不良账款，以此对客户进行风险评估，对违约可能性大的客户收取更高手续费或拒绝担保。在接受担保业务后，银行可通过大数据监控资金的流向，实时掌握客户的还款能力，一方面做好风险应对准备，另一方面将此信息存入数据库，随时更新业务风险等级。

三、中间业务大数据的实践应用

（一）信息处理

中间业务客户量大，且业务风险各不相同。大数据的优势在于能够将数据"变废为宝"，通过运用 MPP 大数据存储、Green Plum 数据仓库、SQL 等工具，将所有客户与同行产品信息一网打尽，在业务办理过程中能够随时调取，帮助银行进行产品分析与风险管控。

（二）智能营销

理财、支付结算、信用卡支付等环节中，通过网银 APP，运用智能客服、自动身份鉴别系统、自助服务终端等人工智能设备，与客户交流并搜集数据，了解客户需求，运用数据算法快速匹配产品，提升客户满意度。

（三）银行自我风控

在办理担保类等或有风险的中间业务时，银行常常是以出售自身信用或帮客户承担风险为代价收取费用，可运用大数据技术进行数据查询、建立风险模型、报表报告统计、风险监控等，剔除高风险用户，智能反欺诈和阻断可疑交易，降低自身风险。

【案例】

光大银行"云缴费"

为了跟上互联网时代，光大银行利用金融科技来促进自身转型，改善服务水平。在业务方面，光大银行应用手机银行 4.0、供应链金融 2.0、核心业务系统 3.0 助力；运用新一代对公客户关系管理系统、新一代财富管理平台、新一代积分系统等提升服务效率；应用大数据、移动互联、人工智能、云计算、区块链、生物识别、分布式计算技术等先进技术,积极利用大数据应用开发平台实现智能风控、智能营销。在众多应用中,光大银行重点培育便民普惠金融"名品"——"云缴费",其发展迅速,成效显著。

"云缴费"是由光大银行自2008年开始倾力打造的云缴费平台,迄今已有10多年时间,是目前中国最大的开放式网络缴费平台,也是践行"普惠金融"的重要举措。光大云缴费平台,不仅为光大银行各营业网点、网上银行、手机银行、微信银行、ATM等10多个自有渠道提供服务,还输出给了微信、支付宝、银联、京东、苏宁等300余家主流支付公司、电商平台及金融同业。例如,2018年云缴费与支付宝就在线物业缴费项目达成合作,从居民小区出发,把零散商户及日常生活服务整合在一起,共同建成了"万家物业缴费平台",包括住宅信息管理、账单信息管理、商户信息管理、结算清分管理、历史数据查询五大功能,帮助物业公司在线快速缴纳物业费。

截至2019年末,光大云缴费服务项目累计达7 203项,新增3 162项,同比增幅55%;输出商户累计达415家,新增99家,同比增幅80%;缴费用户达3.78亿户,同比增幅49%,月活用户1.22亿户,同比增长29.29%;缴费笔数16.45亿笔,同比增幅50%;缴费金额3 673.15亿元,同比增幅78%;直联客户突破1 000万户,达1 155万户,较年初增长337%。此外,"云缴费"覆盖区域广泛,云缴费水费代收服务已接入全国210个地级市,覆盖率达72%;燃气费代收服务已接入168个地级市,覆盖率达57%;有线电视费覆盖28省;通信费(固话、宽带)覆盖28省;供暖费实现北方供暖区域全覆盖。

四、案例解析:智能投顾

随着经济的发展,越来越多的家庭需要用自己的闲置资产进行理财,进行资产保值增值。随着科技进步的浪潮,银行将理财业务与以大数据为依托的人工智能、区块链、云计算等技术结合起来,开发出智能投顾业务。

智能投顾,是通过收集客户各方面资料,来判断客户的风险偏好和投资偏好,并通过自己的算法模型来为顾客定制个性化的资产配置方案,同时在交易完成后通过实时监控,降低产品风险。智能投顾和传统投顾相比较,在服务受众、投资选择、申购和费用等方面,存在明显不同,如表2-4所示。总结起来,智能投顾具有以下优点:第一,对客户需求洞察力敏捷。基于大数据的客户偏好测评,相较于理财顾问的经验,更为客观、精准。采集不同年龄段、不同职业、不同收入状况的客户关于网购、社交、金融交易、采访问卷的海量信息,注重每位客户的需求,设计个性化、多元化的理财产品。第二,银行业务成本大幅度降低。通过智能投顾的高效匹配和不断自我学习,银行大幅减少理财顾问,节约管理费用。第三，申购流程简单。与传统理财业务相比，智能投顾与网上银行相结合，使客户仅需登陆操作界面，便能了解第一手信息并完成购买。

表2-4　　　　　　　　　　　智能投顾与传统投顾的区别

比较标的	智能投顾	传统投顾
服务受众	所有人群	高净值客户
投资依据	基于可得信息，运用人工智能和大数据分析	理财顾问的理论及经验
投资标的	ETE、股票、国外债券、房地产等	定期、股票、基金等
申购过程	系统根据客户情况自动推荐投资组合	与投资顾问反复联系沟通
服务费用	服务费率一般不超过0.5%	费用高、服务费率1%~3%

2008年，美国机器人投资顾问公司（Betterment）首次推出智能投顾，其具有低门槛、低费率、节税等特点，一经推出便引发智能投顾的热潮。国内商业银行的智能投顾起步较晚，但发展速度惊人。2016年，招商银行推出了摩羯智投，是一款以招行多年的基金研究和管理经验，结合计算机智能算法学习功能的智能基金组合销售服务。自摩羯智投公开发售以来，短短一个月，资产管理规模就超过8亿元。2017年10月底，资产总规模突破80亿元。至2020年3月，摩羯智投仍然位于智能投顾排行榜前三，发展状态良好。

摩羯智投的成功，凸显出智能投顾在金融科技时代背景下的优点。我国的智能投顾平台风生水起，各类产品层出不穷，互联网巨头们也纷纷加入，蚂蚁聚宝、京东智投、拿铁智投等都在致力于打造更方便快捷、人性化、多元化的智能理财服务。同时我们需注意到，智能投顾在发展中面临着不少难题。例如，信息处理过程不透明、难以培养顾客黏性、监管环境差等问题。对于这些问题，各大银行与互联网企业应结合其自身优势，进一步优化智能投顾平台，为客户提供精准的理财服务。

第五节

商业银行经营管理大数据

一、大数据下商业银行运营管理变革

（一）管理思维方式的变革

大数据时代，银行数据总量呈现指数级增长，数据内容包含了客户的层次、风险、爱

好、习惯等各个方面。相较于传统数据储存系统的静态性,大数据下的数据是动态的。银行在对客户信息不断更新迭代的同时,可以根据客户的不同性质提供更加个性化、多元化的产品和服务。数据的动态性有利于银行长期受益,而非过去静态数据的一次性受益。大数据所带来的思维方式的改变,必然导致银行管理思维方式的变革。首先,用整合性思维重塑客户关系管理的体系搭建。其次,用相关性思维提高对数据采集、处理、分析和应用的方法和技术。再次,用时效性、动态性、全样本思维分析和管理客户。最后,用开放性、前瞻性思维挖掘客户数据信息价值。唯有进行思维变革,才能充分利用大数据,从而提高客户满意度和忠诚度。

(二)管理工具和方法的变革

大数据时代,传统数据处理工具已无法满足大数据的现实处理需求,需同步利用网络分析软件等新型处理方式。从管理的角度来看,任何一次技术革命都必然伴随管理变革。过去,银行的管理方法主要依赖于自身的组织运转模式,其管理范围就是银行自身。如今,大数据时代下客户的数据信息遍布各个领域,银行需要加强并拓宽合作渠道,例如,产业的上中下游,电商平台等。这不仅对银行和企业提出了挑战,更是对其管理者提出了挑战。因此,管理者必须拥有与时俱进的学习意识和风险意识,保障银行业稳健发展。

二、大数据下商业银行运营管理优化

(一)提高运营管理效率

借助于大数据平台的商业银行,通过大数据的挖掘与分析,能够让银行营销、市场部门和风控等部门实时获取客户全息视图(见图2-6),将以往花费在数据查找、处理和分析上的时间和精力转移到客户服务上,有利于商业银行在精准营销、客户关系管理和风险控制等方面经营效率的大幅提高。

此外,商业银行逐步拓宽了与其他领域的合作。商业银行能够获取到的客户信息,不仅仅包括企业自身来源,还包括了跨行业的合作,例如,与电商平台等共享信息流。商业银行不断更新数据库,将数据进行分类分层,同步易忽视但有价值的数据,从而建立相应的业务数据集。大数据技术能够挖掘出数据间的逻辑关系,整合碎片化资源,构建更全面的客户数据框架,从而为商业银行经营管理决策提供支持。

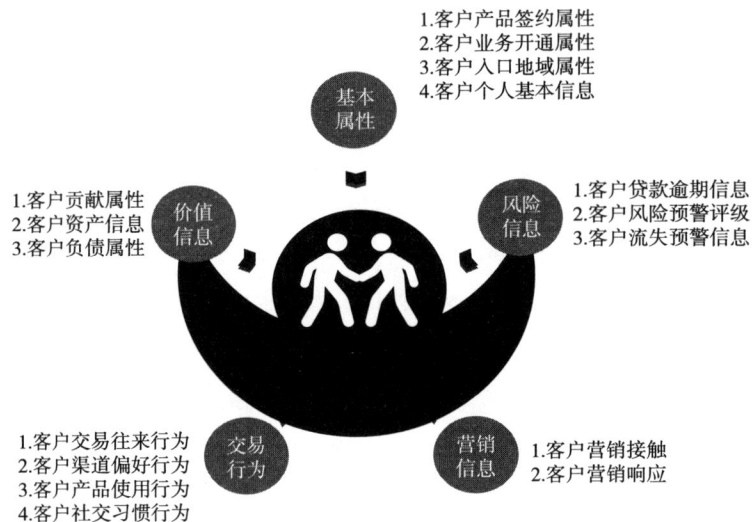

图 2-6 客户全息视图

(二) 优化经营管理领域

1. 渠道布局和策略优化

银行可以运用大数据,实时监测各个市场推广渠道的质量,从而优化渠道布局。此外,可以同步分析不同渠道受众的产品或服务,从而优化渠道品种策略。

2. 产品和服务优化

银行可以将客户动态转化为信息流,进而分析客户的性格特征、风险偏好及行为习惯等,智能化挖掘并预测客户需求,从而进行产品创新和服务优化。

3. 市场反馈分析

银行可以通过爬虫技术,抓取新媒体平台与客户行为及银行评价等相关的信息,通过数据处理技术进行价值判断,使负面信息及时得到解决和优化,正向反馈则在复盘后继续强化。不仅如此,银行还能抓取到同行业的相关信息,实时了解行业动态,为产品或服务的优化提供参考。

4. 组织模式优化

银行可以利用数据开放、共享的特征,建立更符合银行自身发展的组织模式。目前,大数据平台的组织模式有三种:独立公司制、总行总揽制和分行辅助制,如表 2-5 所示。各家商业银行应结合自身特点,选择适宜的大数据平台,提高竞争力。

表 2-5　　　　　　　　　　　大数据平台组织模式

类型	主要代表	特　点
独立公司制	部分新兴互联网商业银行	独立运作，与商业银行传统部门分开
总行总揽制	部分股份制商业银行	总行统一建设大数据平台，分行不再配备专业分析人才，只需运用总行大数据分析结果
分行辅助制	部分传统大型商业银行	在总行领导下，分行差异化开展大数据工作，在总行平台基础上独立建设分行平台

资料来源：孙杨等. 商业银行大数据挖掘与应用. 经济管理出版社，2019.

三、重塑客户关系管理模式

大数据时代下，传统的客户关系管理模式难以适应新时代的发展，客户关系管理的思维模式和管理模式将发生彻底的改变。在大数据背景下，银行需要重塑一套客户关系管理流程（见图2-7），从而更好地为客户提供产品和服务。

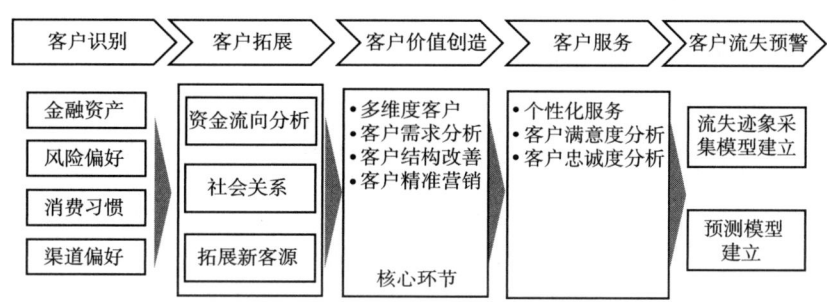

图 2-7　客户关系管理流程

（一）全方位识别客户，提高价值客户判断

商业银行秉承"以客户为中心"的服务理念，建立客户全息视图，全方位识别客户，提高客户判断的精准性。客户价值识别是客户关系管理的基础，是实现客户价值最大化的首要阶段。大数据分析能够通过客户贡献属性、客户资产信息、客户负债属性、客户交易地理位置等数据发掘客户的潜在价值，透过客户全息视图进行分析，判断客户价值，提高客户维护效率。

（二）了解客户社交网络，拓展新客源

随着银行业的竞争加剧，新客户拓展是银行客户关系管理中的一项非常重要且难度较

高的工作。大数据技术通过对客户资金流和信息流的分析,能够绘制出客户基于金融业务的社交关系网络,如商业伙伴关系等,有助于客户经理挖掘新客户,这也成为客户经理拓展客户的重要途径。

(三) 分析客户需求,进行客户价值创造

1. 进行客户细分

利用大数据进行客户细分,提高金融服务的针对性。大数据分析能够进行全方位客户分类,还能够综合客户的资产规模、风险偏好、消费习惯、渠道偏好等各个角度进行多因素分类分组。

2. 分析客户需求

银行可以将客户行为转化为信息流,从看似毫无逻辑的数据中分析并找到规律,并从中分析客户的个性特征和风险偏好,明确客户的消费行为,更深层次地理解客户的习惯,形成对客户多维度、全方位的观察视角,智能化分析和预测客户需求,从而进行产品创新和服务优化。

3. 整合客户资源及改善客户结构

通过对海量客户数据的资源重整,不仅可以细分客户,以便提供更加有针对性的产品和服务,而且可以对潜在的价值客户进行识别,挖掘商机。传统模式下,银行主要依赖于客户的资产情况来判断重点客户和普通客户,由于判断依据的片面性,使部分高潜力客户被忽略。在大数据时代,银行可以通过对客户的全方位分析来解决这些问题。例如,依靠企业在政务平台和公共平台上的信息,对客户信用进行全面客观的评价,使中小企业有机会进入到高信用评级行列,优化银行客户结构。

(四) 提供个性化服务,提高客户忠诚度

随着市场竞争加剧,客户经理受限于精力和数据分析处理能力,能关注到的客户有限。其中部分忠诚度较低的客户游走在各银行之间,导致客户维护成本上升。相较而言,大数据分析,使大多数位于"长尾分布"尾部的普通客户,能够获取更多关注。维护普通客户,将给银行带来新的利润增长点。对普通客户进行综合分析后,通过多渠道与客户互动,为普通客户提供更个性化的产品推荐、客户关怀等方法,来提高客户满意度和忠诚度。

(五) 建立客户发现和流失预警机制

减少客户流失,可以增加银行收入和降低维护成本,从而提高利润。实践上,通过建

立客户流失迹象采集模型和客户行为预测模型来实现。第一，建立客户流失迹象采集模型，提供客户维护措施。客户流失的原因有多个方面，但流失的迹象可以从关键因素进行采集，包括关注拒绝服务、产品到期后赎回、账户注销、他行注册等信息。客户流失迹象的发现方法：一是通过数据挖掘发现客户流失迹象，二是通过现场服务发现客户流失迹象。由于银行分支网点较多，要注意收集网点单个客户的日常行为，甄别早期、中期和晚期的流失迹象，采取有针对性的挽留措施，迹象发现的早晚与挽回效率成正比。第二，建立客户行为预测模型，有利于客户关系管理。客户行为预测模型的建立是基于客户流失迹象采集模型的基础上，可以更准确判断客户可能发生的行为，进而对客户进行针对性的挽留措施，降低维护成本，提高服务效率。

四、注重大数据的经营管理

（一）完善数据仓库

通过大数据技术，不断完善数据仓库和积累数据。银行可通过与内、外平台合作，多维度收集客户信息，从中挖掘并提炼出有效信息。具体包括两个方面：一是整合和开发新的客户渠道，增加与客户的接触面积，提高客户渗透率和转化率；二是开发个性化客户服务渠道，提升客户体验，提高客户认知深度。只有商业银行从思维上彻底改变对以往对大数据的看法，才能充分利用各方资源储备更多的数据。

（二）搭建数据平台

数据平台的搭建与健全完善的数据库是相辅相成的。在数据信息渠道来源方面，需通过互联网获取更多数据，将银行的传统业务与线上平台进行更完美的融合，推进银行业务的纵横交叉和整合。此外，银行业务的覆盖范围可更深更广，为银行业务的管理和发展提供创新路径。首先，要学习如何从看似毫无规律的大数据中，分析发现有价值的数据，从而加强数据分析技术的能力。其次，提高数据整合能力，通过银行内外部数据的处理和分析，形成完整的数据处理流程。最后，不断引进数据存储和分析设备，由于商业银行数据保密的高要求，需加强在数据采集、分析、管理等各环节的设备支持。

（三）优化组织结构

人才是第一资源，数据挖掘和分析的核心，在于优秀的数据人才。商业银行应注重对数据人才的培养，建立一支理论与实践相结合的数据人才队伍。一方面，商业银行需广纳贤才，以提高对大数据的分析和处理能力。另一方面，商业银行应对现有数据人才进行重点培训，提高数据人才自身的专业技能和职业素养，强化数据人才的业务理解能力和数据分析与建模能力，不断地培养和积累人才。

（四）大力开展大数据试点项目

利用大数据开展产品创新试验，有效降低产品创新成本。一方面，运用大数据可以使金融产品跳过不少烦琐的中间环节，实现直接交易，缩短交易链条，从而降低交易成本。另一方面，数据技术的持续优化会加速创新成本的降低。总之，在开展大数据应用时，应搭配激励机制，充分发挥银行员工对大数据的重视和热情，激发全体员工的主观能动性。

 本章复习题

1. 除了教材中的应用场景，请举例说明大数据在银行业的应用场景还有哪些？
2. 大数据预测存款主要是依靠哪些指标实现的？
3. 大数据下，商业银行资产业务具有哪些新特征？
4. 在生活中，银行中间业务应用大数据的实践有哪些？简要说明其和传统中间业务的区别。
5. 大数据对商业银行运营管理的优化主要表现在哪些方面？

第三章 大数据与证券业

【本章重要知识点】

- 大数据给证券业带来了哪些变量
- 量化投资的概念、选股方法和投资策略
- 程序化交易的概念、原理和发展现状
- 智能投顾的概念、原理和发展趋势

第一节 大数据分析在证券业中的应用

一、证券业的大数据应用

大数据时代,大多数券商已经意识到大数据的重要性。相对于银行和保险业,证券行业的大数据应用起步相对较晚,券商对于大数据的研究与应用正处于起步阶段。目前国内外证券业的大数据应用大致有以下几个方向:以量化投资改革证券投资理念、以程序化交易改造交易模式、以智能投顾升级经纪业务。大数据背景下,证券投资发生了根本性转变,如图3-1所示,各大券商正在积极尝试适应和引领大数据时代的证券业务,国泰君安就推出了"个人投资者投资景气指数"(以下简称"3I指数")。而本节将在接下来的内容中,通过一系列经典事实和现实数据阐释大数据正在如何改造证券业。

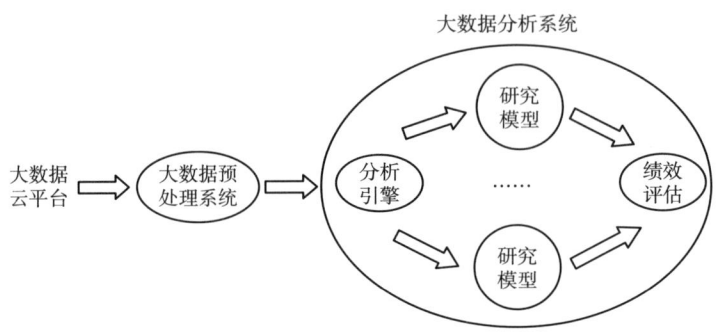

图 3-1 大数据背景下的证券投资

【案例】

券商的大数据改革——国泰君安 3I 指数

2012 年,国泰君安推出了"个人投资者投资景气指数"(以下简称"3I 指数"),即通过一个独特的视角传递个人投资者对市场的预期、当期的风险偏好等信息。国泰君安研究所对海量个人投资者样本进行持续性跟踪监测,对账本投资收益率、持仓率、资金流动情况等一系列指标进行统计、加权汇总后得到的综合性投资景气指数。

"3I 指数"通过对海量个人投资者真实投资交易信息的深入挖掘分析,了解交易个人投资者交易行为的变化、投资信心的状态与发展趋势、对市场的预期以及当前的风险偏好等信息。在样本选择上,选择资金 100 万元以下、投资年限 5 年以上的中小投资者,样本规模高达 10 万人,覆盖全国不同地区,所以,这个指数较为有代表性。在参数方面,主要根据中小投资者持仓率的高低、是否追加资金、是否盈利这几个指标,来看投资者对市场是乐观还是悲观。"3I 指数"每月发布一次,以 100 为中间值,100~120 属于正常区间,120 以上表示趋热,100 以下则是趋冷。从实验数据看,从 2007 年至今,"3I 指数"的涨跌波动与上证指数走势拟合度相当高。

二、大数据与股价预测

2011 年 5 月,英国对冲基金 Derwent Capital Markets 建立了规模为 4 000 万美金的对冲

基金,该基金是首家基于社交网络的对冲基金,该基金通过分析 Twitter 的数据内容来感知市场情绪,从而指导投资者进行投资。利用 Twitter 的对冲基金 Derwent Capital Markets 在首月的交易中实现了盈利,其以 1.85% 的收益率,让平均数只有 0.76% 的其他对冲基金相形见绌。

麻省理工学院的学者,根据情绪词将 Twitter 内容标定为正面或负面情绪。结果发现,无论是如"希望"的正面情绪,还是"害怕""担心"的负面情绪,其占总 Twitter 内容数的比例,都与道琼斯指数、标准普尔 500 指数、纳斯达克指数密切相关;美国佩斯大学的一位博士则采用了另外一种思路,他追踪了星巴克、可口可乐和耐克三家公司在社交媒体上的受欢迎程度,同时比较它们的股价。他们发现,Facebook 上的粉丝数、Twitter 上的听众数和 Youtude 上的观看人数都和股价密切相关。另外,品牌的受欢迎程度,还能预测股价在 10 天、30 天之后的上涨情况。但是,Twitter 情绪指标,仍然不可能预测出会冲击金融市场的突发事件。例如,在 2008 年 10 月 13 号,美国联邦储备委员突然启动一项银行纾困计划,令道琼斯指数反弹,而 3 天前的 Twitter 相关情绪指数毫无征兆。而且,研究者自己也意识到,Twitter 用户与股市投资者并不完全重合,这样的样本代表性有待商榷,但仍无法阻止投资者对于新兴的社交网络倾注更多的热情。

以上是证券投资机构利用投资者情绪方面的大数据,预测股价的经典案例。该案例中,大数据在预测股价方面的表现并不完美。那是因为大数据仅仅包括了投资者情绪方面,不够全面,没有形成系统框架。大数据的不佳表现,并没有让各地机构失去信息,反而促使其积极探索,形成了以大数据为核心的股价预测与投资体系,即量化投资系统,如图 3-2 所示。

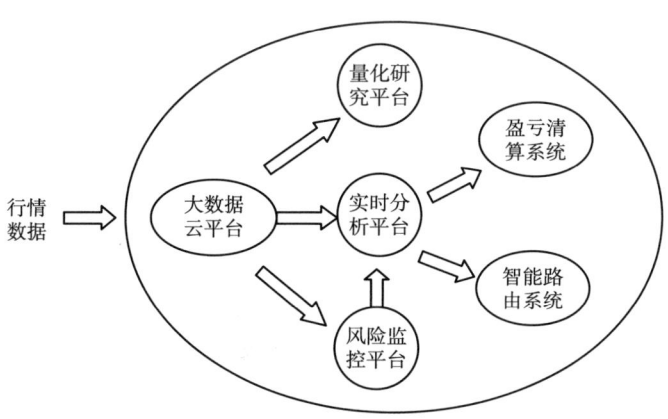

图 3-2 量化投资系统

三、大数据与风险防控

金融系统具有信息化程度高、数据维度多、数据质量好、应用场景多等特点,其涉及的账户、交易、价格、投资、风险防控等都是重要的数据源,是大数据的生产者。金融风险监测作为金融行业发展的永恒主题,是大数据在金融系统应用的重要领域。各国金融监管机构高度重视大数据的采集,积极采用大数据相关应用监测风险。国际清算银行金融稳定研究所(FSI)将金融风险监测分成两个部分,数据收集和数据分析。在数据收集阶段,通过大量数据初步整理自动生成监测报告;在数据分析阶段,利用大数据等技术进行紧急风险识别、重大风险预测等。

美国金融业监管局(FINRA)建立 SONAR 系统收集资本市场、新闻舆论数据,用于检测内幕交易和误导交易者行为;美国证券交易委员会(SEC)建立 MIDAS 系统,每天从全美 13 家股票交易所收集约 10 亿条微秒量级的交易记录,并具备对数以千计的股票在过去 6 个月甚至 12 个月内的交易情况进行即时分析的能力;澳大利亚证券投资委员会(ASIC)建立 MAI 系统,收集澳大利亚一级、二级市场实时数据,提供市场异常监测和实时报警;英国金融行为监管局(FCA)利用机器学习(ML)的监督学习工具对每天接收到的超过 2 000 万笔市场交易信息进行大数据处理,以发现市场操纵行为。

四、大数据与客户关系管理

大数据主要从两个方面可以帮助券商管理客户。

(一)客户细分

通过分析客户的账户状态(类型、生命周期、投资时间)、账户价值(资产峰值、资产均值、交易量、佣金贡献和成本等)、交易习惯(周转率、市场关注度、仓位、平均持股市值、平均持股时间、单笔交易均值和日均成交量等)、投资偏好(偏好品种、下单渠道和是否申购)以及投资收益(本期相对和绝对收益、今年相对和绝对收益和投资能力等),来进行客户聚类和细分,从而发现客户交易模式类型,找出最有价值和盈利潜力的客户群,以及他们最需要的服务,更好地配置资源和政策,改进服务,抓住最有价值的客户。

(二)流失客户预测

券商可根据客户历史交易行为和流失情况来建模从而预测客户流失的概率。如 2012

年海通证券自主开发的"给予数据挖掘算法的证券客户行为特征分析技术"主要应用在客户深度画像以及基于画像的用户流失概率预测。通过对海通100多万样本客户、半年交易记录的海量信息分析,建立了客户分类、客户偏好、客户流失概率的模型。该项技术的最大初衷是希望通过客户行为的量化分析,来测算客户将来可能流失的概率。

第二节 量化投资

一、量化投资概述

市场上主流的投资方法主要包含量化投资、基本面投资、技术面投资等。量化投资是指投资者应用基于数学和统计学等定量模型来构建策略,并通过计算机、金融工程技术等,制定的规则以及交易策略,从而协助投资者进行投资决策。量化投资需要在决策的开始阶段赋予量化程序严谨的逻辑,并根据不同市场和环境,选择最合适的量化策略,以及对量化策略本身进行适当调整。与传统的基本面分析方法和技术分析方法相比,量化投资最大的特点就是定量化和精确化。量化投资的对象包括:股票、债券、期货、期权等。量化投资的基本操作程序如图3-3所示。

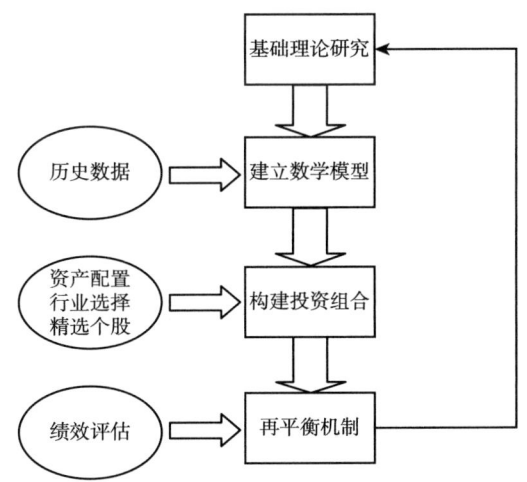

图3-3 量化投资的基本操作程序

(一) 国内外量化投资策略的演进历程

国外量化投资方法产生于20世纪60年代末，20世纪70、80年代开始兴起，在20世纪90年代达到了繁荣，在2008年金融危机发生后，量化投资受到一定程度的重创，但近年来随着美国股市的走强，量化投资基金总资产达到新的高度。量化投资在国外经过了半个世纪的发展，已经相当成熟，其投资策略覆盖的范围也越来越广泛，从宏观对冲，股票基本面，股票量价，到大宗商品，债券等均有涉及，其中主要投资于股票和债券。在美国，量化投资基金已逐渐成为对冲基金的主流。2018年全球最大的对冲基金桥水是做宏观量化的；全球第二大对冲基金AQR是做股票基本面的；全球第四大对冲基金文艺复兴科技是做统计套利的。国内外量化投资策略与使用如表3-1所示。

表3-1　　　　　　　　　国内外量化投资策略与使用

策略类型	美国	中国	代表机构
宏观对冲	√		Bridgewater
股票基本面	√		AQR、Marshall
股票技术面	√	√	Renaissance、Two Sigma
商品CTA	√	√	Graham、Winton
ETF套利	√		Jane Street
债券	√		Horseman

相比于国外量化投资的发展，我国当前仍处于起步阶段。2004年国内出现第一只涉足量化领域的公募基金，2008年金融危机后，很多在国外做量化投资的海归陆续回国，推动了国内量化投资策略的发展。2010年随着中国第一个股指期货沪深300股指期货上市，国内可以通过股指期货进行对冲，量化对冲策略开始起步，国内量化投资大潮自此开启。2015年中证500股指期货上市后，策略对冲可以选小盘股而不会暴露市值风险，量化对冲策略逐步进入高频价量的阶段，不少私募数据也从日级别进入了分钟级别的价量因子。当前市场中投入中国市场的量化资金总量大概在2 500亿~5 000亿元，这些资金中有超过一半投资于股票类产品，其次主要投资于商品CTA策略，剩下的就很少了。

当前国内量化股票投资按照持仓周期可以分为日内短周期选股策略、中频量化选股策略以及基本面量化低频选股策略。其中日内短周期选股策略可以认为是高频统计套利策略。通常按照国际惯例，一般持仓周期在5分钟以内的称为高频策略，但由于沪深股票市场仍然是"T+1"制度，因此当前日内最高的换手率也就480倍，且必须有充足的底仓。通过每日的交易逐步积累收益，底仓下跌的时候平滑了回撤，在市场整体上涨时底仓又可以获取一定的向上弹性。高频量化交易提供了超额收益，底仓只要不大跌，长期来看可以获取稳定的回报。当前市场上有名的头部量化私募基金，如灵均投资、明汯投资、锐天投资、金锝资金、幻方量化等，都是以日内短周期选股策略为主。日内短周期选股策略通常以各种大数据和机器学习等技术挖掘市场上的价量因子，这些价量因子的有效周期通常较短，因此需要不断通过更新技术挖掘新的因子。但是这种高频策略的策略容量相对较小，这也是未来日内短周期选股策略发展的重要瓶颈。

中频量化选股策略，或者可以称为统计套利策略，换手率大概在 40～100 倍，包含一些基本面，价量和情绪等因子，这类模型换手率比第一类低，但策略容量会大一些。基本面量化低频选股策略主要通过一些传统的中低频因子进行选股，由于当前阶段低频策略的超额收益率相对较低，这种策略当前主要应用于公募基金中。

（二）量化投资理论的演进历程

量化投资从 20 世纪 70 年代开始逐渐兴起，90 年代才大行其道。之所以如此，是因为量化投资有其诞生的特定土壤，需要一系列的条件方能破土而出，这些条件其实相当苛刻。

没有现代金融理论，便没有量化投资的兴起。马克维茨的投资组合理论，提出了风险报酬和效率边界概念，并据此建立了模型，成为奠基之作。托宾随后提出了分离理论，但仍需要利用马克维茨的系统执行高难度的运算。夏普 1963 年 1 月提出了"投资组合的简化模型"，一般称为"单一指数模型"。马克维茨模型费时 33 分钟的计算，简化模型只用 30 秒，并因节省了电脑内存，可以处理相对前者 8 倍以上的标的证券。1964 年，夏普又发展出资本资产定价模型（CAPM），这是他最重要的突破，不仅可以作为预测风险和预期回报的工具，还可以衡量投资组合的绩效，以及衍生出在指数型基金、企业财务和企业投资、市场行为和资产评价等多领域的应用和理论创新。1976 年，罗斯在 CAPM 的基础上，提出"套利定价理论"（APT），提供一个方法评估影响股价变化的多种经济因素。布莱克和斯克尔斯提出了"期权定价理论"。莫顿则发明了"跨期的资本资产定价模型"。

（三）常见的量化策略模型

当前市场上主要的量化选股模型主要包含多因子模型、行业轮动模型与风格轮动模型、趋势追踪模型等。

1. 多因子模型

市场上无论是高频的日内短周期选股策略还是低频的基本面量化模型，都是基于多因子模型，通过选股和择时来获取超额收益。可以说无论在国内还是国外，多因子模型都是量化投资最主要也是应用范围最广的量化模型。大部分量化策略都是以多因子选股为基础的。国内公募基金中常见的量化策略诸如指数增强基金、私募基金中常见的量化选股策略以及量化对冲策略都是以量化多因子选股作为基金产品构建的主要策略思路。其中指数增强策略在对标的指数进行有效跟踪的基础上,以追求超越基准指数回报为目的,选股范围限定于标的指数成分股;量化选股策略同样以追求超越基准指数为目的,但较之指数增强策略,选股范围更广,仓位配置也更加灵活;量化对冲策略则在多因子选股基础上加入了股指期货对冲,以追求绝对收益为目的。

多因子模型的理论模型是建立在投资组合、资本资产定价模型(CAPM)以及套利定价理论(APT)等现代金融理论的基础上的 Fama-French 三因子模型,BGI, Barra 将 Fama-French 三因子模型应用于证券投资的实际领域,通过发掘各类与股票收益率相关的因子,诸如价值、规模、动量、波动等因子,将投资组合的风险/收益拆分为相关因子暴露,选入合适的股票构建投资组合。但是大多数因子均存在一定的时效性,一些因子的失效,需要研究与开发新的因子对模型选股进行调整与更新。传统因子的发掘均是基于因子与股票收益率之间的线性关系,2008 年金融危机后许多传统的多因子相继失效。近年来随着机器学习技术在量化投资领域的应用不断加深,可通过遗传算法、深度学习等方法发掘市场上新的因子,从而获得超额收益率。当前常用的因子可以归纳为三个大类:基本面类、技术面类和特异类,近年来随着计算机技术的发展,因子侧重也从基本面因子逐渐向技术面、特异类因子倾斜。

2. 行业轮动策略与风格轮动策略

行业轮动策略与风格轮动策略逻辑类似,其中行业轮动策略是通过研究当前宏观经济周期以及市场环境等,对市场中的周期性行业以及非周期行业进行轮动配置,从而获取超额收益。风格轮动模型是利用市场的风格特征进行投资,市场主流资金一段时间内会更加偏好小盘股,一段时间内则更加偏好大盘股,若能够精准地捕捉到风格转换的启动,就可以通过该选股模型相应地构建合适的股票组合,获得显著的超额收益。

3. 趋势追踪量化选股模型

趋势追踪量化选股模型是跟随市场或者是个股动量波动趋势进行追涨杀跌的策略。主要通过一些趋势判断指标,如 MA(均线)、EMA(指数平均数指标,也叫 EXPMA 指标)、MACD(指数平滑移动平均线)、量价结合等进行选股。

(四)量化投资独特的操作风险

量化投资独特的操作风险是指相关当事人在业务各环节操作过程中,因内部控制存在缺陷或者人为因素造成操作失误或违反操作规程等引致的风险,如 IT 系统故障等。当然这些可预见的风险,管理人员都会提前做规避工作,尽力做到风险可控。

二、量化选股

一般认为股票的收益率分为 Alpha 和 Beta 两个部分。每只股票的 Beta 收益率来自市场，而 Alpha 部分则是它的超额收益率。买股票就是买公司，每个基金经理都在努力寻求有真正 Alpha 收益率的优秀股票。

（一）量化选股模型

量化选股的核心是找到能挖掘出股票超额收益率的选股因子，这些因子可以是基本面的财务因子或者是技术面的因子，因此这种方法也被称为多因子选股。确定有效因子以后，用这些因子给每个股票打分，选出得分高的那些股票进行投资。选股模型每隔一段时间就会重新运行一次，以确定新的股票池子。这么做的原因主要有两个：

（1）不管是财务因子还是技术因子，任何一个因子都很难持续有效。因此必须定期对因子的选股效果进行评估，剔除逐渐失效的因子，选入新的有效的因子。

（2）选股模型中用到了大量的财务因子，因此当上市公司披露新的财报时，需根据新的因子数据重新运行。

基于上述原因，量化选股模型一般在公司披露财报的时点更新股票池子。量化选股模型的流程如图 3-4 所示。

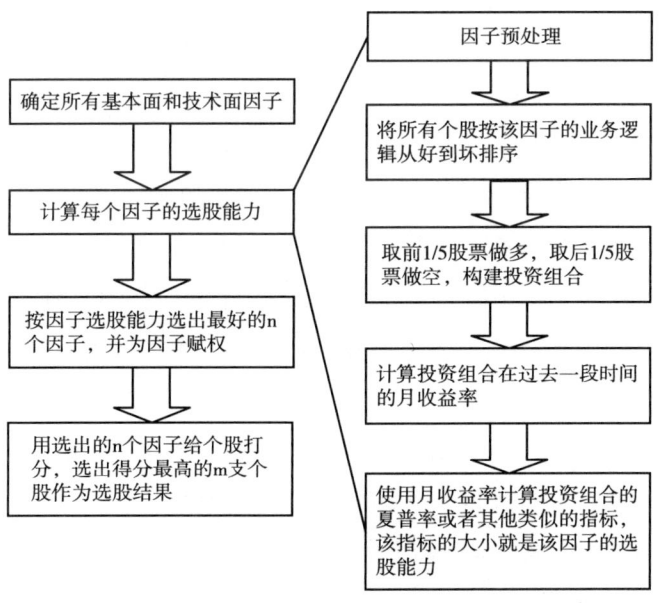

图 3-4 量化选股模型的流程

(二) 量化选股流程

1. 确定备选因子

从大类上说,因子主要包括基本面和技术面两类。基本面因子是和上市公司财务相关的因子,又可以细分为盈利因子(如ROE、ROA等)、估值因子(如PE、PB等)、规模因子等;技术面因子主要是和股票量价相关的因子,可以分为波动类、动量类和反转类。除了这两类主要因子外,还可以考虑其他一些因子,包括券商评级、市场情绪等。

2. 计算每个因子的选股能力

计算每个因子的选股能力是量化选股模型的核心。本节以ROE为例说明这个过程。

第一步:因子预处理。首先对ROE因子进行预处理,这里可以去掉一些ROE取异常值(极大或极小值)的那些股票,它们可能对选股造成干扰;另外,可以对剩余股票的ROE进行归一化处理。

第二步:将股票排序。预处理之后,按照因子的业务逻辑给所有个股排序。由于ROE是盈利因子,因此其业务逻辑是ROE越大,上市公司的价值越好,其股票的超额收益率就越高。因此,按照ROE的大小给个股排序。

第三步:构建投资组合。排序后,选出排名前1/5的股票做多,选出排名后1/5的股票做空(假设可以做空),这就是我们当期的投资组合(注意,你当然也可以选前后1/10,而非1/5)。这里的核心是一定要舍弃大量的位于中间的那些股票,而只考虑该因子收尾两端的那些股票。这样做的目的是排除那些在该因子上中庸的股票对评价该因子选股能力评价的影响。

第四步:计算投资组合收益率。计算过去一段时间(比如1年)该因子的选股效果。在计算期内,随着财报数据的逐步披露,我们会得到新的ROE数据。每次得到新的ROE,重新对股票排序并构建当期的投资组合。换句话说,假如在我们的1年计算期内有三个公司发布财报的时点,那么在每个时点,基于ROE构建一个新的投资组合,计算该组合从当前时点到下个时点之间的月收益率。这样,1年的计算期内我们会有ROE因子对应的12个月收益率,它们来自这三个投资组合。

第五步:计算因子选股能力。根据计算期内投资组合的月收益率数据计算ROE因子的选股能力。衡量选股能力的指标有很多种,常用的可以是月收益率的夏普率或者投资组合的胜率等。该指标的大小就是ROE因子的选股能力。

3. 选出最好的n个因子并赋权

由于备选的因子可以有上百个,因此我们必须择优选出n个有效的因子。这里主要有两个方法：一是，定因子选股能力阈值，如果一个因子的选股能力高于该阈值则选为有效因子，因子的个数 n 不固定；二是，设定固定的因子个数 n（n 一般取 10~20 个），将所有因子按其选股能力从高到低排序，选出前 n 个因子作为有效因子。

选出 n 个因子后，为这些因子赋权，以便在最后一步中给个股打分。赋权有以下两种常规方法：一是等权重法，所有优选出来的因子一视同仁，因此每个因子的权重是 1 或者 1/n；二是正比于每个因子的选股能力赋权，因此每个因子的权重等于该因子的选股能力除以所有因子中最大的选股能力。

4. 为股票打分

为股票打分分为两步：

第一步：个股对每个因子独立打分。用选出的 n 个因子为个股打分。对于每一个因子，按其业务逻辑对个股排序，并打分如下：最好的 10% 的股票得 10 分，次好的 10% 的股票得 9 分，以此类推，最差的 10% 的股票得 1 分。

第二步：计算每只股票的总分。用每只股票在每个因子上的得分乘以该因子的权重就得到这只股票在该因子上的得分。将该股票在所有 n 个因子上的得分相加就得到该股票的总分。

最终，按总分对所有股票排序，然后选择排名最高的 m 只股票作为最终的量化选股结果。同样，m 的确定可以有两种方法：一是设定优秀股票得分阈值，如果一个股票的总分高于该阈值则入选，因此 m 不固定。如果阈值选取的不好，那么可能出现选出来的股票个数过少甚至无法选出股票的情况，这也不一定完全是缺点。二是设定固定的股票个数 m（考虑到分散个股风险，m 一般取 50~100 个）。将所有股票按其总分从高到低排序，选出前 m 只股票。因为在现实中无法做空个股，因此在实际操作中，投资者可以买入选股模型优选出的 m 只股票，并持有到下一次选股模型重新选择。

5. 量化选股效果

量化选股模型的投资组合收益率走势一般如图 3-5 所示。其中，黑色为股指的走势（大盘收盘走势），红色为选股模型走势（所选投资组合走势），蓝色虚线为假想的将股指乘以某个大于 1 的 Beta 后的走势（大盘收盘调整后走势）。这样可以更好地比较选股模型刨除 Beta 之外的超额 Alpha 收益。

如图 3-5 所示，选股确实带来了整体净值的提升。但仔细分析不难看出，选股模型选出来的超额收益 Alpha 比较有限，更多地倾向于选取高 Beta 的小市值股。因此收益大，波动（回撤）也大。基于这个原因，很难用对应的股指期货进行完美的对冲获取稳定的 Alpha 值。

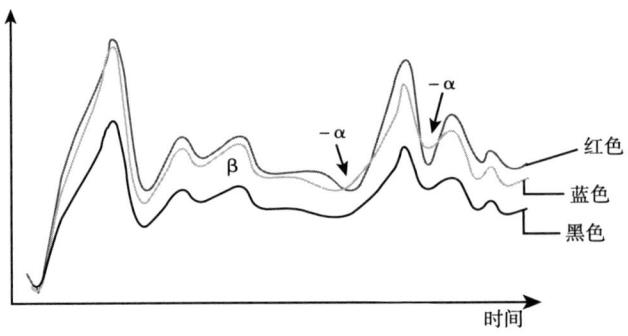

图 3-5　量化选股模型的投资组合收益率走势图

三、量化投资策略

量化投资策略类型如图 3-6 所示。

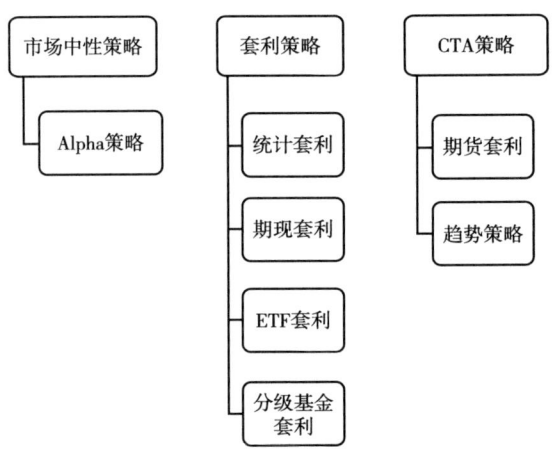

图 3-6　量化投资策略类型

（一）市场中性策略

Alpha 策略的关键点是选出的股票组合收益要持续跑赢沪深 300 指数，在市场上涨时平均涨幅大于沪深 300 指数，在市场下跌时平均跌幅小于沪深 300 指数，并且可持续稳定。

通常管理人根据估值、成长性、市值、动量、预期变动、资金关注、技术指标、事件、业绩等多个维度进行量化选股，构造投资组合，同时以沪深 300 行业配置比例为基准，对系统筛选出的股票根据宏观经济和行业景气进行差异化配置，并定期根据各因子变动进行动态调整组合。

例如，构建中性策略，买入 100 元股票组合，卖空 100 元股指期货，多头与空头组合价值相等，如图 3-7 所示。

（1）市场上涨：股票组合（上涨赚钱）+指数收益（上涨亏钱）=10%+（-7%）=3%。

（2）市场下跌：股票组合（上涨赚钱）+指数收益（上涨亏钱）=（-7%）+10%=3%。

（3）市场震荡：股票组合（上涨赚钱）+指数收益（上涨亏钱）=10%+（7%）=17%。

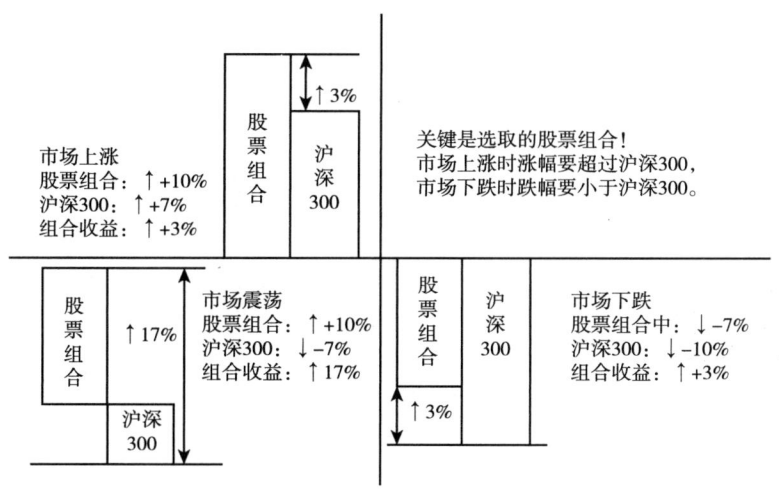

图 3-7 市场中性策略

Alpha 策略最主要的风险在于选股策略上。选股模型可能会因为股票市场规律性变动、突发事件和统计模型本身的概率属性，在某些时间段出现失效，导致做多的股票跑输市场出现短期亏损。这需要基金经理能不断完善投资模型和操作技巧提升获胜概率。此外，Alpha 策略还受到基差的影响。大部分时候会有一定的升贴水损失，策略对基差的风控非常重要。

（二）套利策略

套利策略是在金融市场利用某些金融产品价格与收益率暂时不一致的机会获得收益的策略。这种套利机会很少，一旦出现立即消失。有些金融产品价格与收益率的不一致不是很短暂，此时通过这种机会去获取收益的风险在于价格或者收益率可能不会朝预期的方向变化。对于对冲基金的管理者来说，这种获取收益的策略可能并非低风险的交易策略，而是风险套利策略，这种策略可能使价格或收益率的偏差回到或收敛到历史的均衡水平上。目前，金融市场上存在多种套利手法。

1. 统计套利

统计套利是对历史数据进行统计分析，估计相关变量的概率分布，结合基本面数据分析，用来进行套利交易。

运用统计分析工具，对一组相关联的价格之间的关系的历史数据进行研究分析，研究关系的历史稳定性，并估计其概率分布，确定分布中的极端区域，即否定域。当真实市场上的价格关系进入否定域，可以认为这种价格关系不可长久持续，此时有较高的成功概率进场套利，如图 3-8 所示。

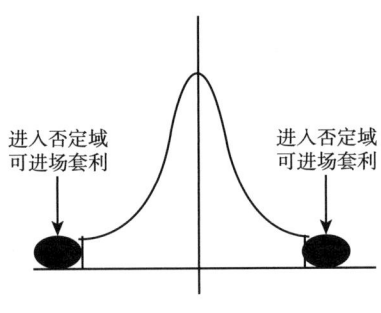

图 3-8 统计套利

2. 期现套利

期现套利指利用期货与现货基差扩大产生的套利机会，做多被低估标的，做空被高估标的，待期现基差回归至合理范围后，平仓离场的低风险策略。

期现套利策略，是根据沪深 300 股指期货与沪深 300 指数基差到期时必定收敛的交易机制。当期货指数与沪深 300 指数基差足够大时，可以通过构建一个反向组合，获得基差收敛过程中产生的收益。目前国内只能进行"做空基差"的正向套利，即当基差大于 0 的时候，买入股指 ETF 或者一揽子股票，同时卖出等市值股指期货，待价差收敛后平仓。当基差小于 0 时，由于融券不足，无法通过卖出股指 ETF 或者一揽子股票同时买入等市值的股指期货进行"做多基差"的反向套利。当期货价格深深贴水的时候，因融券存在障碍反向套利被切断，贴水状态自由发展，只能通过市场大幅度反弹，多头的投机者重新将价格抬升至升水的状态。这也是市场贴水一直无法及时恢复的重要原因。

期现套利的主要风险在于市场价格出现剧烈波动导致浮亏，具体表现为所跟踪标的之间的基差出现长时间不回归甚至反向逆转，期现收益无法有效覆盖交易成本、冲击成本、现金成本等风险。

3. ETF 套利

ETF 套利，是指投资者可以在一级市场通过置顶的 ETF 交易基金管理公司，用一揽子股票组合申购 ETF 份额，或者把 ETF 份额赎回成一揽子股票组合，同时可以在二级市场以市场价格买卖 ETF。

假设某只 ETF 成分股暴跌，使该 ETF 净值迅速走低，但该 ETF 的市场价格未能及时跟上，两者短暂地出现一个价差，此时可以买入 ETF 一揽子股票组合申购成 ETF，然后将 ETF 在二级市场卖出，实现低买高卖，获取价差。

ETF 套利的两种交易顺序，一种是从股票二级市场买入一揽子股票，按一定比例换成 ETF 份额，然后在二级市场卖出 ETF 份额，前提是一揽子股票价格比 ETF 价格低，出现溢价；另一种是，从 ETF 二级市场买入份额，按照一定比例兑换成一揽子股票，再拿到股票二级市场卖出，前提是 ETF 价格低于一揽子股票价格，出现折价。

4. 分级基金套利

分级基金有两种套利模式。

一种方式是当母子基金比价出现折溢价时可进行套利。当 A/B 份额的组合价格大于母基金净值时，存在整体溢价套利机会。通过场内申购母基金份额，分拆成 A 和 B 并在二级市场卖出完成溢价套利。当 A/B 份额的组合价格小于母基金净值时，存在整体折价套利机会。通过在二级市场按比例买入 A 类份额和 B 类份额，申请合并成母份额并赎回完成折价套利。

但是折溢价套利不能实时完成，需要面临 1~2 个交易日的价格波动风险。可以通过股指期货对冲管理风险敞口。一般在牛市中溢价套利机会比较多，在震荡市场中折价套利机会更多、胜率更高。

另一种套利方式是，市场下跌时，含向下折算条款的分级基金 A 份额包含的期权价值套利，同时还有在整体折溢价套利基础上演的底仓—对冲溢价套利、循环折价套利。

（三）CTA 策略

CTA 策略是投资于期货市场，使用历史数据，通过统计、数学、编程的方法找到盈利规律。分为趋势策略和期货套利策略。趋势策略是跟随者市场上涨时做多，市场下跌时做空，因此在任何一种期货商品进入趋势后，CTA 策略就会获得良好的收益空间。期货套利策略是通过跨期限、跨市场、跨品种等不同合约之间的"价差回归"，锁定套利空间。跨期限是指同一交易品种，不同交易周期间的套利。历史数据表明期货不同合约价格相关性高，价差出现稳定的统计特征。当两个不同到期月份合约/不同品种合约之间的价差偏离合理区间时，可以通过在期货市场同时买入低估值合约和卖出高估值合约，在价差回归后进行反向平仓，进行跨期限套利交易。

由于期货具有杠杆属性，这类策略持仓的市值往往很大，有时候甚至超过产品资产总值，导致收益率的波动率是所有量化策略中最大的。在市场出现连续震荡行情时，这样的策略由于杠杆属性会出现较大的回撤。另一个对这类策略的限制是，目前市场上活跃交易的期货品种不多，高频交易很大程度倚重于品种成交量，开平仓时间间隔较短，使期货套利策略容量不大。

四、量化投资经典案例分析

（一）国际经典案例：LTCM 基金的相对价值投资方法之殇

LTCM 基金（Long-Term Capital Management，LTCM）由《说谎者的扑克牌》中史诗般的债券交易员 John Meriwether 于 1994 年 2 月建立，巅峰时期与量子基金、老虎基金、欧米伽基金一起被称为"国际四大对冲基金"。1994—1997 年，LTCM 业绩辉煌骄人。成立之初，资产净值为 12.5 亿美元，到 1997 年末，上升为 48 亿美元，净增长 2.84 倍。

1986 年，LTCM 基金的创始人在所罗门兄弟工作时，就请 MIT 的物理学博士加入债券分析领域，为利率期限结构建模，卖出高估的债券，买入低估的债券，从事后来被业内广泛模仿的债券相对价值投资工作。LTCM 基金延续了 John 早期的这一做法，以寻找各种证券之间的相对价值为投资目标。

由于 LTCM 的合伙人中包括了期权定价 BS 公式创始人、诺贝尔经济学奖得主 Robert Merton 和 Myron Scholes，增加了其中蕴含的学术色彩。实际上，虽然相对价值投资思想属于量化投资大体系的重要分支，但 LTCM 并未重度使用量化投资模型，他们寻找低估和高估资产的主要方法是从基本面出发获取方向性判断，然后根据价差的历史数据进行简单的正态分布建模，并用来测算资金管理。

LTCM 于 1998 年失败，2000 年破产清算，并被华尔街银团接管。其失败的主要原因是：

1. 笃信相对价值的走势符合正态分布

相对价值，即价差的判断往往需要对其随机性作出假设，LTCM 采用简单频率统计的方式假设其符合正态分布，其结果是严重低估价差朝持仓反方向运行的概率。1997—1998 年发生的各种国际突发事件验证了金融资产价格走势的"肥尾"特征，也就是正态分布假设下的"小概率"事件，其实具有很大的现实概率。价差走势的误判是相对价值投资最大的死穴。

2. 无限度使用杠杆

LTCM 基金在投资标的（以应用金融衍生品和融资融券为主）、基金资产、基金公司股权上面分别使用了巨额杠杆，导致公司整体杠杆无比之高，这将资产价格不利走势带来的影响放大了数千倍甚至上万倍。

总结一下，LTCM 基金失败的主要原因是投资方法有缺陷，进行相对价值投资的时候对价差走势假设过于自信，没有形成必要的风控和止损设定，过度使用杠杆。

(二) 国内经典案例：PB-ROE 策略

PB 是市净率，为每股股票价格/每股净资产，而净资产又是公司总资产减去公司负债的结果。PB 是一个价格指标，衡量的是每股净资产卖多少钱。ROE 是净资产回报率，为公司净利润/公司净资产。ROE 是一个盈利指标，衡量的是公司的净资产能够贡献多少收益率。所以，当 PB 和 ROE 结合在一起，其实是用量化的指标去找寻"有可持续的盈利能力的，便宜的公司"。

【知识拓展】

回 测

回测（Back Testing）是任何一个量化投资策略上线之前必须要经过的一道流程，它是量化投资策略和其他类型投资（如主动投资）最大的区别之一。回测将投资策略应用到历史数据中并考察它的表现。回测具体有如下作用：

1. 验证投资策略是否有效

我们很容易从学术文献、投资书籍、券商报告以及互联网得到很多交易策略的想法。回测可以快速验证一个想法是否有效（净值曲线至少得是向上的）。

2. 对策略进行参数调优

当一个交易策略有效的时候，回测让我们优化该策略的参数。例如，一个均线策略，我们使用 20 天的均线还是 30 天的均线？当然，在优化的过程中，我们需要非常小心，避免过拟合的问题。

3. 给出策略在未来表现的预期

任何一个靠谱的量化投资策略都是基于对市场行为的某种假设，该假设背后反映的是某种特定的业务逻辑。量化策略假设市场的这种行为在未来会重复。因此，策略在回测中的表现将对其未来上线后的表现（如收益率、最大回撤、交易费用等）起到参照作用。

定量回测量化 PB-ROE 的历史业绩。我们简单用果仁网的工具做个回测：在沪深 300 和中证 500 成分股中，筛选 PB 小于 3，过去 5 年 ROE 大于 10% 的个股，平均持有 30 个个股，等权重，并且每 20 个交易日调仓一次。这样一个简单机械的组合，都能够实现对沪深 300 的显著跑赢，如图 3-9 所示。

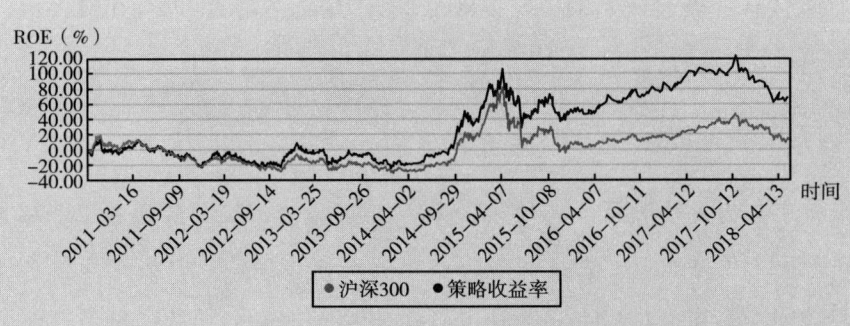

图 3-9 PB-ROE 策略回测

从量化回测的特征来看，这一策略有更高的年化收益，更低的最大回撤，但是其收益率的波动性和沪深300一样高（回测阶段甚至略高），因此，PB-ROE策略在高仓位的前提下，其收益率的波动性也比较高，属于高弹性的策略品种。这一点，也可以从策略的年收益分布上看出来，在市场表现好的年份（2012年、2014年、2017年）该策略两次大幅跑赢沪深300，一次轻微跑输沪深300。而在大盘表现一般的年份（2011年、2013年、2016年和2018年），该策略2018年和2016年表现较好，但是2013年和2011年，就和大盘差不多。所以说，这是一个相对收益策略的品种，适合熊市低位播种，等待牛市的高弹性回报。

第三节 程序化交易

一、程序化交易的概念

通过上一节的学习，我们已经理解了"量化投资"。而程序化交易就是量化的交易策略通过计算机编程执行，进行自动或半自动下单交易。本书采用程序化交易（Program Trading）一个更为市场化的定义：根据预先设定的交易模型和规则买卖信号，当信号条件被触发时，由计算机瞬间自动执行买卖指令，实现自动下单的一种新兴交易方式。简单地说就是用计算机程序来控制买进卖出的时机并自动执行。程序化交易的流程如图3-10所示。

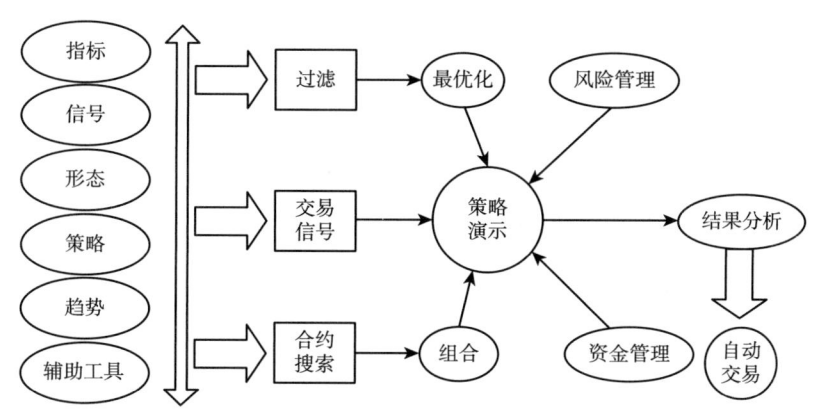

图 3-10 程序化交易流程

程序化交易虽然在正常情况下可以增加市场流动性，提高定价效率，但也有助长投机交易、影响市场稳定的消极作用，容易带来技术风险和操作风险。特别是市场异常波动与程序化交易形成循环反馈，将形成系统性风险，如果程序化交易手段用于操纵市场，可能带来灾难性后果。程序化交易高度依赖技术条件和硬件设施，这在很大程度上决定了交易的成败，更高的技术条件和速度意味着能比别人更快地去获取信息并反应。人为交易和程序化交易的比较如表 3-2 所示。

表 3-2　　　　　　　　人为交易与程序化交易的比较

比较标的	人为交易	程序化交易
市场变化处理方式	预测市场变化	顺从市场变化
分析基础	基本面、技术面	技术面为主
投资报酬率稳定性	不稳定	比较稳定
专业能力需求	高	中
精力与时间投入	高	低
交易记录与风险提示	人工手动	电脑自动
运算速度与执行力	缓慢	瞬间
决策判断方式	感性主观、恐惧贪婪	理性客观、数据信号

在海外，程序化交易已经被普遍使用，并且使用者和生产商还在不断改进其工具。有迹象表明，程序化交易者之间也开始了"互杀"，一些程序化交易者开始设计程序来诱杀其他的程序化交易者，或者在指令信息发出之后却不执行以此来隐蔽行踪。国内，目前程序化交易在期货、ETF 等交易中也被广泛采用，并已有现成的交易软件提供，某些软件公司还可以为机构和个人提供定制的交易模块。

二、程序化交易的优势和原理

(一) 程序化交易的主要优势

1. 严格的执行能力

如果做主观交易,做好了交易计划,在执行的时候人们却容易受到各种外界信息的干扰。如"数据要公布了,是不是等一等?同板块其他标的反向运行,还敢坚持标的交易方向吗?"在这些干扰信息中,原本的交易计划很容易执行失败。程序化交易是将交易计划交由计算机程序执行,所以,在执行的时候不会考虑其他的因素。

2. 高执行效率

人从接受信息到判断需要多长的时间呢?2~3秒!在2~3秒的时间里面,计算机可以做什么呢?数以兆计的运算,每秒可以下数百个订单,可以同时执行多个账户,多少个品种。这些都是人工交易无法实现甚至是无法想象的效率。有很多交易机构雇用交易员来执行多账户下单,其实,完全可以用一台电脑来替代。

3. 低执行偏差(低容错率)

计算机逻辑的处理方式是非此即彼的,计算机可以严格执行人的思想,并且保持着非常低的执行偏差,但这同时也确定了计算机的低容错率,如果发生了意料之外的情况,计算机并不能识别判断,作出非预定的逻辑判断。

计算机的低容错率其实可以在编写程序的时候,运用考虑特殊情况的方式,将偏差降到最低。经常需要考虑的几个特殊情况有:

(1) 开盘跳空(高开或者低开)的情况。

(2) 涨停或者跌停的情况。

(3) 订单超过当日有效范围(大于涨停价或者小于跌停价),平仓数量超过可平仓位。

(4) 集合竞价数据处理。

(5) 特殊行情的处理。

(二) 执行程序化交易的基本思路

1. 行情驱动型的程序

大部分程序都是数据驱动型的程序,程序的计算频率主要依赖于行情数据的获取。这类程序比较适合低频率的策略,并且对价格的敏感性比较低。在测试的过程中一般需要加几个滑点,实际交易过程中也需要加一定的滑点,来保证策略订单的成交。

2. 订单驱动型的数据

通常情况下，订单驱动型的策略会和行情驱动型的策略混合使用。订单驱动型策略的初衷是对订单的精细化管理，在检测订单状态（报单、部分成交、完全成交、撤单、部分成交撤单、废单等）的基础上，作出相应的决策和行为。

（三）程序化交易策略构建

程序化交易的第一步就是选定交易策略以及交易品种，例如，是做套利还是做投机，具体的交易品种要考察其流动性、交易量，是否能进行日内交易、多个方向交易等。第二步，进行交易模型的设计构建，设定好交易参数、交易条件等，对模型进行统计检验，这时需要精密计算在考虑成本下该模型是否能盈利，包括计算最大盈利/最大亏损、最大连续盈利次数/最大连续亏损次数、最大本金损失比率、盈利次数比率/亏损次数比率、平均盈利金额/平均亏损金额等。第三步，即要对交易系统进行检测，考察交易通道的可行性，是否足够迅速，成本低廉，再用该交易系统进行实战。第四步，在实践中不断地对参数进行跟踪调整，保证模型的有效性，如图3-11所示。

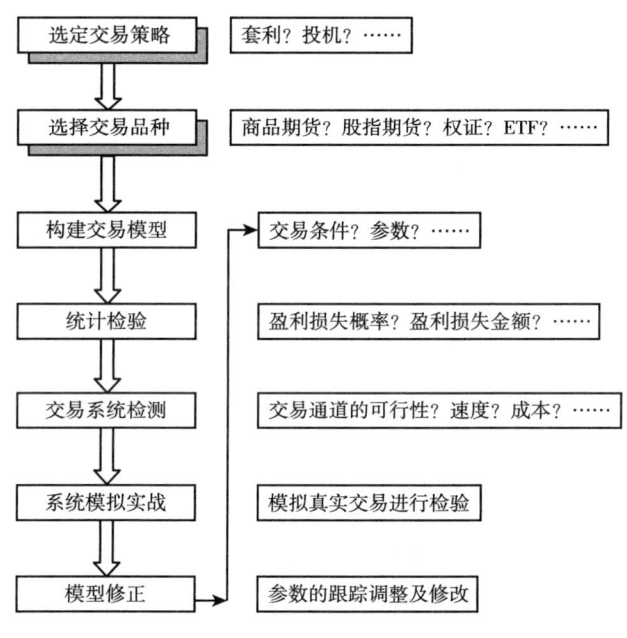

图3-11 程序化交易策略构建

（资料来源：国泰君安证券研究。）

程序化交易的核心在于交易模型的设置，交易模型的本质在于参数的设定，因此调试参数成了整个程序化交易的核心环节。没有一组参数可以适合所有的交易品种，必须根据交易品种的特性进行不断的调试、磨合，找出最可能获利的参数组合，并且在实践过程中不断地进行动态跟踪调整。计算机程序也不是万能的，没有交易模型既可以在趋势行情中获利又可在震荡行情中获利，只有在适当条件下使用合适的模型，才可能获得最大收益。

同时还要注意，程序化交易可以最大程度克服人性贪婪恐惧的弱点，但同样也舍弃了最宝贵的人的经验判断，在国内权证等投机交易中，很多时候系统反应不能替代人的经验，往往很多交易高手通过自身对盘面的感觉来捕捉机会，胜算很高。

三、我国程序化交易现状

2015年10月9日，中国证监会就《证券期货市场程序化交易管理办法（征求意见稿）》（以下简称《管理办法》）公开征求意见，至此程序化交易才得到了全社会的广泛关注。国内的基金产品中，CTA类基金是较早进行程序化交易的产品，国内一些券商也陆续开放程序化交易的API接口，国内的量化交易者也越来越多地通过程序化的方式去实现交易。2016年，随着量化策略的走红，大量机构资金在2017年开始配置量化程序化产品，2017年，我们在上海和当地的银行总行以及一些上海分行沟通时了解到，一些银行委外、私行代销和直投都在寻找优秀的量化程序化基金经理做资产配置，而券商、期货资管和其他资方机构在银行之前就已经对量化策略展开了配置。

国内券商等主流机构相对成熟的程序化交易应用是在ETFs套利上。ETFs即交易所交易基金，它既可以与封闭式基金一样在交易所交易，也可以与开放式基金一样能够申购和赎回。在申购与赎回时，ETFs与投资者交换的是一揽子股票和基金份额，通过一揽子股票的买卖和基金份额的申赎，可以变相实现"T+0"。

在国内商品期货、权证等投机上，程序化交易也正在被广泛使用。这类投资者主要采用的是短线或超短线的趋势投机策略。趋势交易主要是建立在技术指标的基础上，包括对价、量、均线、图形等的判断来构建策略，并且严格做好资金管理和风险管理，通过程序建立买卖的交易指令并自动执行该指令。

【知识拓展】

量化交易真实业态

国内做量化交易的人一般自称"宽客（Quant Trader）"。真正的量化交易一般得靠一个团队，有的人分析新闻、做预测，而学数学、学物理、学电脑的博士们则写程序化的交易策略。有的人负责在历史数据上复盘测试，复盘后再根据反馈的数据进行修改。通过审核后放入策略池，由专人确定各个策略资金的分配。最后由交易员进行交易，另有专人负责风控。

假如你认为开发出一个赚钱的策略就可以高枕无忧,坐等赚钱,那就错了!一般来说,所有宽客的日常工作分为两部分,一是对现有策略的管理和维护,二是开发新策略。

因为量化交易系统并不是一直有效的,长的可以存活1~2年,短的也可能就一周,所以需要不断对之前的交易策略进行调整。更糟糕的是,量化交易者知道自己的模型终有一天会失效,但是永远不知道是哪一天。

也许有的人用调节参数的方法不断地拟合行情,使系统一直看上去"很美"。但是,调整一般也就只能使这个系统能多存活一段时间,所以就需要宽客不断地想出新的交易策略。

第四节 智能投顾

一、智能投顾的概念和特点

如果说,量化投资和程序化交易是大数据对证券投资的升级,那么智能投顾则是其对券商经纪业务的改造。与依靠理财师、投资顾问实现的传统投顾服务比较,智能投顾具有多方面特点:

(1)大数据、人工智能。大数据和人工智能是智能投顾最核心的技术,也是与传统投顾相比较的最大优势。用户行为大数据与金融交易大数据是机器学习的"养料",它们驯化出来的人工智能是整个智能投顾的核心。

(2)门槛低、费率低。传统投顾只服务于中高净值人群,而且每年收取的咨询费率昂贵,智能投顾大大降低了门槛和费率,让投顾服务触达长尾市场。

(3)透明化、便捷化。智能投顾的投资组合完全公开,服务流程标准、简洁。

智能投顾的应用模式大多可归纳为投顾服务产品与顾问咨询两类模式,其中投顾服务产品为主流模式。第一,投顾服务产品模式。该模式面向欠缺专业投资知识与经验的长尾客户,提供一键购买、一键调仓的智能投顾服务。智能投顾平台给出投资策略(推荐投资组合)后,客户必须按此策略执行,由系统自动完成申购和赎回等操作。第二,顾问咨询模式。该模式面向群体主要为需要专业投顾服务但又希望自己参与决策、具有一定投资经验的进阶型客户。投顾平台虽然提供投资策略，但也允许调整策略后执行。与投顾服务产品模式的差别是，该模式主要侧重于"顾问咨询"功能，强调客户的参与性。因此，投顾平台要为客户提供投资策略的必要信息，辅助客户完成投资策略的选择和制定。

二、智能投顾的原理

智能投顾的英文名叫 Robo - Advisor，单从字面的翻译看，应该叫机器人顾问。按照 Betterment 和 Wealthfront 的声明，智能投顾是完全基于现代投资组合理论（Modern Portfolio Theory，MPT），结合投资者的财务状况、风险偏好、理财目标等，运用云计算、大数据、机器学习等技术搭建的数据模型和后台算法，从而为投资者提供相关资产配置建议（机器学习是否运用到了有待讨论）。至少可以这样说，智能投顾是以财富管理服务流程自动化为服务模式、以现代投资组合理论为算法基础、以人工智能化为发展目标。

（一）现代投资组合理论

1952 年，Markowitz 在《金融杂志》上发表了论文《证券组合选择》，该篇论文及其观点也被称为"均值—方差模型"，该论文与模型可以说是现代证券组合理论体系的基石，而 Markowitz 也因此奉为现代金融学的开山鼻祖。

均值—方差模型的核心假设包括：第一，投资者都是风险厌恶者；第二，所有的投资者都力图在风险既定的水平上取得最大收益；第三，影响投资者决策的有两个参数，期望收益率和方差。在这些假设基础上，该模型详细论述和推导了在既定的风险水平下，如何使证券组合的期望收益率最大，或者说在既定的预期收益率下，如何使风险最小。其核心结论是，投资者可通过构建具有较小甚至为负相关性系数的资产组合，能够实现在降低非系统性风险的同时，维持组合的期望收益率不变；或者在一个证券投资组合中，当各证券的标准差及每两种资产的相关系数一定时，减少投资组合风险的唯一办法就是纳入另一资产，扩大投资组合规模。

当组合中资产的数量不断增多，甚至多到把全球所有的风险资产都放进来进行组合的时候，理论上就形成了无数种可能的组合（见图 3 - 12 中的散点），这其中必然有一个点是方差最小的，这个点就称为全球最小方差组合。由于理论的前提条件是同样收益率选方差小的（同样收益选风险更小的）、同样方差选收益率高的（同样风险选收益更高的）的组合，所以实际上只有图 3 - 12 中的实线上的点才是有效的，而这条实线就是投资的有效前沿或边界（Efficient Frontier）。

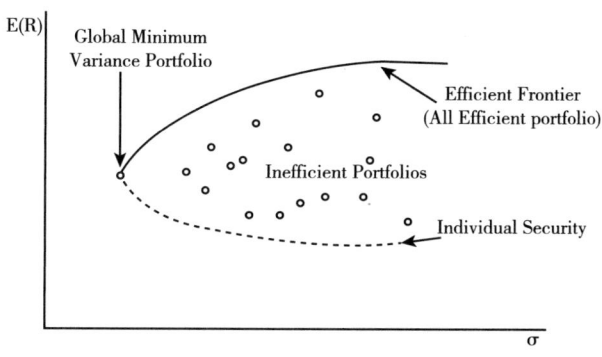

图 3－12　投资的有效边界

Markowitz 的学生 William Sharp 在均值—方差模型的基础上，通过在组合中加入无风险资产（r_f），找到了一条与有效前沿相切于 M 点的直线，即资本市场线（CML），如图 3－13 所示，并推导出了经典的 CAPM（资本资产定价）模型，于是我们才知道了什么是 Beta（β）。

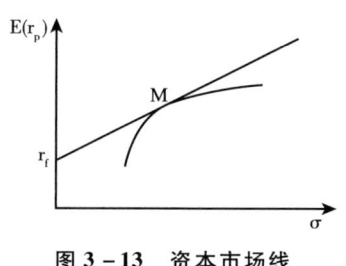

图 3－13　资本市场线

（二）智能投顾原理

其实智能投顾原理并不高深（大数据、AI 现阶段属于概念营销），我的理解就是按照财富管理的工作流程，加上投资组合理论的数学基础，实现出来的自动化理财平台。当然，在自动化、智能化的实现上有如下几个关键点需要关注：

1. 如何得到客户的投资目标和限制

得到客户的投资目标，也就是要确定客户的预期收益率和风险水平（收益率的均值与标准差），此外还需要了解前面提到的投资期限、流动性需求、税收需求、法律合规要求、投资标的限制、个人性格特点等。

在这一点上看，传统的投资顾问需要花上很多时间与客户当面进行沟通，甚至长期服务，才能了解客户的需求，从而得到一个相对准确的判断；而智能投顾则可以利用一些问卷和测试题目，对一些标准化的内容进行快速的量化评估、等级划分；进一步扩展的话，还可以利用大数据技术对客户的过往交易记录、财务状况等数据，进行建模分析后，得出更为准确的客户画像。

2. 如何在有效前沿上进行资产分配

当拿到组合的预期收益率和标准差后,我们就需要在可投资的资产池中,根据每个资产的历史收益率、标准差,以及资产间的相关系数,找到合适的资产,并给出一个最优的资产配置权重,在理论上得到一个在有效前沿上的投资组合。

上述方式,实际上就是一个数学上的最优化的求解过程。首先,我们不可能像理论上那样去构造无限多资产的一个组合;其次,当因子较多时,相关性矩阵会导致运算步骤过于复杂。因此,通常会设定一个资产数量的限制。例如,只选择10~20个资产来构建组合(后面会看到很多平台也都是这样做的)。

3. 组合再平衡的自动化策略

智能投顾采用的是"资产配置+被动管理"的策略,是一种机器人定投方法。首先,智能投顾实现了对组合权重进行7×24小时的实时监控,可第一时间发现组合的策略偏离情况;其次,避免了基金经理对市场的择时判断带来的风险;最后,避免了交易员或投资者因情绪化带来的冲动交易或畏惧交易。为避免市场震荡导致的频繁再平衡(提高交易成本),再平衡策略中还需考虑加入时间频率的因子,如图3-14所示。

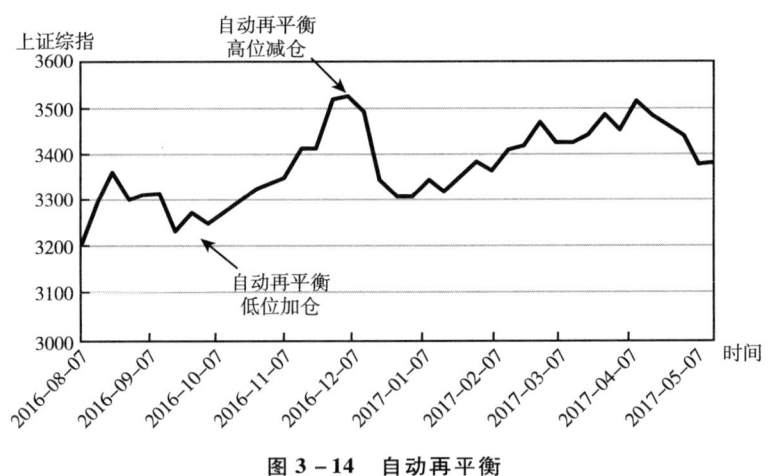

图3-14 自动再平衡

三、智能投顾的发展现状与趋势

(一)智能投顾在美国的发展现状和趋势

2008年金融危机过后,美国传统金融机构还在忙于应对公众巨大的信任危机和严苛的监管政策之际,以Betterment和Wealthfront为代表的智能投顾创业公司成长起来,它们通过互联网信息技术手段,降低投资门槛,为用户提供个性化、低费率、透明化、便捷化的财富管理服务,成为行业的一股清流。受益于人口结构变化、人工智能技术发展和监管法规等因素,智能投顾管理的资产规模从2010年以来复合增长率超过80%,到2017年末有望达到千亿美元。根据My-Private Banking的预测,在未来的五年中,美国智能投顾行业将保持高速增长态势,预计在2020年全行业资产管理规模将达到1.6万亿美元。

从参与主体和进入时间的角度来看,美国的智能投顾公司可以分为独立创新公司和传统金融机构两类,前者以Betterment、Wealthfront和Personal Capital为代表,后者以Vanguard和Charles Schwab为代表。Betterment和Wealthfront作为行业创新标杆,通过快速产品迭代,不断开发新的理财产品,来保持领先地位,到2016年,它们管理的资产分别达到了50亿美元和35亿美元。

Vanguard和Charles Schwab是布局智能投顾较早的传统金融机构,截至2016年6月,Vanguard Personal Advisor Services和Schwab Intelligent Portfolios管理的资产分别达到了310亿美元和66亿美元,成为市场最大的两家平台。除此之外,2016年以来,德意志银行(Deutsche Bank)、TD Ameritrade、美银美林(Bank of America & Merrill Lynch)以及高盛(Goldman Sachs)等也大举进入智能投顾领域,还有更多的传统金融机构跃跃欲试。可以看到,虽然这些传统金融机构的智能投顾平台成立较晚,但是依托其庞大的客户群体、强大的产品线、优质的品牌形象以及多元化而全面的服务,一方面吸收了公司原有平台客户以及新增客户,另一方面还为依托平台的传统投资顾问提供智能投顾产品,以便其更好地服务客户。

从服务对象和服务方式来看,美国的智能投顾又可以分为2C、2B以及综合性服务三大类,第一类直接为C端用户提供服务,第二类为金融机构提供智能投顾解决方案以更好地服务其客户,第三类同时为用户以及顾问群体提供服务。根据线上服务和传统服务的结合程度,2C的智能投顾又可以细分为纯智能化平台和人工投顾协助平台两类。

1. 2C的智能投顾

(1)纯智能化平台。这类平台通过完全自动化操作帮助客户完成用户画像、资产组合建议、组合交易、动态调整和分析报告,全过程无人工干预。其特点是智能化程度高、产品迭代快速、费率最低,其客户群体更多定位于年轻用户、科技爱好者。这一类平台的典型代表是Wealthfront和Betterment。

(2)人工投顾协助平台。这类平台将智能投顾与人工投顾相结合,为所有用户免费提供财务状况分析、投资风险评估、投资组合建立与优化等服务,具有强大的工具属性,能很好地随时跟踪用户理财以及费用支出等方面的行为,可以帮助用户更好地实现理财目标,同时也向有需要的客户提供收费的私人投资顾问服务。这一类平台的典型代表是Personal Capital。

2. 2B 的智能投顾主要指机构服务平台

这类平台为传统机构以及独立第三方财务顾问提供智能投顾解决方案,并不直接面对客户。其特点是满足第三方机构研发能力不足的需求,极大降低了自身获客成本,可以致力于研发更具创新型、智能型的投顾产品。这一类平台的典型代表是 Myvest 和 Nextcapital。

3. 传统金融机构的综合服务平台

传统金融机构利用自身资源以及规模优势,同时为用户以及顾问群体提供服务,不仅利用智能投顾作为特色吸收了公司原有平台客户以及新增客户,还可以为依托平台的传统财务顾问提供智能投顾产品以便于其更好地服务客户。其特点是,传统金融机构平台自身拥有丰富的产品线,可以自主发行和管理不同的 ETF 产品,提供交易、清算等一系列多样服务,而实现全产业链整合,为客户提供全方位周到的服务。这一类平台的典型代表是 Vanguard 和 Charles Schwab。

随着传统金融机构的进入,行业竞争加剧,获客成本上升、价格竞争激烈,美国智能投顾行业发展呈现以下趋势:

(1)随着大数据、人工智能技术的发展,智能投顾技术将成为财富管理行业的基础设施。

(2)创新型 2C 平台竞争将更加激烈,除个别领先平台通过快速的产品迭代形成差异化优势并脱颖而出之外,大量平台面临倒闭或转型。

(3)从单纯 2C 模式向 2B2C 模式转变——将原本用于客户营销的大量精力转移至产品创新以及研发(Betterment 新成立的 Betterment for Advisor 和瑞银、高盛等机构合作就是典型案例)。

(4)传统金融机构后发制人,收购和自主研发投入会更大,将推动智能投顾行业更加快速增长。

(二)智能投顾在国内的发展现状

我国居民家庭财富稳步增长,中产阶级日益扩大,财富管理市场空间巨大,但投资渠道稀缺,经过一轮 P2P 市场的洗礼,互联网理财开始广泛被接受并且流行,同时大众的风险意识也有所提高,年轻一代对互联网财富管理更加认同。在这个背景下,2014 年底,智能投顾概念开始引入我国,随后大量的科技创业企业开始出现,2015 年下半年以后传统金融机构也大力布局智能投顾方向。

国内智能投顾的发展虽然跟随美国,但由于用户特征、金融市场发展程度、税收体制以及监管差异等因素,也存在一定程度的区别。从参与主体和进入时间的角度来看,国内的智能投顾公司可以分为独立创新公司、互联网强者布局和传统金融机构布局三类。如果按照用户定位、投资标的和平台形式又可以分为四大类别,包括2C创新平台、资产配置建议平台、主动投资建议平台以及综合理财平台。

1. 2C 创新平台

相对于美国有 1 600 多支 ETF(净资产 2.1 万亿美元),国内 ETF 仅 130 多支(净资产 4 729 亿元人民币),而且主要是传统的指数型 ETF,其他的债券型 ETF 和商品型 ETF 等较少,难以有效分散风险,同时,国内股票市场波动剧烈,指数型 ETF 稳定性较差,也不适合于构建被动资产组合。另外,在人民币贬值的预期下,国民有很强的海外资产配置需求,因此,目前国内很多智能投顾平台都选择以海外资产作为投资标的。这些创新平台直接对标美国的 Betterment 和 Wealthfront,如弥财、财鲸、投米 RA 和蓝海智投等公司,它们提供海外 ETF 或美股的自动配置和动态调整服务,但受到获客成本高昂和外汇管制等因素的较大制约。

2. 资产配置建议平台

这一模式通过全市场各类型产品数据的实时抓取,统计各类型金融产品的收益率数据、风险指标等,对市场上的各类型金融产品进行筛选和排序,结合用户的风险评测指标,帮助用户选取最为适合的金融产品组合。典型案例是财鱼管家。

3. 主动投资建议平台

这类平台利用大数据,实时分析有价值的新闻信息和交易数据,分析数据之间的关联性,结合用户的自选股,为股民提供最有价值的交易策略。典型案例是同花顺 iFinD 和百度股市通。

4. 综合理财平台

这类平台将智能投顾功能很好地整合到公司原有的运营体系,通过对接内部以及外部投资标的,既能更好地服务原有体系的客户,还可以吸引新增投资者。这些综合理财平台不仅能达到更好地服务投资者的目标,还可以推动自身理财产品的销售,达到多重效果。其特点在于综合理财平台本身就拥有很好的客户资源,广泛的销售渠道,以及覆盖面广的资产标的等优势,其智能投顾平台在客户获取和用户体验等方面就较其他平台更具有竞争力。典型案例有平安一账通、京东智投、招商银行摩羯智投等。

(三)智能投顾在美国的发展趋势

结合国内的市场情况来看,在接下来一个阶段,我国智能投顾行业的发展将呈现以下特征:

(1)智能投顾的核心是模型和算法,它们需要长时间序列的数据进行学习和修正,也需要较长的时间周期经由市场检验，而这些条件在短时间内难以满足，另一方面，在人民币贬值的大背景下，国内投资者具有很强的海外资产配资需求，因此，拥有海外资管经验的优秀团队可能在海外资产配置的细分领域获得阶段性机会。但是，在国内市场缺乏对冲标的、外汇管制趋紧的市场环境下，大部分独立创新型2C智能投顾生存堪忧。

（2）从投资者角度来看，一方面，国内股票市场散户占比较高，他们更倾向于以市场风向为主导，关注市场短期波动，依赖于追涨杀跌的短期策略，更倾向于个股的简单化操作，较少采取分散投资组合投资；另一方面，智能投顾提供的预期收益率与隐含刚性兑付的P2P等资产相比并无明显优势，用户教育还有很长的路要走。但是，拥有强大的用户运营能力和用户行为数据分析能力，能够帮助用户管理、分析理财账户并提供资产配置建议的智能投顾（类似财鱼管家等），更容易获得用户的认可。

（3）对大多数独立创新型2C智能投顾，其最可行的模式是为传统机构以及独立第三方财务顾问提供智能投顾解决方案，从直接2C调整到以2B为主的模式，这样，其盈利模式不再直接面向客户，将极大降低营销成本，让它们在激烈的竞争中存活下来。另外，对于传统金融机构而言，通过与智能投顾平台合作实现对自身服务种类的补充，是阶段性实现双方利益最大化的有效路径。

（4）近期来看，智能投顾在高净值客户财富管理市场，更多扮演着工具的角色。智能投顾将后台功能简化、财富管理数字化、资产建议智能化，帮助财务顾问更好、更有效地服务其客户。对于之前缺乏理财顾问服务的长尾市场而言，智能投顾更大程度地满足P2P市场洗礼出来的客户对被动投资的需求，对于现有财富管理市场起到更好的补充作用。

（5）将来中国智能投顾格局会与美国行业格局相仿，占据客户资源和渠道资源，具有成本、规模优势的综合性平台将占有较大的市场份额。在基金销售端占据优势以及拥有庞大客户资源的互联网系如京东、同花顺等具有较大潜力，而拥有广泛的零售客户、庞大的投顾团队、众多的线下网点以及强有力的基金销售渠道的券商系、银行系传统金融机构也会在智能投顾领域具备强势地位。

四、智能投顾主流产品举例

Betterment和Wealthfront是当下最为知名的智能投顾FinTech公司，这两家公司都是在2010年后开始起步，早期也都是做优化股票投资组合起家的，后来在2013年开始转型智能投顾平台，目前两家公司所管理的财富规模分别为90亿美元和65亿美元。

（一）平台的主要特性

美国的投资账户种类繁多，Betterment 和 Wealthfront 支持的账户也较为全面，除了正常的 Taxable 投资账户外，还包括多种 IRA 账户（个人退休账户）、信托账户；对 Taxable 账户还支持 Tax – Loss Harvesting，可通过自动计算，卖出亏损头寸用来抵税；在组合持有期支持实时的监控，并自动化进行再平衡。

相比之下，Wealthfront 还新开通了对 529 College Plan 账户的支持（为子女上学设立的大学教育储蓄账户）。

（二）客户评级

在投资开始前，会通过几个很简单的问题开展风险测评，问题包括年龄、财富、家庭资产、家庭收入来源、面对亏损时的处理方法等，两家也都根据回答直接给出了 Risk Score（1~10 级），并基于这个打分来划分风险等级。

（三）资产池与资产配置

Wealthfront 在其 whitepaper 中详细阐述了投资的流程：找到大类资产→选择低成本 ETF 来跟踪大类资产→确定客户的风险与收益→使用 MPT 理论来进行资产分配→跟踪并进行再平衡组合。

Betterment 和 Wealthfront 在资产配置上的方法是，确定大类资产的范围，选择优质的低成本 ETF 进入资产池（10~13 个左右）用来跟踪并代表大类资产，根据个人 Risk Score 的级别（10 个级别左右），调整各资产的配置比例，从而使组合满足不同的收益率与风险目标。但我们也发现，在 Betterment 和 Wealthfront 的组合展示中并未给出预期的收益率水平。

（四）管理费率

两家都是低成本、低费率模式路线，买卖 ETF 是不收取客户任何佣金的，所以两家的收费模式都是收取管理费，按照资产规模 0.25% 的年费费率结构，Betterment 更是做到了 5 000 美金管理费封顶。近期，两家又都开始搞 Premium 版，计划通过增加投资顾问参与的人机结合服务，收取更高的管理费（0.5%）。

五、招商银行摩羯智投

作为国内零售银行的标杆，2016 年 12 月招商银行上线了摩羯智投，备受市场和投资者关注。

(一) 产品特性

摩羯智投并不是一个独立的 APP,而是嵌入在招行手机银行的理财板块中。从招行的宣传页面上,看到了人工智能、机器学习等热点概念,再配上机器人以及星座的名称,的确有种未来已来的感觉。

与美国不同,在国内,投资者并没有什么税收优化的诉求和必要,而且银行的理财板块无非就是销售理财产品、基金、贵金属等。因此,摩羯智投作为银行基金销售的子模块,其模式就是推荐一揽子基金,提高用户体验的同时,增加银行的基金代销收入。

(二) 客户评级

在客户评级这点上,摩羯并没有按套路出牌,而是跳过了客户问卷调查、风险测评,直接给客户两个输入项,由客户自己选择投资期限、风险承受级别。投资期限分为短期(0~1年)、中期(1~3年)、长期(3年以上)三档,风险承受级别分10个档,这样就有了30个组合。在选择组合的时候,会同步输出组合的模拟历史年化业绩和模拟历史年化波动率,并在最下面的一行小字中给出了风险度量的 VAR 值,97.5%概率下亏损不超过××元。

(三) 资产池与资产配置

摩羯的组合共有30个,命名为摩羯1号到摩羯30号,每个组合会配置四个大类资产,包括固定收益、股票、另类及其他、现金及货币,在这四大类资产间通过配置不同的基金进行权重分配,从而匹配前面客户输入的收益率与波动率。

(四) 管理费率

打开摩羯组合中每一个基金的费率说明可以看到,债券型基金的费率结构普遍申购费率为0,赎回费率为0.3%~0.5%;混合型基金基本上是申购费率为1.5%,赎回费率为0.5%~1.2%。目前尚不清楚招行的手机银行渠道基金费率折扣是多少,如果不打折的话,每年组合再做几次再平衡,基金交易成本对收益率的影响也是巨大的。

例如,100万元资金,30%投向股票类资产(中风险5档),假设平均基金的总费率(申购+赎回)是2.5%,每季度再平衡一次(频率不高),每次平衡股票资产的仓位5%~10%,单就30%权重的股票类资产产生的总费率就大约在0.15%~0.3%,这对于年预期回报7%左右的组合来说,影响不小。

【知识拓展】

中国工商银行智能投顾平台建设

智能投顾平台的建设目标是通过财富管理的自动化与智能化，实现高端资产管理的零售化。财富管理自动化是指建立自主知识产权的投资组合模型和风控模型，为客户提供丰富可投资品种以及自动交易手段，从而将线下财富与资管能力转为线上服务能力。财富管理智能化是指利用人工智能技术，提升客户交互、客户洞察和投资组合模型开发的智能化水平，增强智能投顾核心竞争力。

1. 财富管理自动化

财富管理自动化实现后，系统会根据客户风险偏好和投资目标，自动向客户推送满足其所需的投资组合，以及完成各类交易、风险监测等财富管理步骤。财富管理专家可以利用系统构建投资组合、识别投资风险，更专注于市场预判与资产遴选等高价值工作，大幅提升工作效率，减少重复性劳动。我们认为，智能投顾关键能力的自动化程度应达到如下要求。

（1）客户洞察的完全自动化。基于归集的客户数据和模型算法，系统自动识别客户投资目标、风险偏好、投资约束等关键投资诉求，实现千人千面的客户投资需求分析。

（2）提升投资组合模型开发的自动化水平。如图 3-15 所示，系统根据外部投研数据形成市场观点，结合专家观点，协助完成投资品的遴选并纳入投资池，最后由资产配置模型算法得到投资组合。这种通过人机结合、系统辅助运算与决策的方式，业务专家能高效地构建满足客户需求的投资组合。

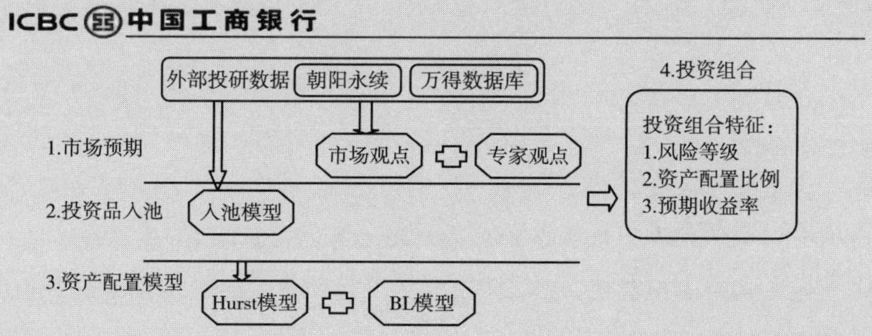

图 3-15 投资组合构建过程

（资料来源：中国工商银行网站。）

（3）客户交互的完全自动化。智能投顾与客户存在大量交互场景，交互设计要基于易用性、可读性的原则进行构建，实现各种一键式操作，使智能投顾成为"懒人理财"的利器。

（4）风险管控的完全自动化。通过模型自动监测风险，当投资组合风险达到阀值，则触发再平衡机制，自动提醒客户调仓或者由系统直接完成调仓。

2. 财富管理智能化

通过人工智能、大数据的有效结合，实现财富管理的智能化。一方面有利于挖掘客户潜在财富管理需求，强化客户黏性，另一方面可以提升资产管理的投资收益，其核心是客户和投资大数据的沉淀积累。我们认为，财富管理智能化主要聚焦在三个方面。

（1）客户洞察智能化。目标是精准识别客户真实风险承受能力、流动性要求、投资期限，推送符合其要求的投资组合。它主要包括两方面的内容，首先，客户信息归集和沉淀，利用网购信息、社交信息、金融交易行为、信贷数据、问卷和客户画像等已有的各类客户标签建立客户信息分析的大数据。其次，通过基于机器学习算法的训练，形成认知客户的投资目标、风险偏好、投资约束的客户洞察模型。

（2）投资组合模型开发的智能化。它主要包括投研和投资组合构建两方面，其中投研已有应用智能化技术，投资组合构建智能化仍在探索中。投研智能化采用大数据和机器学习技术，通过对数据获取、信息整合、知识化的技术处理，全面提高传统投研的研究范围、深度和效率，协助投研人员作出市场预测和分析。

（3）客户交互智能化。引入智能客服，在智能投顾平台中打造"私人银行级别"的理财体验，提升客户黏性。

（资料来源：周永红，彭华.《智能投顾研究与应用》，中国工商银行软件开发中心杭州研发部.）

本章复习题

1. 举例说明你观察到的大数据给证券业带来的变化。
2. 阐述量化选股方法和步骤。
3. 量化投资包括哪些策略？
4. 阐述执行程序化交易的基本思路与策略构建步骤。
5. 阐述智能投顾相比于传统经纪业务的优势。

第四章　大数据与保险业

【本章重要知识点】

- 掌握保险大数据在保险行业中的本质特点、应用现状和发展趋势
- 通过对保险大数据的分析使用，保险公司在产品设计和风险控制方面也取得了质上的突破
- 保险大数据的应用改变了保险行业的经营模式，精准营销和运营管理在此基础上发展迅速，而且成为保险公司竞争的重要手段

第一节

保险业大数据的发展与产品革新

保险行业大数据技术的意义在于从海量数据中挖掘出有价值的信息，从而改变传统的定价、营销、核保方式。

中国目前已经是全球第二大保险市场，2019 年中国保险行业保费收入达 42 645 亿元，增速回升到 12.2%，在经历了行业的结构转型后重新展示出强劲的增长潜力（见图 4-1）。根据瑞再研究院的预测，中国极有可能在 20 世纪 30 年代中期超越美国成为全球最大的保险市场。艾瑞推测，2022 年中国保险行业保费收入将突破 6 万亿元，庞大的保险市场为大数据等保险科技应用提供了巨大的发展空间。

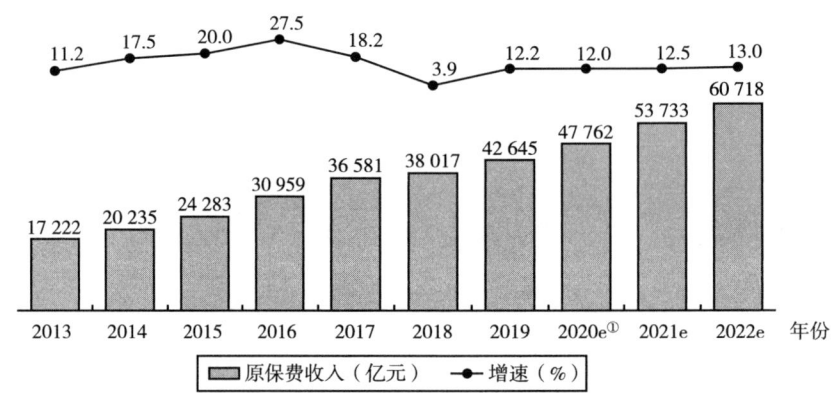

图 4-1 2013—2022 年中国保险原保费收入及增速情况预测

（资料来源：中国银保监会，瑞再研究院 sigma 报告，根据艾瑞统计模型核算②。）

可以测算，2019 年我国保险深度（保费收入/GDP）为 4.3%，相比 2018 年的 4.22%，提高了 0.08 个百分点；2019 年我国保险密度（保费收入/总人口）为 3 046.07 元，相比 2018 年的 2 724 元，增加了 300 多元，增长了 11.82%。而 2019 年我国健康险的保险深度为 0.71%，相比 2018 年的 0.61%，提高了 0.1 个百分点；2019 健康险的保险密度为 504.71 元，相比 2018 年的 390 元，增加了 100 多元，增长了 29.41%。但我国现有的保险深度与密度等指标仍低于世界平均水平，"大而不强"是现阶段的主要特征。当前，新常态的经济发展、监管变化和技术动力同时驱动中国保险行业发展，中国保险行业迎来黄金发展期，推进中国从保险大国向保险强国转变。在所有驱动因素中，技术动力影响最为迅猛，而其中大数据对保险行业的影响最具革命性，是建设现代保险服务业的重要抓手。

大数据可以有效改造与升级传统保险价值链，具有改良和革新的双重效果。波士顿咨询公司（BCG）的研究表明，最重要的"改良效应"发生在产品定价、风险评估、精准营销、运营管理等四大环节。而"改革效应"发生在大数据对保险行业的助力突破创新上。大数据作为"催化剂"在车联网、可穿戴设备、智能家居和平台生态圈构建方面将起着重要作用。大数据是通过获取、分析和解释规模巨大、格式复杂的数据，从而推动业务价值创造方式的变革。

---

① e 代表预测数值。
② 艾瑞咨询.2020 年中国保险科技行业研究报告.艾瑞网，2020 年 2 月 24 日。

一、保险业大数据的发展现状

大数据技术的意义在于从海量数据中挖掘出有价值的信息。保险是经营风险的行业，其业务属性本身就依赖大量数据，过去保险行业遵循大数法则，主要参照企业内部数据以及历史数据进行风险厘定。而伴随信息技术的发展，社会进入大数据时代，可获取的数据在"量级"和"维度"上都迎来了极大的扩充。据 IDC 数据显示，2018 年中国数据量为 7.6ZB，此后每年将保持 30% 的高速增长，预计 2025 年中国的数据量将达到 48.6ZB（见图 4-2）。海量数据的爆发为保险企业挖掘数据价值带来机遇，但同时传统技术手段已经无法满足处理大量非结构化数据的需求。因此，大数据分析技术成为当前保险科技领域中最重要的应用技术。

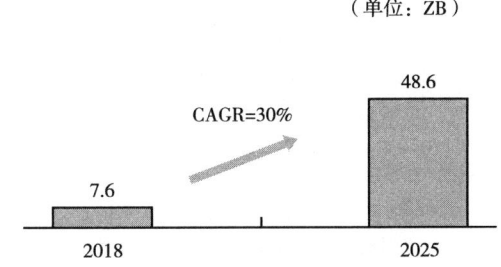

图 4-2　2018—2025 年中国数据量规模

（资料来源：国际数据公司 IDC 数据整理。）

目前，随着云计算、大数据、物联网等技术产业的快速发展，数据流量增长速率正在不断加快，数据中心承载的压力也越来越大。由 IDC 发布[①]、希捷赞助的白皮书《数字化世界——从边缘到核心》显示：到 2025 年，全球数据量将增至 175ZB，而金融服务、制造、医疗保健以及媒体娱乐等行业正在迎来重新定义数据增长的新纪元。IDC 认为，近五年来，中国金融行业积极拥抱云计算、大数据、人工智能、移动互联、物联网、区块链等新一代信息技术，金融科技已全面融入支付、信贷、保险、证券、资产管理、供应链金融等领域，活跃的交投市场更是培育出了多家金融科技独角兽企业。IDC 预测 2020 年末，小额保险的普及率将增长 25% 以上，这将由移动支付的普及、保险技术的创新和保险交易成本的降低共同推动。

保险企业通过新技术，可以改革现有商业模式并开发新的商业模式来应对环境的变

---

① 国际数据公司 IDC 咨询. IDC Future Scape：2020 年全球金融行业十大预测——中国启示，2020。

化。在过去的十年发展中,保险企业侧重在通过数字技术来改善现有的经营流程,主要应用包括:进行流程数字化和大数据分析,提升销售能力、产品竞争力、客户营销能力以及通过移动终端来增强销售力量。

未来,保险公司将更加关注如何利用新技术对商业模式进行创新。在全球范围的实践来看,很多国外的保险公司在创新业务模式方面已经作出了很多的尝试。

二、基于大数据的保险产品设计与定价

依托大数据技术和云计算的支撑,原来不可保风险将逐渐变成可保风险,这样不仅扩大了保险业务范围,同时也创新了保险产品的开发。同时,大数据和互联网也将传统的"一概而论"的精算定价方法替代为差异化的定价方式。这样将吸引更多的潜在客户和增加客户黏性。保险业大数据的应用如图 4-3 所示。

产品设计	营销优化	核保反欺诈
合理定价:更多维度的数据能够作为风险因子指导定价,从而提高风险定价精准度	精准营销:结合用户画像和推荐算法,将合适的产品推荐给合适的用户,实现购买转化率的提升	自动核保:运用大数据分析技术建模,实现自动化核保,提高核保效率,同时识别逆选择投保行为
产品快速迭代:大数据评估上市产品的实时销售数据、赔付情况、市场反馈等信息,及时更新迭代产品	赋能代理人展业:通过大数据分析,使得代理人在展业前了解目标用户的保险需求,并有针对性地推荐保险产品	反欺诈:建立实时的反欺诈规则引擎,通过对大数据进行关联分析识别骗保行为

图 4-3 大数据的应用

(一) 大数据对保险产品定价的影响

1. 精算理论的补充

大数据对保险行业的影响首先体现在保险精算理念中。大数据直接冲击了基于大数法则的传统精算理论,加上物联网、实时风险评估技术的运用,极有可能改变传统保险的可保风险池并使之缩小。精算师可以运用大数据分析软件,对海量数据进行回归分析,精确地识别和确认个体对象的潜在风险,这种思维与传统精算思维存在着很大的不同。

2. 个性化定价

大数据技术可以帮助险企进行产品优化和保单个性化。在没有精细化的数据分析和挖掘的情况下,保险公司把很多人都放在同一风险水平之上,客户的保单并没有完全解决客户的各种风险问题。但是,保险公司可以通过自有数据以及客户在社交网络的数据,解决

现有的风险控制问题，为客户制定个性化的保单，获得更准确以及更高利润率的保单模型，给每一位顾客提供个性化的解决方案。例如，英国保险公司英杰华集团（Aviva）运用网络数据来为保费设定提供支持。网络数据分析可以有效帮助该公司识别出申请者的潜在健康隐患及风险。

3. 优化定价体系

大数据还能帮助保险公司优化定价体系。单一的定价体系往往会导致价值流失，例如，在价格方面过于"一刀切"，当客户停止购买其中一种产品后还在延续捆绑折扣销售策略，不能及时更新定价，销售团队在执行销售方案时缺乏足够的信息和灵活性等。而大数据分析可以帮助险企及时、精准地发现问题并予以纠正，从而防止价值流失。

（二）大数据应用将使保险产品更加多元化

1. 新的产品设计理念

在新"国十条"①的推动下，政策性保险业务将得到长足发展，其收益领域在健康险、养老险、农业险等具有保障属性的保险种类。物联网及大数据分析技术日趋成熟，国内将出现基于使用的定价模式（Usage Based Insurance，UBI），即UBI定价模式。预测UBI定价模式将在车险和健康险领域率先出现。

保险公司产品创新力度加强，将有更多的长尾保险产品出现。可对传统的小概率事件进行风险识别，扩大保险市场和价值来源。

保险公司可以通过消费大数据预测客户潜在风险。例如，一家澳大利亚保险公司通过分析客户的购物筐数据来预测驾驶风险。分析显示，饮用大量牛奶并食用大量红肉的客户存在较低的驾驶风险，而食用大量意大利面和米饭并在夜间开车和饮酒的客户则是高风险客户。

保险公司可以通过物联网获取大数据进行实时风险监测。例如，美国前进保险公司（Progressive）利用车联网设备，收集驾驶时间、地点、速度、急刹车等驾驶数据，来判断驾驶行为中存在的风险，设计"从用"的个性化UBI车险产品。

寿险公司可以通过发放穿戴式设备，收集消费者各项身体数据，监控投保人身体状况，对身体健康者提供低保费激励，鼓励其参加改善身体状况的活动，帮助降低风险。

2. 新的用户群体划分

通过大数据的应用，可以使保险公司拓展自己的客户群体。这些险企可以依靠现有的

---

① 国务院印发《关于加快发展现代保险服务业的若干意见》，中央政府门户网，2014年8月。

数据产品或者技术找到以前无法识别的客群，从而带来增量市场。另外，还可以依靠大数据产品和技术提高原有的客户服务质量和效率，降低成本，维护客户群体。

例如，我国大约有1亿多糖尿病患者，这一数字每年还在增加。按照现有的保险规则，这部分客群是不在保险范围内的。可医学的发展使糖尿病人的生存状态有了本质的改变，很多糖尿病患者依然可以健康地活几十年。面对如此庞大的客户群体，如果有足够的数据可以支撑对这部分患者进行甄别分级，对潜在的风险形成经验概率，则保险公司可以根据该新客户群体设计产品，制定合理的价格，形成一个可观的增量市场。

3. 新的场景应用

技术和产品的应用，会产生与传统保险产品应用完全不同的场景，如果这些场景伴随风险，则可以利用大数据技术对相应风险进行定价，并开发相关的保险产品。

随着互联网的快速发展，网络支付的安全问题创造了新的风险场景。随之产生的支付安全险便是保险业对这一场景的创新。"银行卡安全险"由中国人保和蚂蚁金服共同推出。支付宝内上线的银行卡安全险，保障的是银行类的支付场景中的资金损失，主要包含三大类：第一类是银行卡在线下盗刷，包括银行柜台、ATM机以及各类刷卡消费场景的盗刷；第二类是网银渠道的盗刷；第三类是手机银行渠道的盗刷。该创新很好地满足了消费者需求，同时由于大数据的应用，不仅可以精准定价，还可以对可能的安全漏洞进行反馈，降低风险。

另一个例子是国内航班延误险。由于我国航班除了天气原因，各种其他因素也会经常导致航班延误。原有的航班延误险一般都是包含在意外险里面的，延误险费20元。但该险种理赔比较麻烦，因为大部分需要满足延误超过4小时，而且没有上飞机，才可以申请理赔。程序复杂，需要提交各种资料（申请表、保险单、个人身份证明、延误时间及原因的书面证明等），且资料递交齐后，在10日内等保险公司批复。绝大部分乘客怕麻烦，自己会放弃理赔。但是，自从充分应用大数据技术，已经有很多公司推出各种形式的航班延误险，1小时、2小时、3小时，甚至1分钟赔付的都有了。后期甚至还推出了主动理赔形式的延误险，即无须客户提交证明材料，保险公司会根据系统内数据跟踪被保险人的延误情况，一旦达到理赔标准即可赔付。这种创新吸引了客户，同时也增加了保险公司的价值来源，一举多得。

还有一个医疗领域中的应用。在我国某些顶级专科医院或者综合医院，会看到医院有合作保险公司定点销售手术意外险。该险种主要是防止在手术中因很多不可控的因素，如心脏大血管手术、内脏创伤手术等，身体结构变异，可能发生手术中大出血等手术意外。但这种意外不属于医疗差错和医疗事故。由于这些医院的病人多为全国的疑难杂症，手术发生意外的概率虽然不高，却对远道而来的危重病人造成很大的经济和健康负担。手术意外险就是应对这种意外推出的新险种。医院希望通过这种保险实现风险共担，缓解医患纠纷。目前，北京市卫生计生委在倡导保险公司推行该险种，目前多家医院都在试点。

【案例】

保险行业 UBI 创新

根据车险发展阶段的不同，车险定价模式分为保额定价、车型定价及 UBI 定价模式（Usage Based Insurance，UBI）三类：

（1）保额定价模式最为粗放，保险公司根据"新车购置价"设定保费，忽略了"从车"与"从人"的差异性。

（2）车型定价模式考虑了"从车"因素，保费计算根据不同车辆的安全状况（出险概率不同）及不同品牌车辆的维修成本差异（"零整比"系数）而定。欧美发达国家普遍采用车型定价模式。

（3）UBI 定价模式：考虑了"从用"因素的影响，通过车联网收集驾驶人行为数据，例如，行驶里程、时间、区域及驾驶习惯等，建模并分析驾驶行为背后的风险，进而设计保费。主要有三种定价模式：UBI 定价保险，根据驾驶行为蕴藏的风险进行定价；按驾驶情况付费保险（Pay as You Drive Insurance），根据消费者驾驶车辆的里程数进行定价；提供其他服务，例如，盗窃找回及事故预警、信息服务。

对消费者来说，使用 UBI 保险的最大价值在于大幅度节省保费。另外，可以根据需求定制保险服务（Pay as You Drive Insurance），提高理赔效率和信息透明性，获取增值服务（盗窃找回、事故预警或信息娱乐）。

对保险公司而言，UBI 保险让实时风险评估与精准定价成为可能，保险公司还可以主动选择低风险驾驶者，减少理赔管理并主动预防理赔事故的发生。另外，提供差异化的产品与服务有助于保险公司打造特色，获取增值收益。但考虑到政策、数据积累和对行业营利性的影响，UBI 产品与定价则存在很多的不确定性。

全球范围内，UBI 车险规模一直稳步增长，但在大多数市场的渗透率不足 1%。全球最成功的 UBI 市场在意大利和英国，这是价值驱动的结果。英国年轻驾驶员或有不良驾驶记录者存在保费过高的现状，UBI 车险可以显著降低车险价格。意大利车险欺诈严重，需要 UBI 技术予以辅助。

鉴于物联网建设需要大规模的设备投入，保险公司需要广泛开展生态系统合作，与设备商、服务商、通信运营商联合，合作推出某项产品或服务，实现多方共赢。

第二节

保险业大数据在风险控制方面的应用

一、当前保险风控面临的挑战

（一）风险特征的描述被极大丰富

在大数据时代，风险特征的描述被极大丰富，数据资源的获取也将越发便利。例如，在车险领域，UBI定价模式已逐渐被保险公司运用在产品创新中。除了获得车型数据、汽车零整比数据、二手车数据以外，保险公司还使用车载传感设备收集驾驶员行为数据以测度其风险。在人寿保险领域，保险公司利用可穿戴设备（如Jawbone推出的Up、Apple推出的Health Kit）能够实时监控人体健康情况（运动量、睡眠、心跳等），弥补了传统保险精算生命表对于洞察细分群体的人体健康及生死概率的能力不足。

（二）行业竞争倒逼核保和理赔速度的提升可能带来质量下降

从纯理论角度和最理想化的角度来讲，核保和核赔这两个环节是可以为保险公司屏蔽所有逆向选择和道德风险的。

但付出的代价是用大量的人力、物力对每个投保和理赔申请都进行大量的细致调查。这在保险公司实际运营中是不可能的。特别是在行业竞争越来越激烈的今天，为提升客户体验，保险公司的投保条件愈发宽松，核保核赔速度越来越快。甚至免核保、免体检、快速赔付已经成为保险公司吸引客户的"标配"。根据2019年保险公司年报，最快的单笔理赔速度小于1秒钟。各家公司千方百计提高服务速度，核保核赔部门往往要承受客户和销售部门的双重压力。在此情况下，虽然保险公司的保费收入有了较大增长，但是承受的风险冲击将明显增大。公司管理层会面对业绩增长、行业竞争力提升及传统的风控标准的冲突，而这将会增加保险公司风险控制的挑战。

（三）互联网保险的发展增加了风险控制的难度

根据现有的数据统计，保险产品的网络销售、移动互联网销售日益被保险公司所重视。各种保险销售网站，成为保险公司新的保费增长点。甚至客户通过手机微信等软件终端,就可以轻松完成投保或理赔过程。在这种情况下,材料真实性验证难度增大,信息不对称性更为突出,机会型欺诈风险将会增加。异地出险的增加,也对理赔后续工作提出较高要求,容易出现保险服务流程衔接的空白。在传统保险销售过程中,销售人员与客户直接沟通,其实也是一种风险控制的手段。但是互联网保险的发展逐渐使该过程消失,这些都增加了风险控制的难度。

虽然互联网技术的发展,给传统的风险防控带来了巨大的挑战。但是,互联网技术带来大数据采集与分析技术,保险公司可以获得之前从没有过的数据和场景,如果加以完善分析和利用,将会弥补上述风险控制的不足,甚至有所提高。

二、欺诈行为分析

欺诈行为分析是指基于企业内外部交易和历史数据,实时或准实时预测和分析欺诈等非法行为,目前主要包括医疗保险欺诈与滥用分析以及车险和寿险欺诈分析等。

(一) 医疗保险欺诈与滥用分析

医疗保险欺诈与滥用通常可分为两种,一类是非法骗取保险金,即保险欺诈;另一类则是在保额限度内重复就医、浮报理赔金额等,即医疗保险滥用。保险公司能够利用过去数据,寻找影响保险欺诈最为显著的因素及这些因素的取值区间,建立预测模型,并通过自动化计分功能,快速将理赔案件依照滥用欺诈可能性进行分类处理。

(二) 车险欺诈分析

保险公司利用过去的欺诈事件建立预测模型,将理赔申请分级处理,可以在很大程度上解决车险欺诈问题,包括车险理赔申请欺诈侦测、业务员及修车厂勾结欺诈侦测等。

(三) 人寿保险欺诈

高额意外险和重疾险的欺诈损失一直是寿险运营的痛点。高额意外险,在现有的数据基础下,很难找到一个行之有效的数据产品来实现反欺诈,需要更多的数据模型和应用来解释随机和非随机因素。寿险中的重疾险欺诈,目前已经可以从大数据模型应用中找到强相关的变量来实现反欺诈。

(四) 欺诈识别

在美国,每年健康保险欺诈给保险业带来大约 700 亿~2 600 亿美元的损失;欧盟也有300亿~1 000亿美元的损失。大数据已经帮助保险人作出了改变。而今他们超越了以索赔为中心和以人为中心的算法欺诈检测技术。这些技术侧重于分析索赔方、保险供应方和其他的信息来源（例如，同一个被保险人提交了多少份类似的索赔请求），并扩展到防火墙之外的数据源，以便基于外部信息分析（例如，队列分析——使用一个人的社交圈子来分析相关个体之间的类似行为），这里考虑到的是一群互相联系的人而不仅仅是一个人。

三、理赔预防与降低

赔付会直接影响保险企业的利润，对于赔付的管理也一直是保险公司的关注点。而赔付中的"异常值"（即超大额赔付）是赔付率升高的主要驱动因素之一。大数据能够为险企及时、高效地采取干预措施提供良好的支持。

以某海外保险公司的工伤补偿为例，不到20%的"异常值"带来了超过80%的赔付费用。但是，这些高额赔付的案例往往早有端倪，如果能够及早干预就可以在很大程度上控制事态的发展。例如，利用数据分析技术，自动跟踪、关注伤者的疾病发展过程并及时建议跟进治疗以避免慢性疾病的发生，并尽早建议用人单位进行工作调整以减少误工等。

（一）核保环节可有条件对客户进行系统性风险扫描

具体来讲，在传统核保过程中，客户告知什么，保险公司就审核什么。核保人员要从有限的告知信息中，发现风险点的蛛丝马迹。这个过程中的风控主要依靠客户的诚信水平和核保人员的工作经验。而且大量的投保告知，也挑战了客户的耐心。面对大量的提问，客户很有可能反感，会不认真填写告知内容或干脆放弃购买保险产品。但在大数据条件下，保险公司有条件从数据库中获取客户的大量相关信息。例如，通过了解客户的就医记录，可以准确推断客户的健康状况；通过查询客户在各家保险公司的既往投保记录，可以分析投保人有无重复投保、短期内大额投保等高风险行为；等等。这些都将打破既往核保的管理思路，使核保过程更加精确化。同时客户需要进行的投保告知大大减少，只要授权保险公司查询相关信息，即可快速得到核保结果。

（二）核赔环节更可能发现理赔欺诈的线索

传统的核赔过程中，主要靠核赔人员的经验甄别风险，靠调查人员有意识的排查堵住理赔欺诈的发生。这种情况下，人为制造保险事故、虚报并不真实存在的保险事故、夸大保险事故损失金额，都成为可能发生的情况。但在大数据条件下，保险公司不同地区的既往理赔数据，甚至不同保险公司之间的理赔数据有可能汇聚成一个超级数据库。任何理赔申请，都可以先经过数据库的检验。

借助大数据手段，保险公司可以显著提升反欺诈的准确性和及时性。大数据模型可以自动识别出理赔中可能的欺诈模式、理赔人潜在的欺诈行为以及可能存在的欺诈网络。险企可以通过设定关键问题，利用海量数据进行验证，找出可能的答案。以理赔分析为例，常见的关键问题包括：事故造成的实际损害有多大？事故发生的时间和地点？事故人员的医疗诊断情况？车辆型号、车价、年龄、事故中的人数等？

同时，要确保数据资源，数据越完整、越多样，则越有可能通过复杂的算法与分析识别可能的欺诈行为。必要的数据包括：理赔历史记录、保单信息、其他保险公司数据、医疗保险数据、事故统计数据、征信记录、犯罪记录、社交网络数据等。

【案例】

如何利用大数据技术防范欺诈和降低索赔

美国一家汽车保险公司 Allstate Corporation 通过大数据分析识别出欺诈规律，从而大幅减少欺诈理赔支出。该公司通过大数据整合理赔数据、理赔人数据、网络数据和揭发者数据，将所有理赔请求首先按照已有的欺诈模式自动处理，接下来可疑的理赔请求将被特别调查部门（Special Investigation Unit）人工审阅，经过自动化和人工两个监测过程检测出更多欺诈行为，同时减少了人工工作。大数据成功帮助 Allstate 将车险诈骗案减少了 30%，误报率减少了 50%，整个索赔成本降低了 2%~3%。

另一家世界著名的数据库 Lexis Nexis 则利用理赔、政府数据和犯罪记录监测出大量欺诈行为。该数据库通过关联大量美国保险公司理赔数据、第三方保险公司的历史理赔数据，按照关系匹配官方数据（如婚姻记录）和犯罪记录，自动整合理赔人的犯罪记录及相关人记录，通过算法监测欺诈行为及欺诈网络。通过大数据检测发现，超过 20% 的理赔请求属于欺诈、重叠或不当，而且存在医疗机构介入汽车保险欺诈网络的情况。

美国利宝互助（Liberty Mutual）保险集团通过结合内部、第三方和社交媒体数据进行早期异常值检查，及时采取干预措施，从而使平均索赔费用下降了 20%。该集团的预测模型使用了约 1.4 亿个数据点，其中既包括客户的个人数据（健康状况、人口特征、雇主信息等），也包括集团的内部数据（过往的理赔信息和已经采取的医疗干预信息等）。此外，这个模型可以随着新数据的加入而不断进行调整，以提升其准确性。

四、大数据分析辅助风险控制的渠道

近年来，大数据的开发应用不仅得到了实务界的关注，也吸引了理论界进行更为细致的研究，并取得了一定成果。例如，欺诈分析技术，就是综合了大数据模型、统计技术和人工智能在反保险欺诈领域的一项应用。目前这项技术已有了比较完整的理论模型，结合大数据技术本身的发展要求，以及当前保险公司实际运营情况建立了相应的算法体系。未来，完善大数据分析进行风险控制需要满足的条件有以下几点：

（1）以数据库建设为基础，在内部数据资源整合的基础上，争取建立全行业共享的大数据平台。在这里所讨论的所有大数据分析的优势，都建立在保险公司能够收集到海量有价值数据的基础之上。这种数据资源的整理，首先是公司内部资源的整理。特别是对于混业经营的大型金融集团来说，对内部已有的数据资源进行整合就是非常伟大的成就。

（2）保险公司要提升 IT 技术水平，储备大数据分析的技术力量。大数据分析对数据库技术的要求是比较高的，公司网络系统和数据计算能力面临考验。更为重要的是，如果想要进一步开发大数据资源，就必须有专门的统计分析人才。技术储备，不是过往运营数据分析等简单的数据开发，而是一整套科学的体系。

（3）大数据分析过程中，需特别注意数据安全和客户信息的保密管理。大数据和互联网一样，是把双刃剑。保险公司同时也担负着维护数据安全的重任。海量的个人信息数据存储在保险公司，一旦泄露后果不堪设想。单个的数据泄露就可能引起客户的诉讼。批量的数据泄露，可能会导致公司面临极大的损失甚至破产。从法务角度来讲，保险公司在引用客户信息之前，要取得客户授权，规避法律风险。同时要尽可能依靠大数据分析，通过简单的客户信息推断出某类业务的风险。

第三节

保险业大数据在精准营销中的应用

精准营销（Precision Marketing）就是在精准定位的基础上，依托现代信息技术手段建立个性化的顾客沟通服务体系，实现企业可度量的低成本扩张之路，是有态度的网络营销理念中的核心观点之一，即公司需要更精准、可衡量和高投资回报的营销沟通，需要更注重结果和行动的营销传播计划，还有越来越注重对直接销售沟通的投资。

随着消费市场的不断升级,以及保险消费主力群体的年龄结构变化,专业定制化保险推送已成为当下主流,原有传统保险中介代理的营销模式难以满足客户个性化产品需求和服务体验。在此市场环境情况下,目前大型保险公司均运用大数据和云计算将用户数据、用户信息、用户偏好进行全面挖掘分类,从而清晰掌握目标客户的保险产品和服务需求,同时通过互联网渠道为客户提供专属的产品方案和便捷投保理赔服务,以产品和服务赢得客户信任,这种以客户为中心的营销模式将成为保险发展大势所趋,也将逐步取代熟人推荐、电话销售等传统营销方式。

一、个性化需求与客户细分

(一)客户精准营销的内涵

在网络营销领域,保险公司可以通过收集互联网用户的各类数据,如地域分布等属性数据,搜索关键词等即时数据,购物行为、浏览行为等行为数据,以及兴趣爱好、人脉关系等社交数据,可以在广告推送中实现地域定向、需求定向、偏好定向、关系定向等定向方式,实现精准营销。

(二)客户特征与大数据分析

客户群体分析将以往以投保人为对象的客户个体分析范围扩大到以投保人家庭为对象,进行客户家庭关系分析。根据已有客户的相关有效数据构建客户家庭关联关系图谱,可以从身份特质、家庭角色、人脉关系、保障意识、风险耐受、支付能力、理财意识、健康状况等维度进行全面保险意识风险评估,可为保险业务顾问定制客户推进方案提供参考。

(三)潜在客户挖掘

保险公司可通过大数据整合客户线上和线下的相关行为,通过数据挖掘手段对潜在客户进行分类,细化销售重点。通过大数据进行挖掘,综合考虑客户的信息、险种信息、既往出险情况、销售人员信息等,筛选出影响客户退保或续期的关键因素,并通过这些因素和建立的模型,对客户的退保概率或续期概率进行估计,找出高风险流失客户,及时预警,制定挽留策略,提高保单续保率。

(四)客户细分和差异化服务

风险偏好是确定保险需求的关键。风险喜好者、风险中立者和风险厌恶者对于保险需求有不同的态度。一般来讲，风险厌恶者有更大的保险需求。在客户细分的时候，除了需要统计风险偏好数据外，还要结合客户职业、爱好、习惯、家庭结构、消费方式等偏好数据，利用机器学习算法来对客户进行分类，并针对分类后的客户提供不同的产品和服务策略。

二、减少中间环节精准对接客户

传统保险营销主要依托于各类中介完成客户对接，一方面保险公司需支付较高的中介佣金成本，在确保不亏损经营的前提下，无法投放更多资源到客户前端；另一方面由于承保信息的不对称，以及部分中介渠道的管理不规范，加之保险属于低频交易，1年互动频次平均为1~2次，导致客户与保险公司黏性不强。而运用大数据可对现有客户购买习惯、潜在客户保险需求以及流失客户转保原因进行精准分析，从而实现对客户群更加精准的定位和细分。同时保险公司应通过构建互联网等直销直控渠道，打造线上投保、缴费、打单等全流程运营，以绕开中介渠道多层级流转，切实减少中间环节产生的人财物交易成本，将所节约的成本直接让利客户和转换为高质量的增值服务，最终形成优质低价的产品销售服务体系，达成客户满意、公司发展的双赢局面。

（一）流失用户预测

美国前进保险公司（Progressive Insurance）在进行数据研究分析时发现，理赔周期越短，理赔费用也随之减少。因此，公司投资3 000多万美元建设"自动理赔管理系统"，以加速解决客户理赔问题。使用新系统后，不但大大缩短了前进保险公司的理赔周期，使其从保险业平均理赔周期的42天缩短为6天，而且显著提高了客户的满意度，客户流失率下降了2/3，续保率达到了90%以上。

太平洋保险的网销渠道利用专业数据分析工具Ominiture，在商业险报价、交强险报价、提交核保、核保通过、在线支付等关键环节，于后台植入监控工具，对输入框和按钮进行控件级的行为监控，记录各个页面的客户访问情况；并通过客户调研、座席回访等方式收集大量真实的客户声音；建立客户全视图数据库。通过大数据技术对客户流失原因进行分析，并对解决方案的实际效果进行跟踪评估，以高效挽留客户。

（二）关联销售

保险公司可以关联规则找出最佳险种销售组合、利用时序规则找出顾客生命周期中购买保险的时间顺序，从而把握保户提高保额的时机，建立既有保户再销售清单与规则，从而促进保单的销售。

除了这些做法以外,借助大数据,保险业可以直接锁定客户需求。以淘宝运费退货险为例。据统计,淘宝用户运费险索赔率在50%以上,该产品对保险公司带来的利润只有5%左右,但是有很多保险公司都有意愿去提供这种保险。因为客户购买运费险后保险公司就可以获得该客户的个人基本信息,包括手机号和银行账户信息等,并能够了解该客户购买的产品信息,从而实现精准推送。假设该客户购买并退货的是婴儿奶粉,我们就可以估计该客户家里有小孩,可以向其推荐关于儿童疾病险、教育险等利润率更高的产品。

(三) 交叉销售

例如,允许寿险代理人销售财产险或理财产品,由各个渠道深度挖掘自有的客户资源,实现价值最大化。在这种情况下,首先要了解客户,一系列问题由此产生:最具潜力的客户是谁?潜在需求是什么?偏好怎样的交互方式?数据部门可利用大数据分析工具,回答上述问题,为开展交叉销售提供必要的技术支持。具体而言,险企需要建设分析型客户关系管理平台(ACRM),以对客户数据进行统一管理并建立客户分析模型。这有助于发挥共享与集约优势,避免专业公司各自为战。在此情况下,保护客户数据的隐私性是一个不可回避的问题,通常的解决方案是建立严格的数据保护制度。

(四) 客户资源共享

尽管这一模式相对简单,但其效果却不容忽视。BCG研究发现,对于业务结构不均衡的集团,更适合由强势业务带动弱势业务发展。如果能够实现客户资源跨法律实体共享,至少可以挖掘10%~20%的潜在市场价值。在综合拓展模式下,交叉销售的关键成功要素不再是技术本身,而是监管政策是否支持,以及不同的经营实体间能否达成一致的、合理的利益分配制度。

(五) 多样化营销

保险公司可以通过多种渠道增加销售模式,例如,针对社会兼职营销员和分散性客户开发手机端销售平台,或者通过建立年轻客户群大数据信息库,在微信、微博等大流量自媒体开展多样化的营销活动,实现平台化、社交化的营销服务模式,帮助保险公司不断扩大年轻主力消费群体影响范围,实现品牌价值营销。通过场景化、社群化搜集客户数据,加以分析从而制定出有针对性的销售策略。

第四节
保险业大数据在产品运营管理中的应用

一、促进险企内部运营精细化管理

基于大数据下的产品通常具有定制性、分类性、融合性和时效性的特点，相比传统产品有很大优势。定制性是针对不同性别、年龄、爱好、消费水平的人群差异化开发产品。分类性是指保险公司结合大数据对某些热销产品进行分类开发的方式。融合性是指在一个产品中提供一揽子保障计划。时效性是指在信息时代、保险产品同质化的大环境下，保险公司需要在突发情况下及时推出产品，吸引社会的关注；与此同时，大数据的发展还是存在一定风险的，特别是数据风险。大数据营销在保险行业一定会成为主流，那么到时候客户的信息安全如何得到保障，这将是客户最为担心也是保险公司最为重视的部分。

险企的大数据运营分析，是基于企业内外部运营、管理和交互数据分析，借助大数据平台，全方位统计和预测企业经营和管理绩效。可基于保险保单和客户交互数据进行建模，借助大数据平台快速分析和预测再次发生的或者新的市场风险、操作风险等。

二、可提高效率与降低成本

（一）运营方面

在运营方面，随着外部数据的成熟和运用，核保和理赔可以实现部分自动化，甚至全部自动化。这都会大大提升效率，降低成本。降低成本方面，外部增量数据的支撑还可以降低人工成本。目前，很多健康险保险公司为了提高用户的体验度，加快报销的速度，不得不依靠庞大的人工客服去处理客户的报销单。如果有了合适的电子化的数据，这部分人工成本将会大大得到压缩。

（二）保险代理人管理方面

针对保险代理人管理方面，利用大数据技术可以做到事半功倍。保险代理人个人画像对保险代理人和业务顾问来说，个人最核心的竞争力就是不断增强学习能力、提升业务转化率、提高保险业绩。通过大数据技术，根据代理人员（保险销售人员）业绩数据、性别、年龄、入公司前工作年限、其他保险公司经验和代理人思维测试等，找出销售业绩相对最好的销售人员的特征，优选高潜力销售人员。

对不同级别的保险人员来说，如顾问、总监、初级合伙人、高级合伙人、经营合伙人，及保险团队等，其核心综合能力考核指标也是不同的。以保险代理人和业务顾问为对象，构建个人画像，通过融合与代理人相关的基础数据、业务数据、客户数据等多维度数据，对代理人建立算法模型，利用已有数据从多个角度来进行描述和刻画分析。一方面通过多维分析辅助提高个人业务能力和学习能力，另一方面帮助领导决策层从管理角度对保险业务人员进行能力综合分析，并相应采取如提供定向培训等学习促进手段，帮助最终提高业务转化率。

（三）保险产品的运营支撑方面

产品运营分析对保险产品的运营支撑进行数据决策分析，包括产品理赔风险分析、产品的推广理念分析、明星产品分析等。

产品理赔风险分析主要是通过融合产品的理赔数据、保单销售数据、客户相关信息，从产品类型、理赔原因等多个方面进行历史数据分析，以及针对同类产品进行轻量级的预测分析。产品推广分析是从产品推广率方面进行的分析，结合保险代理人的画像数据、偏好险种、推广情况、费率占比等进行产品推广情况分析。明星产品分析是定向推荐性价比较高、较易推广销售、理赔保障较为符合客户和保险公司双方的收益，能够被客户广泛接受的保险产品。各险种类型按月或季度评比出不同类别的明星产品，结合代理人的偏好进行推荐学习，储备多类产品知识，提高保险交易成功率。

此外，保险产品运营分析可以根据寿险、财险、车险、短意险等不同险种类别的推广定价、产品的理赔率和不同类型产品的销售业绩等进行关联性综合分析，分析其因果关系，甚至是地域影响关联性分析，通过数据分析的方式将合作成果直观展现，辅助决策层制定战略合作方向。

三、索赔与承保管理

大数据也与索赔管理息息相关：运营商希望在索赔流程期间保存好图像、视频和文本标记（例如，来自警察检查员或拖车司机的汽车保险索赔的文本标记）。结合投保人和受益人等实体（受益人、投保人、保险人）的汇总信息对非结构化数据的大数据分析变得尤为重要。承保，在再保险和大型商业保险部门，大量的支持信息会作为信息提交的一部分

（例如，损失历史、财产计划、车辆调度和董事的详细信息）构成保险公司的非结构化大数据来源之一。

大数据技术使保险公司能够快速地存储和访问任何数据，以便他们能够通过分析来突出异常、某种模式和部分重点——这是人工阅读文档时代非常困难的事情。自动化数据管理的能力，以及记录支持文档的能力，使保险公司能够创建风险和客户档案，这在整个公司中都是统一可审计的，并且能够提供丰富的分析资料。

第五节 保险业大数据未来的发展趋势与问题

一、数据来源与获取

所有的非结构化数据都可以提供给所有的保险公司，这可以成为"大数据分析"方法的基础。一些非结构化数据源包括：

（1）客户线上文档。如果这些文档可以被轻松搜索到并且能汇集到企业的数据管理平台，那么保险公司就可以获得关于客户的大量信息，包括对非标准、非结构化的生命健康的医疗报告信息，以及再保险和大型商业财产保险部门的信息。

（2）客户关怀通话记录。这些内容包含了客户来电自由形式的代表性评论，这些评论可以用来进行市场情绪调研，有助于形成策略和付诸实践，以提高客户的保留率，减少客户流失。

（3）点击流数据。它由面向客户的网站生成，可以分析这些数据，以发现显示客户倾向的浏览模式，尤其是当与呼叫中心记录相关的时候，找出那些客户在网络交互后立即呼叫的例子。

数据来源与获取如图4-4所示，除此之外，随着互联网的使用和物联网的普及，可用于保险的大数据来源将会越来越多，非结构化的数据也面临更多的挑战。

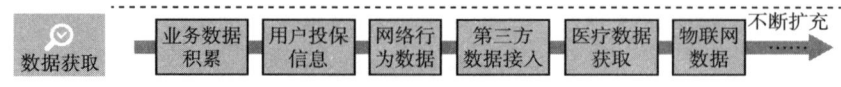

图4-4 数据来源与获取

二、保险大数据体系亟待升级

从行业本身的特性来说,保险行业是当前最有潜力通过数据驱动变革的。保险行业属于数据密集型行业,既是数据的收集者也是数据的使用者。该行业以大数据原理为驱动,利用精算来控制风险。然而,相对于电商、搜索、在线广告等互联网公司,保险公司面临的数据问题更加复杂:

(1) 保险产品结构复杂。保险的产品是保单,保单结构本身就很复杂,例如,重疾险责任范围包含重症/轻症、重疾理赔次数、承保年限等复杂信息。

(2) 保险数据维度单一。目前保险公司存储的大多是保单信息和理赔记录等静态数据,缺乏更细粒度、动态的行为数据等,例如,用户的实时体征。

(3) 保险业务流程长。保险行业很多流程是在线下完成,相较于电商、搜索、在线广告等,保险流程较长,数据存在断点,另外数据、算法模型和业务反馈有时无法形成一个闭环。

总体来说,保险行业数据基础和数据质量还不够高,有些数据尚无法直接使用,如大量的非结构化的影像数据,需要在数字化的基础建设方面投入更多资源。

在当前情况下,以大数据为底层支持的保险科技将承担更大的作用。通过大数据技术,保险产业精耕细作成为可能,也将为保险全流程的诸多痛点提出解决方案,深入保险业态改造。

【案例】

保险行业加持数据大脑实现"精耕细作"

伴随着可穿戴智能设备、物联网、5G等技术的成熟,保险公司如果能够有效利用这一趋势,则能提高保险开发定价、保险营销、准备金评估、理赔等多个环节的效率和准确性。

然而,新技术将使现有数据量及维度发生质的变化,带来新的挑战。以2017年"双十一"为例,业内首家互联网保险公司众安当天的保单数量峰值达到3.2万张/秒,对企业的数据处理速度提出了极高的要求。

围绕保险公司数据化建设,众安基于数据量级、数据打通、数据驱动、数据应用以及数据人才五个维度来开展。

1. 数据量级

保险公司要尽可能多地收集不同维度的数据,除保单、理赔数据还需要注意留存场景行为数据。作为具有互联网基因的保险公司，众安注重各种场景数据的收集，例如，通过大量数据埋点了解用户的实时体征，提供更有针对性的投保建议，提升用户体验。

2. 数据打通

公司内各个板块的数据要打通，避免出现数据孤岛。数据打通的关键是"用户"，成功的互联网公司始终把用户放在第一位，业务都是围绕用户去展开，而传统保险公司更关心业务本身，如保费和赔付率。众安则为用户标注唯一ID，用户购买不同险种、办理不同业务，都能通过唯一ID识别分析。通过这一举措，众安有效降低了风控难度，促进了业务增长。

3. 数据驱动

数据驱动的含义是要把数据服务的对象下沉，不仅面对管理层，还要下沉到一线业务人员提供系统化的服务，让智能决策支持像人脑一样做到无时无刻、无处不在。众安构建了一套完整的数据平台——众安数据洞察平台，该平台能够快速支持从传统的报表生成、各个纬度的即席查询，到移动端可视化系统。

4. 数据应用

数据应用的成功，取决于能否形成数据应用的小型业务闭环。以广告推荐、搜索推荐为例，保险公司能够通过用户是否点击这一返回的数据，对模型是否有效进行判断。这样基于数据挖掘的模型，才会不断更新迭代。例如，众安健康险理赔风控，通过数据分析得到的风控规则，在理赔系统中就设计了理赔人员标注风控规则有效性的反馈过程，可以直接对规则好坏进行评估，从而不断优化风控模型。

5. 数据人才

数据体系的关键因素首先是人才。除精算师、数据分析师外，大数据平台开发工程师和算法专家，甚至数据科学家都至关重要。由于技术门槛的原因，只有这些人才才能掌握处理大数据的能力和方法。例如，众安除去各个事业部门配备业务相关的数据分析师之外，还在不断储备这方面的人才，仅数据智能中心就有一百多位大数据开发、算法工程师和数据科学家。

三、建立一体化数据分析销售系统

过去几年间，以中国人民财产保险、中国人寿、中国平安、太平洋保险、中国太平为代表的综合型保险集团，纷纷完成了统一客户信息系统的建设，实现了客户数据在技术层面的集中与共享。为下一步分析型客户关系管理系统建设奠定了基础，为开展客户迁移和交叉销售创造了条件。其中包括环境分析、价值分析、流失分析和购买分析几个方面。

（一）环境分析

保险公司可以根据自身业务骨干的流动、竞争对手策略、市场波动、客户满意度等四个指标数据进行动态管理，密切跟踪公司自身、客户和外部市场的变化情况，积极培育和挖掘客户需求，不断创新增值服务手段，防止不利情况的持续恶化，把客户流失风险控制在萌芽状态。

（二）价值分析

通过大数据分析手段综合考虑客户信息、险种信息、既往出险情况、销售人员信息等，对客户进行细化分类，分析客户价值与期望，得出高质量用户群，做好重点的客户关系维护，减少流失可能。

（三）流失分析

筛选出影响客户退保或续期的关键因素，分析客户可能的流失原因，并通过这些因素建立预测模型，对客户的退保概率或续期概率进行估计，找出高风险流失客户，及时预警并制定挽留策略，提高保单续保率。具体而言，大数据技术可应用于环境分析、价值分析、流失分析和购买分析等方面，以有效支持客户挽留策略的制定。

（四）购买分析

通过大数据挖掘算法识别客户的购买习惯，推荐契合度较高的一个或多个产品，引导客户购买多个产品，提高客户黏性，提供个性化服务，进而提高客户满意度，减少流失可能。

利用大数据对保险业务创新提高保险公司效率的前提是需要对保险业务员、客户、保单、产品等业务基础数据和外部数据进行融合、治理，打造统一的高质量数据中心。总体架构包括数据融合、数据治理和数据交互服务，对历史业务相关数据积累等。从"数据资产"科学管理角度考虑，将数据作为资产纳入标准化、规范化管理，对数据进行全生命周期管理，从数据产生、数据采集、数据处理、数据质量、数据安全、综合管理应用方面入手来满足大数据融合创新应用的诉求。最终达到利用大数据分析技术开发新的产品、市场和客户，提高客户的满意度和风险控制水平以及保险公司的效率。

【案例】

保险行业社交大数据应用

面向长尾的销售：Bought by Many 公司利用大数据分析技术识别特定需求，并将需求与具体的保险公司产品相匹配，通过检索和社交媒体进行分销。由于其通过社交平台吸引具有相同保险需求的人，为这些客户统一协商保险条款、统一报价，客户可根据自身具体需求购买保险，这种做法在为客户节省开销的同时，也为保险公司降低客户流失率。

基于社交网络的互助保险：Friendsurance、RiskHuddle 向客户提供基于社交网络的互助保险，覆盖家居险、个人责任险等，一个社交网络组成的小团体相互承保形成资金池，当出现理赔需求时先通过资金池赔付，资金池不能被覆盖后才需要保险公司介入支付。与传统模式相比，这种模式降低了个人投保费用，同时也降低了保险公司的理赔风险。

 **本章复习题**

1. 简要说明大数据应用在保险风控中的作用。
2. 大数据应用可以开拓哪些场景的保险产品创新？
3. 请用案例说明保险大数据在精准营销中的应用。

第五章　金融大数据与征信

【本章重要知识点】

- 征信基础知识：概念、发展历程、产品和服务、征信体系
- 大数据征信理论基础和基本流程
- 金融大数据征信的实践

在现代信用经济制度下，征信是维护信用经济关系的重要力量。征信是通过对企业和个人信用信息的采集、整理、保存、加工和提供，在数据和应用之间发挥纽带作用。金融大数据在一定程度上缓解了信用信息采集、整理、保存难的问题，也降低了信用信息的加工成本，更改变了信用信息的提供方式（如新的征信产品设计和生产），逐渐成为决定征信业未来发展的重要力量。本章首先概述征信的含义、特征和分类；其次简单介绍征信产品与服务、征信体系及其中国实践；再次说明大数据的理论基础和基本流程；最后介绍金融大数据征信的应用。

第一节　征信基础知识

一、征信的含义

征信是一个古老的汉语词汇，在现代经济社会具有特定的含义。征信一词最早见于《左传·昭公八年》中"君子之言，信而有征"，意思是说"有德性的人说出的话，能够

用证据证明它是诚信的、确凿的"。此时,征信仅具有道德层面的诚信或信用的意义。到了近代,西方列强用坚船利炮敲开晚清的国门,强势推广资本主义的经济制度,征信逐渐具有了经济层面的诚信或信用的含义。后来随着现代信用经济在中国的不断发展,信用活动在市场交易中日益频繁,人们对征信的需求不断增长,征信的新含义才得以确立。征信的现代意义是指征信机构依法对企业、事业单位等组织的信用信息和个人的信用信息进行采集、整理、保存、加工,并向信息使用者提供信用记录、信用调查、信用评分、信用报告和信用评级等信用信息服务的活动。

二、征信的特征

征信是一项复杂的经济活动,不容易认清它的本质。中国人民银行征信中心副主任汪路在十年前[①]对此作了探讨,认为征信本质上体现为10个特征。

特征一:征信采集的数据信息主要是信用信息。

特征二:征信要建立信息主体的信息账户。

特征三:征信主要是一种微观的信息中介服务。

特征四:征信是一个信息服务行业。

特征五:征信的服务对象主要是授信机构。

特征六:征信是一种信息分享机制。

特征七:征信服务宜由独立的第三方提供。

特征八:征信的功能是在一定程度上揭示信息主体的信用状况。

特征九:征信业适合市场化运作和政府监管。

特征十:征信业是一个依赖于法律法规,受文化、政治环境影响的行业。

三、征信的分类

按照业务模式划分,征信分为企业征信和个人征信两类。企业征信和个人征信主要收集信息主体的基本信息,金融交易信用信息,商业信用信息,民间信用信息和来自互联网金融、物联网、社交平台的非结构化数据信息等。

按照征信制度划分,征信分为市场征信、公共征信、行业征信和混合征信。市场征信是一种完全由市场主导的征信市场模式,由私营征信机构建立自己的客户信用信息系统,

---

① 汪路. 论征信的十个特征 [J]. 征信, 2010, 28 (02): 1-4.

来满足不确定性很高的社会对资信评估的强烈需求，流行于美国、英国等国家。与市场征信极端对立的是公共征信，它是一种完全由政府主导的征信制度，在微观层面由政府强制银行等金融机构无偿提供信用数据，并以成本价对外提供查询服务，在宏观层面强调信用风险控制，流行于德国、法国等欧洲国家。行业征信模式起源于日本，主要由银行和商会联盟负责对个人和企业进行征信，信用信息来源于联盟成员。混合征信是一种依国情整合上述三种模式的混合型征信模式，主要的代表国家有韩国。

四、征信产品与服务

（一）个人征信产品

个人征信系统已形成以个人信用报告、个人信用信息提示和个人信用信息概要为核心的基础产品体系，是以个人业务重要信息提示和个人信用报告数字解读为代表的增值产品体系。

1. 基础产品

个人征信系统提供的基础产品主要有个人信用报告、个人信用信息提示和个人信用信息概要三种。个人信用报告是个人征信系统提供的核心基础产品。基本内容包括：报告标题、个人基本信息、信贷交易信息、公共信息、声明信息、查询记录和报告说明。个人信用信息提示通过互联网个人信用信息服务平台和短信方式向个人信息主体提供最近5年的逾期记录查询服务。个人信用信息概要主要包括信贷记录、公共记录和最近2年内查询记录的汇总统计信息，便于消费者快速了解自身的信用概况，并通过互联网个人信用信息服务平台向信息主体提供查询服务。

2. 增值产品

增值产品以个人业务重要信息提示和个人信用报告数字解读为代表。个人业务重要信息提示利用个人征信系统即时更新的数据，按周将各机构用户的本机构"好客户"在其他机构发生"新增逾期61~90天/90天以上"、贷款五级分类"新增不良"、信用卡账户状态"新增呆账"、贷款或信用卡"新增账户""新增失信被执行人"等提示信息主动推送给相关机构用户总部。个人信用报告数字解读旨在帮助放贷机构更加便捷地使用信用报告信息，了解客户的信贷风险状况及未来发生信贷违约的可能性。

（二）企业征信产品

企业征信系统的产品和服务体系比较完备，以各种版本信用报告为核心的基础产品体系已经相对成熟，以关联查询服务、企业征信汇总数据为代表的增值服务体系初步形成。

1. 基础产品

企业信用报告是企业征信系统提供的基础产品。主要内容包括报告标题、基本信息、有直接关联关系的其他企业、财务报表、信息概要、信贷记录明细、公共记录明细、声明信息明细等。目前，企业信用报告针对不同的需求主体分为4个版本：服务于以银行代表的授信机构的银行版；用于政府部门履职的政府版；服务于其他机构的社会版；满足信息主体查询需求的自主查询版。

2. 增值产品

增值产品有关联企业查询、企业征信汇总数据、对公业务重要信息提示、征信系统信贷资产结构分析、历史违约率等。关联企业查询产品有关联企业名单及关系表、关联企业群信贷业务及被起诉信息汇总表和关联企业群的贷款业务集中还款时间统计表。企业征信汇总数据的服务对象主要是人民银行各级分支机构。对公业务重要信息提示利用企业征信系统即时更新的数据，工作日将各机构用户的本机构"好客户"在其他机构发生"新增逾期61~90天/90天以上"、贷款五级分类"新增不良""新增失信被执行人"等提示信息主动推送给相关机构用户总部。征信系统信贷资产结构分析运用征信系统的数据，以图形的形式反映单家机构在信贷市场中的相对位置以及市场份额，为商业银行信贷决策提供信息支持。历史违约率是指某一时点上的正常客户之后1年在全市场上发生违约的比率，其查询结果包括期初正常客户数、观察期违约客户数和违约率值等。

五、征信体系及其中国实践

征信体系是指采集、加工、分析和对外提供信用信息服务的相关制度和措施的总称，包括征信制度、信息采集、征信机构和信息市场、征信产品和服务、征信监管等方面。目前，全球有四种征信体系：市场征信体系、公共征信体系、行业征信体系和混合征信体系。每种体系的相关制度、措施和拟定目的均有所差异，并且侧重点和优势也有所不同。市场征信体系强调利用市场公平竞争来保障市场秩序；公共征信体系利用高质量的数据，精确地帮助监管部门预测风险；行业征信体系注重行业自律，减轻政府监管负担；混合征信体系理论上兼具三者的优势。事实上，一个好的征信体系要有利于降低借贷成本，刺激普惠金融发展；有利于扩大信贷规模，促进金融市场发展；有利于防范金融风险，维护金融稳定；有利于提高社会信用意识，维持社会安定；等等。

中国的征信业经过多年的发展，已形成了公共征信机构占主导地位，民营征信机构和外资征信机构无论在数量上、还是在规模上都比较小的局面。显而易见，中国的征信体系具有公共征信体系的特征。然而，与欧美发达国家完善的公共征信体系相比，中国的征信实践有许多亟待解决的问题。

(一) 中国征信体系的问题

1. 信用意识淡薄，缺乏法律法规保护

随着人们的经济交往越来越频繁，信用问题逐渐显露出来。一方面大量失信者以较低的成本获得了很高的不正当收益，而守信者遭受的利益损失却没有专门的立法保护或很难诉诸法律途径追偿，造成社会在信用上竞次（Race to the Bottom）①，很可能使我国民众本来就很淡薄的信用意识越来越薄。另一方面信用立法建设严重滞后，目前我国尚未有专门针对信用问题的全国性法律，造成处理信用问题无法可依的局面，例如，套路贷高利率问题。长此以往，人们在经济交往中就会越来越倾向于失信，价值观也会扭曲。因此，信用保护不足、信用意识淡薄成为我国征信体系中不可忽视的问题。

2. 信息采集范围单一，内容更新慢

中国人民银行征信系统信息采集范围单一，数据主要来自于商业银行、住房公积金管理中心、电信行业，尚未包含证券、保险、基金、信托、财务公司、融资担保、融资租赁、资产管理公司等非银行业金融机构以及环保、税务、司法、工商、交通等行政管理部门和社交、网购、网络信贷等互联网平台的数据。同时，征信系统中各类数据更新滞后，明显与信用主体实际情况有出入。

3. 失信惩罚机制尚未生效

失信惩罚机制是征信体系中最重要的部件之一，可通过公开信息主体的信用信息，约束市场主体的机会主义倾向，并通过经济手段和道德力量惩罚失信者，甚至将严重失信的市场主体驱除。我国当前尚未建立起有效的失信惩戒机制，在高度不确定的市场环境中，经济主体会择机利用制度漏洞，实施道德风险、逆向选择等机会主义行为。

4. 信息监管各自为政，整合力度不够

我国征信体系有中国人民银行征信、行政管理征信和商业征信三大体系。除了中国人民银行征信系统是全国统一的，其他两大系统还处于割裂状态，客观上造成了各管理部门各自为政，依据各自职责权限实施信用监管的局面。有时还会产生监管空隙，让一部分企业非法采集、非法买卖信息却不会受到约束。由于信息共享具有很大的价值，目前割裂的征信系统未来必然会融合和优化，但目前尚未出现这样的利好局面。因此，未来很长一段时间内，我们还得忍受信息孤岛、整合力度不够等困境。

---

① Race to The Bottom，直译为"逐底竞争"。在我国，经济学者袁剑在经济学领域把它译为"竞次"，得到普遍认可和广泛使用。在本书中，所谓"信用上竞次"的意思就是一旦有人开始不讲信用而不受惩罚或者惩罚很小，那么今后大家将越来越不讲信用。

5. 征信机构发展缓慢，创新力不足

在中国征信市场中，取得企业征信牌照的征信机构共 200 多家，取得个人征信牌照的征信机构只有百行征信 1 家。企业征信机构数据来源单一，信息收集难破壁垒，数据获取成本较高。同时，数据挖掘技术、数据分析技术和信用评价模型缺乏创新，无法准确、全面、科学地评价信用状况。

（二）中国征信体系的未来

随着金融、环保、工商、税务、司法、社交等多维度的信息不对称问题凸显，社会各界对相关信息的需求日益迫切。同时，大数据、云计算技术的发展和应用，为中国征信体系的融合和优化提供了技术支持。

1. 利好政策密集出台，为征信体系的融合提供了制度保障

近些年中央政府频繁出台相关政策，支持征信体系建设。2013 年 1 月 21 日，国务院公布《征信业管理条例》，对征信行业的相关内容做了明确规定。2014 年 6 月 27 日，《社会信用体系建设规划纲要（2014—2020 年）》正式出台，标志着我国信用体系建设进入全面推进期。2015 年 1 月 5 日，人民银行印发《关于做好个人征信业务准备工作的通知》，要求八家机构做好个人征信业务准备工作。2015 年 6 月 1 日，由国家发展和改革委员会、中国人民银行指导，国家信息中心主办的"信用中国"网站正式上线。这些都为我国征信体系融合提供了制度保障。

2. 大数据、云计算技术的发展和应用，为征信体系融合提供了技术保障

大数据、云计算、人工智能从技术上支持了征信行业的发展。其中，互联网金融极大地拓宽了用户信息来源和内容，提高了信用风险评估的准确性；大数据征信解决了海量数据的高频采集和存储问题；人工智能和神经网络方法用于对海量数据进行深入挖掘和分析；移动互联和云计算使大量用户同时获得便捷的征信服务。因此，新兴技术为我国征信体系融合提供了技术保障。

3. 征信体系融合是完善社会主义市场经济体制的客观要求

我国政府部门、国有企业和事业单位拥有大量数据，因开放程度低而没有发挥出全部价值，这必然要求政府推动征信体系的融合，破除信息壁垒，解决"信息孤岛"问题。征信体系融合的直接效果就是数据库规模变得很大、查询量越来越多，但相应的业务成本会逐步降低。征信体系融合的最终效果就是全方位利用多维度、多元化的结构化数据和非结构化数据，实现信用主体的综合评价，有效防范信用风险，提高整个社会的诚信约束力。

第二节

大数据征信理论基础

在上一节讨论中国征信体系的未来时，我们已经明确推断出"征信体系融合"的趋势，基于大数据的征信已成必然。大数据征信可以综合多方信用信息（结构化的和/或非结构化的信息），借助于大数据技术进行建模分析，生成可靠性更高的个人或企业信用评价。

一、大数据征信理论基础

（一）大数据征信的含义

大数据征信是指征信机构通过对具有"4V"特征的大数据进行采集、整理、保存、加工，运用数据挖掘、神经网络和机器学习等大数据技术重新设计征信评价模型和算法，用于综合分析多维度、动态、交互的信用信息，达到揭示企业和个人信用状况目的的活动。

大数据征信本质上仍然是一种征信活动，只不过在处理数据方面应用了大数据技术。所用到的数据从信息提供者提交给征信机构的数据，扩展到网络上公开的数据、第三方合作伙伴的数据、政府机构的数据。网络上公开的数据不限于论坛、博客、微博等社交网络平台上信息主体使用网络留下的阅读、社交、旅游等痕迹。第三方合作伙伴的数据主要从互联网公司的电子商务活动中取得。

征信机构利用上述数据开展征信业务模式和产品设计等创新活动，覆盖了非常广泛的征信人群、利用了多维度的信息、提供了更精准的信用评估结果，由此带来征信成本的降低和征信效率的提高。

（二）大数据征信的经济学理论基础

1. 信息不对称理论

信息不对称理论由美国经济学家 Joseph E. Stiglitz、George A. Akerlof 和 Andrew M. Spence 在 1970 年提出，是指在市场经济条件下，市场上买卖主体不可能完全占有对方的信息,并且,信息优势方往往会作出损害信息劣势方的行为,以谋求自身更大的利益。

信息不对称普遍存在于我们的日常生活和经济交往中。按照发生的时间,信息不对称分为事前信息不对称和事后信息不对称。事前信息不对称产生逆向选择,而事后信息不对称产生道德风险。逆向选择是指信息优势方通过故意隐瞒信息,给自己牟取最大利益,给交易对手信息劣势方造成利益损失,其后果将是导致"劣币驱逐良币"的现象。例如,在二手车市场中,卖方是信息优势方,买方是信息劣势方。作为理性经济主体,卖方希望通过故意隐瞒二手车的质量以牟利,买方预期到卖方的隐瞒倾向而不愿意出高价,双方博弈的最终后果将是二手车市场的不断缩小,甚至消失。道德风险则是指交易双方缔约后,信息优势方损害信息劣势方的现象。常见于委托代理关系中,拥有信息多的代理人损害拥有信息少的委托人,例如,股东委托职业经理人管理公司,然而经理人提供虚假财务信息,以此误导股东而牟利。

在征信市场,存在比较严重的信息不对称问题。传统征信基本上依赖于银行系统的大量借贷数据。目前,中国人民银行征信系统已经有3亿多人的借贷历史数据,也仅仅只占到中国14亿总人口的21%。相比较而言,大数据征信不仅利用了传统征信的数据,也利用了网络上公开的数据、第三方合作伙伴的数据、政府机构的数据,通过运用大数据技术建模形成信息主体的评价,将极大地降低征信市场信息不对称程度。因此,信息不对称理论是大数据征信的核心理论之一。

2. 信号理论

信号理论通过信号的传递和甄别来发布真实信息。具体而言,信息优势方往往事先采取能被信息劣势方容易观察到的行动把商品或服务质量的确切信息传递给信息劣势方,即信号传递理论;而信息劣势方通常事先利用不同的合同来甄别信息优势方的真实信息,即信号甄别理论。这两种理论是解决信息不对称导致的逆向选择问题的常见方法。

在传统征信模式下,信息主体主动提交信用数据给征信机构,再由征信机构进行审核和评估,给出静态的评估结果。然而,征信机构对信用数据的审核成本比较高,很难对信息主体提交的信息进行逐项核实,这有可能诱使拥有信息优势的信息主体提供虚假信息,骗取高于真实水平的信用评估结果。一旦征信机构意识到此种可能后,会普遍调低信息主体的评估结果,扭曲信用主体的征信质量。

大数据征信弥补了传统征信的不足。一方面大数据征信使用来源广泛、信息维度多元、实时性很高的数据进行综合评估,另一方面大数据征信利用互联网金融应用场景中用户网络行为数据,实时更新用户信用评估,提供动态化的征信结果,有利于授信方及时掌握受信方的真实信用评价,为其贷款决策和贷后管理提供依据。

3. 声誉理论

信息不对称导致的道德风险问题不能借助于信号理论来解决，需要利用声誉理论加以解决。声誉理论认为经济主体间存在一种声誉机制，用于维持自身声誉以获得长远利益，特别是在基于非正式合同的交易场合中，较好的声誉能够降低交易成本，实现短期利益，并为下一次交易奠定基础。KMRW 声誉模型①证明，当一个博弈参与人的支付函数不为其他参与人所知时，该参与人有积极性树立好声誉以换取长期利益。

传统征信旨在为传统借贷行为进行信用评估，但信息主体的声誉在借贷以外也有所表现。相比较而言，大数据征信可以广泛地、动态地揭示信息主体多方面的声誉，将全面督促信息主体维持良好声誉，降低其道德风险的机会主义倾向，有利于营造一个稳健的信用大环境。

4. 长尾理论

长尾理论是由 Chris Anderson 在 2004 年提出的、用来解释网络时代电子商务网站的商业模式的新理论。该理论认为只要产品的存储成本足够小、流通渠道足够大，那些基数庞大、需求不旺盛的产品共同占有的市场份额可以与少数热销产品的市场份额相当甚至更大。例如，实体书店受限于店面面积，往往愿意摆放和销售数量有限的热门书籍以追求销售利润的极大化。与此不同的是，京东图书商城则不受店面面积的限制，理论上可以销售包括热销书籍在内的全部书籍。尽管单个非热门书籍的需求很小，但其数量众多，合计在一起市场份额预计占整个商城书市的一半。

因审核成本的制约，传统征信的审核策略常常是重点关注大额借贷业务的信息审核，而忽略小额借贷。与此不同的是，大数据征信基于长尾理论的支持，重视被忽略的小额借贷信息主体的评价，并利用大数据技术实现信息主体特征画像和市场细分，满足不被传统征信重视的需求。

5. 政府管制理论

在现代知识经济社会中，为了维护和达到某种特定的公共利益，大多数的政府都会凭借其法定的权力对市场进行或多或少的管理和制约，即所谓的政府管制。在经济学上，政府管制有两种不同的类型。一类是经济性的，称为经济管制，例如，政府对价格、市场进入和退出条件、特殊行业服务标准的控制；另一类是社会性的，称为社会管制，例如，政府保护环境、劳动者和消费者健康和安全的活动。在实践上，基于政府管制理论在 20 世纪 70 年代以后的迅速发展，政府管制普遍存在又与时俱进。自然垄断问题、外部性问题、

---

① Kreps, Milgrom, Roberts, Wilson. Rational Cooperation in the Finitely Repeated Prisoners Dilemma [J]. Journal of Economic Theory, 1982 (27).

信息不对称性问题以及与此相关的委托代理问题相继成为政府管制理论研究的重要内容和热点,其研究成果为政府管制的制定和实施提供了理论依据。

在大数据征信中,信息主体的信用特征一旦被征信机构挖掘出来,就有可能出现信息主体的隐私被泄露、信用信息被滥用的现象,使信息主体置于经济损失的风险之中。除非损失已经发生,否则信息主体几乎不可能察觉和有效监督征信机构的不当行为。如果没有相关的法律法规的保护,信息主体也很难进行维权。此时,若政府通过制定法律法规和公平合理的监管措施,就可有效预防征信机构的非法行为,并对其造成的后果进行惩罚,尽可能地保护信息主体的利益。由此可见,政府出台大数据征信行业的法律法规是必需的。

(三) 大数据征信的信息科学理论基础

1. 数据挖掘理论

数据挖掘是一种从大量数据中寻找有趣模式和知识的过程,其主要任务有关联分析、聚类分析、分类分析和异常分析等。数据挖掘是一门交叉学科,融合了高性能(并行)计算技术、数据库系统的存储、索引和查询处理技术,统计学的抽样、估计和假设检验理论,人工智能、模式识别和机器学习的搜索算法、建模技术和学习理论,以及最优化、进化计算、信息论、信号处理、可视化和信息检索理论。

大数据征信收集了信息主体的基本信息,金融交易信用信息,商业信用信息,民间信用信息和来自互联网金融、物联网、社交平台的非结构化数据信息等海量数据。这需要运用数据挖掘技术对海量数据进行有趣模式和知识的挖掘,以建立信用评分模型,进而应用到经济活动各个环节中。

2. 信息技术原理

信息技术是一种获取、存贮、传递、处理分析以及使信息标准化的技术。它以微电子技术和软件技术为核心,以互联网技术的发展和应用为总趋势。随着手机和平板等网络终端设备的多样化和个性化,电子商务和社交媒体等网络服务的便利化和普及化,以及互联网数据中心的形成等,信息技术日益融入社会生产和生活的各个领域。

大数据征信将大量地利用信息技术获取、存储、传递和处理数据。没有互联网技术的进步和信息技术的发展使数据的获取、存储等成本的大幅下降,就不可能收集到海量的大数据,进而更加不可能产生大数据征信。因此,信息技术与数据挖掘一样,是大数据征信得以实现的关键技术。

二、大数据征信的基本流程

大数据征信的定义蕴含了大数据征信的基本流程,如图 5-1 所示。

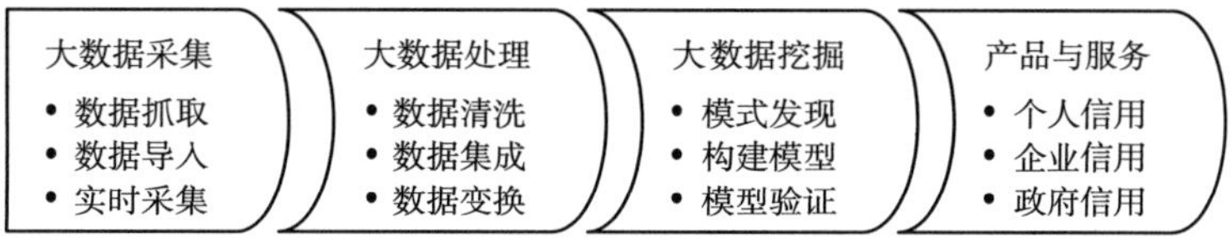

```
大数据采集        大数据处理        大数据挖掘        产品与服务
• 数据抓取        • 数据清洗        • 模式发现        • 个人信用
• 数据导入        • 数据集成        • 构建模型        • 企业信用
• 实时采集        • 数据变换        • 模型验证        • 政府信用
```

图 5-1　大数据征信的基本流程

作为大数据征信业务的实施者，征信机构利用传统的数据渠道、互联网的数据渠道进行数据的采集。常采用三种方式：一是数据抓取，即利用网络爬虫技术在互联网中下载网页，进行文本资料采集。二是数据导入，即利用指定的数据源进行数据采集。例如，从关系型数据库、非关系型数据库等数据源中进行大数据采集。三是实时采集，即利用传感器自动进行实时数据采集。

采集得来的数据可能是结构化的、半结构化的和非结构化的数据，并且被分别存储在不同的数据库中。为了进行大数据挖掘，需要建立一个集中统一的大型分布式数据库或数据仓库，为大数据挖掘准备一致的、完整的高质量数据。此时，需要进行数据处理，即通过数据清洗、数据集成、数据变换等方法完成数据处理。

有了集中统一的数据仓库以后，就可以利用数据挖掘工具和方法从海量数据中挖掘出有趣模式和知识，并建立用于信用评估和预测的模型。常用的数据挖掘工具和方法有分类、聚类、决策树、关联规则、时间序列模型、预测模型等。

最后，发布基于模型评价和预测结果的征信产品和服务。在大数据时代，大数据征信为满足征信的多样化需求提供了可能，在实施过程中要特别注意保护信息主体的隐私。具体地说，在大数据征信处理流程的每一环节中，要做到符合数据质量、数据安全、信息主体隐私保护和监管合规性的要求。

第三节　金融大数据在征信中的应用

近几年，国内的征信、大数据、互联网金融行业呈现出一片繁荣，甚至呈现过热的发展态势。因为涉及个人隐私、金钱等敏感信息，征信业在国外是一个相当保守、法律制度比较完善的行业，但到了国内却成了异常活跃的领域之一。为什么会这样呢？因为征信要解决国内最活跃领域——互联网金融中的信用问题，甚至还要解决几乎不相干的电商行业中的信用问题。本节我们将对此作一些介绍：首先介绍国内和国外典型的金融大数据征信企业，其次介绍金融大数据征信在互联网金融中的应用，最后介绍金融大数据在反欺诈中的应用。

一、金融大数据征信实践的概述

在 200 多年前，人类已经开始了征信实践。英国是最早开展征信业务的国家，在 18 世纪初英国的银行已提供个人征信服务，在 1830 年成立的第一家征信机构则开始提供企业征信服务。随后，征信实践开始向外蔓延，先是在西方资本主义国家，后又到了向西方学习的国家。各国纷纷组织开展个人征信和企业征信，建立本国的征信体系，例如，美国在 1920 年就基本完成了本国征信体系的建立；中国在 1932 年创立了第一家征信机构——中华征信所，但中国征信实践的快速发展和征信体系的建立是从改革开放开始的。

如今，作为世界前两大经济体，美国和中国的征信实践各自已经形成征信产业链。美国的征信体系非常成熟，覆盖了机构征信和个人征信。其中机构征信包含了由穆迪（Moody）、标普（Standard & Poor）和惠誉（Fitch Ratings）等征信机构提供的资本市场信用评级，以及由邓白氏（Dun & Bradstreet）等征信机构提供的普通企业信用评估。个人征信则由亿百利（Experian）、爱克非（Equifax）和全联（Trans Union）三大征信局等征信机构提供，美国个人征信产业链如图 5-2 所示。与之相对比，中国征信体系虽然能够提供企业征信和个人征信，但还不太成熟。中国征信实践的主力军是中国人民银行征信中心，它基本上为国内每一个有信用活动的信用主体建立了信用账户，提供各种征信产品和服务，但在大数据征信实践上还处于初级阶段。在中国人民银行征信系统还未全部对外开放接口的现状下，中国征信实践的生力军——国有的或民营的企业则各显神通：大型企业自建征信系统，开展金融大数据征信；小型企业则与第三方征信机构合作，共建、共享信息平台。在大数据时代，民营企业的征信模式有基于电商平台的大数据征信模式，以芝麻信用和京东金融为典型；基于社交平台的大数据征信模型，以腾讯征信和闪银（Wecash）为代表；基于同业共享的大数据征信模式，以安融惠众小额信贷行业信用信息共享服务平台（MSP）和上海资信的网络金融征信系统（NFCS）为代表；基于网贷平台的大数据征信模式，以宜信和陆金所网络借贷公司为代表，共四种典型实践模式。事实上，后两者可以概括为基于互联网金融的大数据征信模式。

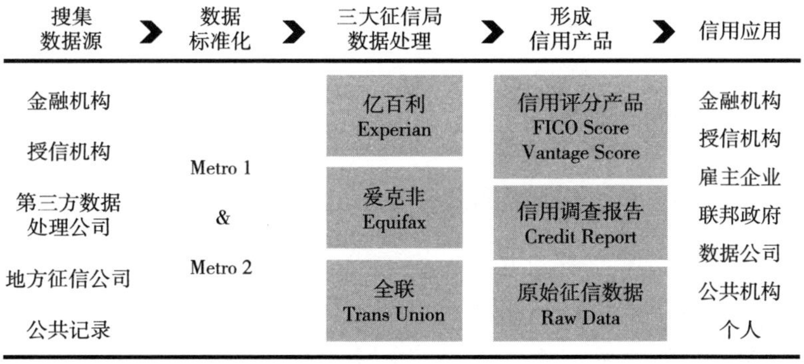

图 5-2 美国个人征信体系：以三大征信局为代表的产业链

二、网络借贷中金融大数据征信的应用

网络借贷是互联网金融创新的一种基本模式，主要采用线上交易、不需借贷双方面对面交流的模式，为资金供需双方提供小额资金借贷中介服务。与以商业银行为中介的传统借贷相比，网络借贷很少利用抵押、担保等方式来进行风险控制，而采用个人征信的方式来防范风险。由于缺乏数据、数据采集成本过高等原因，传统征信很难适用于网络借贷的场景，并有效对个人信用进行评估。因此，不得不结合互联网金融的特点，进行金融大数据征信实践，以此解决网络借贷中存在的个人信用评估难题。

目前，金融大数据征信实践仍处于初级阶段，主要围绕着数据分析处理、信用风险评估和成本预算管理等少数几个方面进行探索。随着互联网技术的不断发展，通过收集借款人的基本特征、消费行为、风险偏好等信息，金融大数据征信可以利用大数据技术挖掘信用模式和知识、构建分析模型，科学有效地解决个人信用的评估。因此，需要做好三个方面的分析：一是个体情况分析；二是社交动态分析；三是网购行为分析。

（一）个人情况分析

不论是传统借贷，还是网络借贷，其发生与否的最基本决定因素就是借款人的个人情况。个人情况的第一类信息为个人的基本信息，如姓名、性别、年龄、身份证号和联系电话等；第二类信息为教育学历信息，如毕业学校、专业、学历和资格证书等；第三类信息为工作资历信息，如行业、单位名称、职称和工龄等；第四类信息为个人财富信息，如工资、房产、汽车和贷款等；第五类信息为社会关系信息，如婚姻状况、子女状况和亲朋好友等。通过对个人情况进行审核和验证，可以充分掌握借款人的基本信息，有效判断借款人的还款能力，帮助网络借贷平台减少恶意贷款和欺诈风险，保证平台的安全性和稳定性。

（二）社交动态分析

通过个人情况的分析，贷款人获得了借款人信用的静态判断。然而若借款人的信用发生了变化，那么贷款人基于变化前的信用作出的贷款决策将处于风险之中。借款人信用的动态变化体现在借款人的日常生活中，网络借贷的运作模式决定了贷款人不可能身临其境掌握借款人的日常生活，幸运的是，社交网络平台为贷款人了解借款人日常生活提供了一个便利的观察窗口。社交网络平台有博客、论坛、微博、微信等多种形式，记录了借款人日常生活的许多方面，如登录频率和时间，发帖内容、数量和评论，与好友的互动等信息。这些看似杂乱无章，难以直接与个人信用评估联系起来的信息，通过数据挖掘方法（如模式识别、关联规则等）进行深入分析，将会对信用评估有很大的利用价值。

（三）网购行为分析

除了通过社交动态分析掌握借款人的动态信用，还可以通过对借款人的网络购物行为进行分析来获得借款人的动态信用。网络借贷平台进行网购行为分析时，需要与电子商务平台进行合作。一般是购买电子商务平台上借款人的购物数据，从中分析借款人的消费偏好和电子账户资金往来情况，以此作为借款人信用评估的依据。例如，京东白条和蚂蚁花呗就是通过对借款人购物行为的分析来确定授信额度的。

三、反欺诈服务中金融大数据征信的应用

金融欺诈是金融机构的内部员工、客户或第三方人员通过隐瞒真相、虚构事实等方式，从金融机构和其客户处牟取不正当利益，从而给金融机构带来资金、声誉或其他损失的行为。常见的金融欺诈有客户交易欺诈、内部欺诈和洗钱三大类。在互联网金融领域内，客户交易欺诈的欺诈者往往利用信用卡、电子银行等产品在网络支付、网络借贷等互联网金融交易中实施欺诈行为，具体表现为信贷欺诈、交易欺诈和社交欺诈等新形式，具有客户类型的长尾特性、电子数据的易伪造性和营运风险的易扩散性等欺诈特性。那么，如何在互联网金融领域进行反欺诈呢？在传统金融反欺诈技术几乎失效的情况下，基于金融大数据征信的反欺诈技术也许是一个有效的突破口。

基于金融大数据征信的反欺诈充分利用大数据技术进行关联分析、实时分析和机器学

习，挖掘欺诈的模式和知识，并据此建立模型进行欺诈的识别和预测。具体而言，关联分析利用直观而清晰的图形方式来揭示关键指标与欺诈行为之间的统计相关性。实时分析则对每一笔网络借贷平台上的交易即刻展开反欺诈识别，大约在 500 毫秒以内完成识别。机器学习用于实时补充反欺诈规则库，实现最小化风险原则。

目前，业界已有一些基于金融大数据征信的反欺诈业务。在发达国家，费埃哲（FICO）反欺诈平台、亿百利（Experian）反欺诈系统都是非常成功的反欺诈集成平台。除了这些传统的征信机构提供反欺诈业务外，还有以 Threat Metrix 公司为代表的、提供在线实时身份识别服务的反欺诈平台，以 Inteellin X 公司是为代表的、提供用户行为跟踪服务的反欺诈平台，以及以 Sift Science 公司为代表的、将机器学习应用于反欺诈业务的高性能计算提供商。在中国，按照实施者的不同，反欺诈业务分为独立的反欺诈技术公司提供的业务、与外资机构合作的反欺诈业务、互联网金融平台自营的反欺诈业务和民营征信机构的反欺诈业务四类。其中，作为独立的反欺诈技术公司的同盾科技已经建立了高危账户数据库、失信名单、欺诈信息库和地理位置库等数据中心，提供代理监测、生物探针、设备指纹、风险引擎等反网络欺诈的业务。而网络借贷平台宜信与 FICO 合作、中信腾牛网与亿百利（Experian）合作则是利用外国征信机构的技术来开展反欺诈业务的典范。与此不同，拍拍贷、爱钱进和融 360 等网络借贷平台则自行开发反欺诈系统，开展反欺诈业务。此外，获得牌照的民营征信机构也在大力发展反欺诈业务，如腾讯征信、芝麻信用、拉卡拉信用等。

尽管反欺诈业务在国内开展得如火如荼，但用户数据与分析技术严重脱节、反欺诈技术缺乏经济周期考验等问题亟待解决。因此，政府要积极推动反欺诈技术交流、融合征信体系，打破信息孤岛。

四、经典案例：芝麻信用分体系

（一）芝麻信用分体系及其应用

2015 年 1 月，蚂蚁金服旗下的芝麻信用管理公司率先推出了中国首个个人信用评估体系——芝麻信用分体系。与传统征信机构利用个人在金融机构的信贷数据进行信用评估不同，芝麻信用管理公司主要基于用户互联网行为大数据，通过云计算、机器学习等技术客观呈现个人的信用状况。经过 5 年多的发展，芝麻信用管理公司已经在信用卡、消费金融、金融租赁、旅行与住宿、分类信息、学生服务和公共服务等数百种场景中为个人和企业提供信用服务，如表 5-1 所示。

表 5-1　　　　　　　　　　芝麻信用分的应用场景

服务类型	应用场景
金融类	借贷消费平台、互联网贷款平台、消费金融公司、银行信用卡中心、P2P 公司、支付机构、银行个人信贷、融资担保公司、保险公司、小贷公司、融资租赁公司、其他金融机构
生活服务类	出行服务、电商/导购、旅游服务、住宿服务、上门服务、婚恋服务、社区/社交服务、其他生活服务类机构
信息服务类	分类信息平台、资讯/娱乐、招聘、互联网基础服务、兼职信息平台、运营商、其他信息服务类机构
公共服务类	公安部门、医疗服务机构、教育服务机构、政府、其他公共服务机构

(二) 芝麻信用的大数据来源

芝麻信用的数据来源主要有四个渠道：一是阿里巴巴的电商数据；二是蚂蚁金服的互联网金融数据，大多来源于支付宝、余额宝、蚂蚁金服以及阿里云；三是芝麻信用众多合作公共机构及合作伙伴的数据，包括公安、法院、工商等部门的信息；四是广大实名用户自主提交的信息。随着芝麻信用分体系的不断发展和完善，其接入的外部数据源已达到 80% 以上，而来自于阿里巴巴集团的数据源减少至不足 20%。

(三) 芝麻信用分模型

基于大数据的芝麻信用分模型集成了个人用户的信用历史分、身份特质分、履约能力分、行为偏好分和人脉关系分，如图 5-3 所示。首先，信用历史分由支付宝等信用账户还款记录和历史时长、信用卡张数和额度等信息决定；身份特质分由职业类型、学历学籍等足够丰富和可靠的个人基本信息决定；履约能力分由个人账户资产、房产和有无车辆等体现履约能力的信息决定；行为偏好分由个人在购物、缴费、转账、理财等活动中的偏好及稳定性决定；人脉关系分由个人社会交际的广度和深度等能反映个人信用的信息决定。其次，对个人信用主体进行分群，得出每个群体在信用历史、身份特质等 5 个维度上的权重。最后，把信用历史分、身份特质分等 5 个得分加权集成为最终的芝麻分，以此作为个人信用的评价结果，为表 5-1 描述的各种场景提供信用服务。

芝麻信用分体系与国际通行的 FICO 信用评分体系类似，分数越高信用越好，违约的可能性就越小。然而，作为基于用户互联网行为大数据的新型征信体系，芝麻信用分体系在评估维度和数据来源上有自身的特色，其与 FICO 评分的区别如表 5-2 所示。

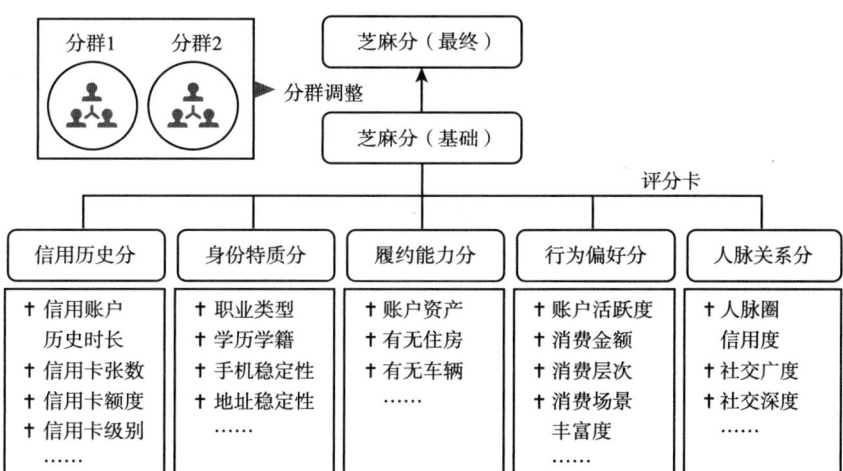

图 5-3　基于大数据的芝麻信用分模型

表 5-2　　　　　　　　　芝麻信用分体系与 FICO 的区别

比较标的	芝麻信用分	FICO 评分
分值区间	350~950 分	300~850 分
评分标准	5 个标准，包括信用历史（约 35%）、身份特质（约 15%）、履约能力（约 20%）、行为偏好（约 25%）和人脉关系（约 5%）	5 个标准，包括信用偿还历史（约 35%）、信用账户数（约 30%）、信用使用年限（约 15%）、正在使用的信用类型（约 10%）、新开立的信用账户（10%）
评分意义	5 个等级，分别是极差［350，550 分）、中等［550，600 分）、良好［600，650 分）、优秀［650，700 分）、极好［700，950 分］	［300，620），信用状况极差 ［620，680），分信用需进一步核查 ［680，850］，信用状况卓著
应用范围	部分合作的个人消费金融领域；部分合作的出行住宿、婚恋、运营商和生活服务；芝麻信用分超过 700，可以极简的材料申请新加坡电子签证	评分结果被美国三大个人征信机构（Equifax、Experian 和 Trans Union）采用，广泛应用于金融、通信、公共服务和日常生活等领域

 **本章复习题**

1. 什么是征信？现代征信有哪些主要特征？
2. 现代征信是如何进行分类的？
3. 征信产品和服务有哪些？
4. 什么是征信体系？我国征信体系存在哪些主要问题？
5. 简述大数据征信的内涵。
6. 简述大数据征信的经济学理论基础。
7. 简述大数据征信的基本流程。

第六章　大数据与风险管理

【本章重要知识点】

- 金融风险的概念与类型
- 大数据风控的数据和流程
- 市场风险与信用风险模型
- 大数据在市场风险、信用风险与操作风险管理中的应用

金融市场主体面临着收益与波动的不确定性，因而风险管理成为金融活动的重要环节。随着经济一体化和金融全球化的深入发展，金融风险日趋复杂化和多样化，金融风险管理的重要性更为突出。同时，随着信息技术的高速发展，市场交易频率的提高，数据来源的多样化与大数据的开发运用，给基于大数据的金融风险管理带来了新的挑战。

第一节　金融风险管理简介

一、金融风险

金融活动具有一定的风险性，所谓风险就是出现损失的可能性。金融学上通常把风险

和不确定性联系在一起。而不确定性包括导致风险的不确定性因素与收益的不确定性因素。不确定性因素是风险源,包含人为的和非人为的,可控的和不可控的。而收益的不确定性是由金融产品或服务的性质所决定的并受风险因素的影响,它不仅包含损失的可能性也包含获得正向收益的可能性。而一般我们将资本蒙受损失的可能性视为风险。

按照风险的来源不同,学界和业界一般将金融风险划分为市场风险、信用风险、操作风险、流动性风险。

市场风险(Market Risk)是指由于金融资产价格变化而造成损失的可能性。它是金融市场中最常见、最普遍的风险,是市场经济的必然产物。比如投资者手中所持有的股票价格下跌,利率上升造成负债的金额增加、汇率的变动造成所持外币资产的价值降低等。它是金融投资必然面临的风险。

信用风险(Credit Risk)又称违约风险,它是在信贷活动中所涉及的风险,是指由于债务人违约而使债权人遭受损失的可能性。信用风险由风险敞口、违约率和违约损失率共同决定。由于信用业务是银行的主营业务,信用风险也是银行业面临的主要风险。

操作风险(Operation Risk)是指企业或金融机构由于人员失误、外部事件或内部流程及控制系统发生不利变动而可能遭受的损失。主要表现在:政策执行不当,有关信息没有及时传达给操作人员或在信息传递过程中出现偏差等原因造成损失;操作不当甚至违规操作所造成的损失;交易系统或清算系统发生故障所造成的损失等。操作风险的后果非常严重,有时甚至是致命的。

流动性风险(Liquidity Risk)主要是指经济主体由于金融资产流动性的不确定性变动而遭受损失的可能性。一般来说,流动性风险往往是由其他原因造成的,如操作风险、信用风险和市场风险等。操作风险导致日常业务流程中断,可能会影响现金流,造成流动性方面的缺失;信用风险很可能引发流动性问题,如贷款方无法按时还贷,会造成债权方流动性的缺失;市场风险如利率出现大幅波动,使筹资成本上升,造成资金短缺等。

二、金融风险管理

在传统金融活动中,金融机构被视为进行资金融通的组织和机构。随着现代金融市场的发展,金融机构能够创造金融产品、提供金融服务、帮助客户分担风险,同时能够有效管理自身风险以获取收益。而金融机构的盈利来源于所承担风险的风险溢价。金融风险无法回避也不可能完全消除,我们所能做的就是如何对风险进行全面有效的管理,积极地面对风险、认清风险,建立良好的风险管理体系来对风险进行有效的控制和管理,以达到健康、稳定发展的目的。因而,金融风险管理是指通过实施一系列措施来控制金融风险以消除或减少其不利影响的行为。

对于参与金融活动的主体而言，风险管理过程一般包括风险识别、风险度量以及风险控制三个阶段。

风险识别是指对面临的或潜在的风险源进行识别和分析的过程，主要包括确定哪些风险应予以考虑以及分析引起金融风险的原因与后果。首先要明确面临的风险类型与风险暴露程度，对于市场风险而言就是所持资产的头寸大小，而对于信用风险而言就是债权的金额。

风险度量主要是衡量由风险导致的损失发生的可能性的大小以及损失程度，它是风险识别的延续。金融风险度量需要综合运用概率论与金融学的理论知识，是风险管理的重点和技术难点。准确地度量风险的大小有利于进一步对风险进行控制。

在识别风险和度量风险大小之后，就要采取适当的措施对风险进行控制。对于不同类型的金融风险，根据其风险性质、特征和风险水平采取不同的风险管理策略。比如为了控制市场风险可以调整投资组合，也可以采用衍生品进行风险对冲。采用何种方案需要管理者根据自身情况进行确定，然后组织实施。需要注意的是，在风控措施实施后要及时进行检查、反馈和调整，以确保风控措施的合理有效。

三、巴塞尔协议

论及风险管理就必然要谈巴塞尔协议。巴塞尔协议是由国际清算银行的巴塞尔委员会以银行资本和风险监管为目的提出的，是现代银行业乃至整个金融行业风控的基本准则。目前的金融风险管理框架是由巴塞尔协议Ⅱ建立起来的（见图6-1），它建立了包含三大支柱的完善的资本监管框架，考虑了信用风险、市场风险、操作风险，对于各种风险提供了标准方法或采用内部模型法进行计量。

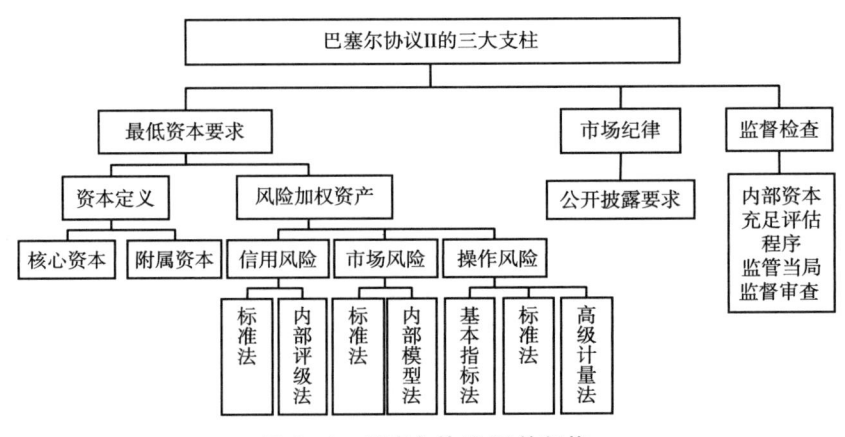

图6-1　巴塞尔协议Ⅱ的架构

2008年金融危机的发生暴露了巴塞尔协议 II 的不足，金融机构过度杠杆化，流动性储备不足，资产证券化、结构化产品等并没有纳入巴塞尔协议中。2010年提出的巴塞尔协议 III 扩大了风险覆盖范围，提高了风险权重要求，引入杠杆率和流动性监管，弥补了资本充足率的缺陷，建立了逆周期资本调节框架。

巴塞尔协议建立了以最低资本要求、监督检查、市场纪律为主题的三大支柱。最低资本要求以资本充足率为核心，由资本和风险加权资产两部分组成。其中风险加权资产中的风险包括信用风险、市场风险、操作风险。对于第一支柱无法覆盖的其他风险，则放在第二支柱中，如集中度风险、信誉风险、流动性风险等。监管机构通过审查来控制资本充足评估程序和资本充足性是否有效。对于第一支柱和第二支柱的实施情况，需要按照信息披露要求（即市场纪律）进行披露，从而发挥市场相关利益方的监督检查作用。

第二节

大数据风险管理框架

基于大数据进行风险控制是互联网金融和传统金融风控发展的必然趋势。要进行风险控制首先要对风险进行预测，而风险预测是基于数据之上的。传统的风险管理模型是基于有限的历史数据。比如市场风险的计量仅基于资产的日度价格和由此计算出来的波动率，信用风险计量只能基于对手方历史的信贷数据。而随着信息技术和互联网的发展，巨量信息数据在网络中产生和积累，比如我们日常生活中离不开的网络购物，将个人身份信息、地址、通信信息和个人偏好几乎毫无保留地贡献给了电子商务平台。互联网上囊括了各种影响金融资产价格变动的信息以及影响企业、行业经营状况的信息。我们可以通过搜索引擎、专业的网络门户或者通过编程来从网络上抓取想获得的信息。总而言之，大数据的发展和使用极大地丰富了风险管理所需的数据源，从而从数据维度上突破了传统风控的限制，提高了风控的准确率。大数据风控与传统风控的最主要区别在于数据和模型。

一、大数据风控数据

所有能够获得的数据都可以被看作风控数据，只是对风险预测的贡献程度不同。大数据为风险管理提供了种类繁多、数量巨大的数据源,然而大数据风控中的数据也服从80/20准则,即20%的数据贡献了80%的价值,大数据风控就是要从剩余的体量大、价值密度低的数据中挖掘出风险相关度高的有价值的信息。比如对于信用风险管理而言,传统的信贷数据是至关重要的,但并不是所有人都有信贷数据,像大学生、没有信用卡的老年人等。并且征信数据是由央行直接管理的,数据获得的难度较大。在这样的现实情况下,就必须综合运用大量价值度低的数据来进行信用风险的评估。这些非信贷数据主要包括消费、支付、社交、运营商、物流、搜索、行为、设备等数据。传统风控数据与网络行为数据是大数据风控的基础。

在大数据分析中首先要对源数据进行清洗和处理。大数据具有稀疏的特征,即对某一指标而言很可能出现0或者空值。两者的含义不同,在数据处理过程中一定要特别注意,处置不当将会影响分析结果的准确性。在完成对数据的清理后,需要对数据指标进行简单的统计分析,掌握数据特征,并根据数据特征对一些数据指标进行适当的转化和标准化,有助于后续的模型分析,提高模型分析结果的解释度和准确性。

二、大数据风控模型

大数据具有数据量巨大但价值密度稀疏的特点,仅用传统的数据分析模型不能适应大数据的特征,在大数据分析中更多地采用机器学习的模型和算法来挖掘数据之间的相关性,以及将机器学习模型与传统数据分析模型相结合,来对某一分析目标进行预测。在大数据风控中常用的机器学习算法包括神经网络、决策树、支持向量机等,而较常使用的传统模型包括线性回归模型、Logistic回归等。例如Facebook和阿里巴巴均采用机器学习模型和Logistic回归的方法来预测点击率。

在大数据风控或数据分析中,首先要确定目标,再根据目标从自身和外部获取的数据出发,建立合适的模型来进行数据分析从而获取面向目标的分析结果。大数据风控的分析流程如图6-2所示。

在大数据收集和处理的基础上,需要根据分析目标建立合适的模型对数据进行分析来达成目标。大数据维度较高,可以采用主成分分析(Principle Component Analysis, PCA)等方法来降低数据维度,减少自变量之间的相关性以提高传统回归方法的准确度。机器学习的算法非常适用于大数据的分析,常用的分类算法包括神经网络、决策树、支持向量机等。下面我们对传统的统计分析模型和常用的机器学习算法做简要介绍。

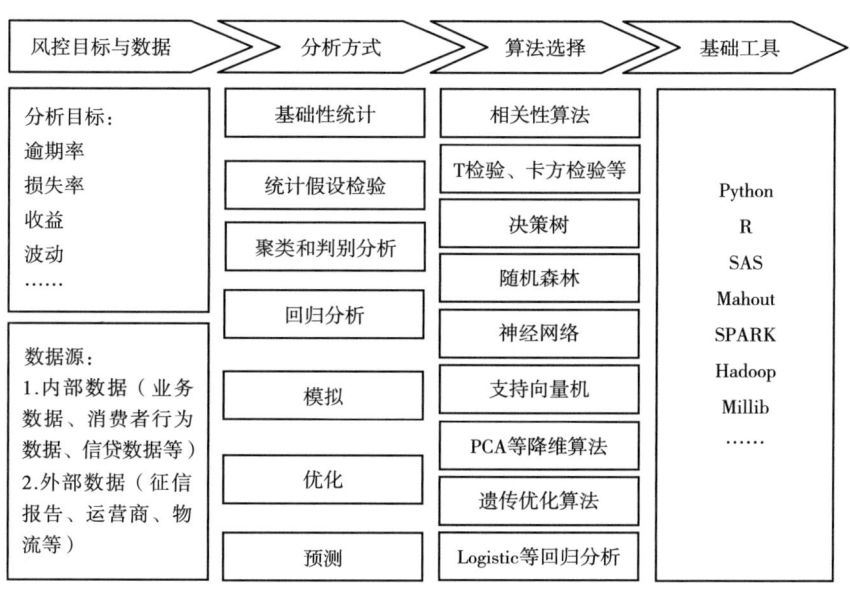

图 6-2 大数据风控分析流程

传统的线性回归模型是对研究的目标变量和选取的自变量之间建立线性回归方程来研究已有数据变量和目标变量之间的相关程度的大小,从而可以通过拟合出的线性模型对未知目标进行预测。比如信用风险管理中的评分模型。Logistic 回归模型是一种广义的线性回归模型,用于研究某一事件的发生概率与哪些因素相关以及这些相关性的大小。在 Logistic 回归中因变量服从二值分布,也就是发生或不发生。自变量的线性预测与因变量的 Logit 变换相关联。

决策树是一种非统计的机器学习算法。它通过建立一系列属性规则来实现对样本的分类,具体而言是根据已知样本的属性和分类结果,生成一系列树形分类器规则,利用这些规则对未知数据进行分类和预测。通过大量已知样本训练而生成的决策树准确率很高,但可能存在过拟合问题,在未知数据的应用中可能产生偏差。随机森林算法由多棵决策树组成,通过所有决策树投票的方式得出最终分类结果。随机森林算法对噪声和异常值有很好的过滤效果,能够克服过拟合问题,尤其在对高维数据的分类方面表现出了良好的并行性和可扩展性。

神经网络的思想是模拟大脑中的神经系统,设立大量被称为"神经元"的处理单元,经过广泛地相互连接最终形成复杂的网络系统。该模型是一个具有高度复杂度的非线性动力学习系统。由于判别分析模型和 Logistics 回归模型的使用条件都存在一定的前提限制,在应用时存在变量选择的局限性,而神经网络模型对变量的约束条件少,有较好的预测效果,因而被引入到信用风险的研究中。神经网络模型预测精度高,明显优于 Logistics 回归模型和多元判别分析,但其在简便性、模型的可解释性方面相对较弱。因此,神经网络模型主要用于分类,即将借款申请人分为"好客户"和"坏客户",而 Logistics 回归模型和多元判别分析模型可以产生线性的信用评分。支持向量机（Support Vector Machine，SVM）在处理解决高维度、非线性的模式识别中的优势较为明显，能够解决非线性的分类以及回归等问题。支持向量机在基于大数据的信用风险评估方面有一定的应用。

总而言之，数据是大数据风控的根本，如何应用和处理这些数据从而挖掘出与风控相关的因素，并能对风险大小进行预测是关键。所以说大数据风控的本质是在大数据的基础上依靠强大的计算能力来获取数据与风险之间的相关性。对大数据进行收集、处理和分析是技术手段，大数据风控仍要在巴塞尔协议的框架下开展风险管理。因此要充分利用丰富的数据源，建立合适的风控模型，遵循风险管理的一般准则，做好全面风险管理。

第三节

大数据与市场风险管理

一、市场风险的度量模型

市场风险是资产价格变化的不确定性所带来的风险。总的来说，它是由资产价格的波动引起的。只要有投资就会面临着市场风险。那如何衡量市场风险的大小呢？1994年JP摩根正式提出用在险价值（Value at Risk，VaR）来衡量其业务风险的大小。后来VaR成为国际金融业通用的风险管理模型。

VaR是金融资产或组合在一定置信度水平下所可能出现的最大损失。假设置信度为$1-\alpha$，损失为L。则VaR的定义为：

$$P(L > \text{VaR}) = 1 - \alpha$$

举例说明，假设取95%的置信水平，此时$\alpha = 0.05$，那么根据上式所发生的损失大于VaR的概率就为0.05。如果资产收益率服从于均值为0、方差为σ^2的正态分布，在险价值VaR的计算公式为：

$$\text{VaR} = \sigma Z_\alpha$$

其中，Z_α为α在标准正态分布上所对应的分位数。可见在险价值VaR和标的资产的波动率σ息息相关。由于VaR能用一个数值来计量多元资产组合面临的风险大小，使不同资产组合的风险易于比较，因而被业界广泛采纳。在巴塞尔协议II中就采用VaR模型作为市场风险计量的标准模型。

二、大数据市场风险管理的方法与应用

由于市场风险和资产的波动性紧密相关,那么管控市场风险就必须对投资组合的波动率进行预测。传统对波动率预测的方法一般依赖于使用资产收益的历史数据建立时间序列模型,进一步会扩展为将宏观经济变量纳入波动率的预测当中。

大数据的利用扩展了波动率预测的数据源,并产生了新的波动率度量方法。传统对波动率的度量仅基于日度收益率数据,而随着日内高频数据的可得,学者们根据连续金融理论提出了基于日内高频数据的波动率度量,称为已实现波动率(Realized Volatility,RV)。它能够准确地衡量资产每日的波动率,为每日实时监控风险的变化提供了便利。

大数据为资产管理和投资决策提供了前所未有的数据源——来自网络的非结构化的数据源。这些数据包括媒体资讯、投资者情绪、网络搜索行为、网络消费行为等。通过大数据技术手段获取这些网络数据,有利于更准确地把握投资标的的价格变动趋势,预测可能出现的风险,从而采取行动减少市场风险造成的损失。

利用大数据对市场价格变动趋势进行预测,投资者可以趋利避害,减少价格将出现不利变动的资产头寸,从而减少投资损失。近年来,投资机构开始尝试对社交网络、电商网站、求职网站等进行大数据挖掘,分析股民情感、消费热点、就业率波动等信息,从而对市场价格走势作出预判并以此指导投资,取得了优秀的投资成果。

【案例】

Derwent Capital 利用 Twitter 对股市进行预测

2010 年,印第安纳大学和曼彻斯特大学的三位学者发布了一项研究成果《Twitter Mood Predict the Stock Market》。他们利用 6 个月的 Twitter 数据和情绪状态量表测量法来产生每日全球市场情绪指标,并据此对股市进行预测。他们发现此方法能够以 87.6% 的准确率提前三天预测道琼斯平均工业指数的变动方向。后来,这三位学者和一位对冲基金交易员共同组建了 Derwent Capital,成为全球首家社交媒体基金。

该基金的投资策略是随机选择 10% 的 Twitter 信息,从中寻找出诸如"警报""快乐""重要"等关键词,并将这些信息归类到不同的情绪状态,进而预测市场走势指导投资。由 Twitter 和其他信息综合作出投资决策,这一方法不仅用于买卖富时指数和道琼斯工业指数,还被用于石油、黄金、贵金属和外汇的买卖。

据 Derwent Capital 官网披露，这只基金自 2012 年 7 月正式运作至 2014 年 2 月的 20 个月中，仅在 2012 年 12 月、2013 年 1 月及 2013 年 2 月出现了 0.05%、0.06% 及 0.01% 的亏损，期间累计收益高达 32.88%，实现了对其投资者承诺的 12% 的年化收益。

【案例】

国内大数据指数基金集体发力

2013 年以来，国内大数据指数基金相继发力，形成了"百舸争流"的发展态势。南方基金、广发基金、博时基金等基金公司与百度、新浪等大数据提供商携手，率先推出了八只大数据指数基金。之说以称为"大数据指数基金"是因为这些指数基金的选股方式不再是传统的金融数据分析。相反，他们独辟蹊径地运用了互联网公司提供的非结构化数据，将媒体资讯、投资者情绪、消费者行为、网络搜索行为等信息纳入考量范围，以追求更加全面、准确地捕捉市场动态，优化股指成分，从而取得更好的投资表现。

大数据指数基金分为以下两类：

一类大数据指数基金使用的是消费者行为数据，可以细分为线上消费和线下消费两种类型。例如，博时基金推出的"中证淘金大数据 100 指数"主要依托于蚂蚁金服的线上消费大数据平台。该平台提供了海量的互联网电商交易数据，可用于分析各行业的繁荣程度，预测行业未来盈利情况。以此为基础挑选出 100 只股票构成全球首发的电商大数据指数。中欧基金推出的"中证银联智策大数据 100 指数"则采用线下消费的大数据。基于银联提供的 POS 机收单数据，能够对消费领域的总体趋势进行分析。

另一类大数据指数基金使用的是网络搜索数据和社交网络数据。例如，大成基金推出的"中证 360 互联网+大数据 100 指数"采用了奇虎 360 的搜索引擎数据，通过搜索引擎数据挖掘股民对股票的关注度和情绪。凭借新浪的数据支持，南方基金连续推出了"大数据 100 指数"和"大数据 300 指数"。通过新浪财经和新浪微博提供的新闻浏览热度、新闻报道正负面情绪、微博文章正负面情绪等数据来优化对指数成分股的选择。

独树一帜的数据来源和选股方式使大数据指数基金形成了自己的独特优势。一是，非结构化数据的运用使投资分析更加全面、深入。在大数据的支持下，投资者情绪、市场热点等非传统信息也加入到投资决策中，从而加强了预测的合理性和准确性。二是，大指数基金调整灵活。大数据指数基金普遍换股快，个股投资比例小。因此能够更敏锐地捕捉投资机会，更灵活地规避个股的市场风险。

第四节

大数据与信用风险管理

一、信用风险管理数据

大数据以其丰富的数据源突破了传统信用风险评估的藩篱。传统的信用风险评估普遍依赖于贷款企业的财务数据和个人的征信记录。然而对于小微企业而言,其财务管理不完善,无法提供财务报表;对于大学生等消费群体也没有征信记录。而大数据技术的出现为信用风险评估提供了更加丰富的数据源,包括消费记录、网络行为数据、社交网络数据、搜索引擎数据、设备信息、物流信息等。综合运用多种数据对借款人建立用户画像,把握其行为特征,为下一步进行信贷风险评估提供充分的数据基础。

二、信用风险管理模型

信用风险是交易对手方违约的风险,信用风险的大小由风险敞口大小、违约率与违约损失率共同决定。其中,违约率与违约损失率一般是根据历史信息确定的,包括交易对手方自身历史信息、市场信息、行业信息等。而大数据的使用丰富了判断违约概率与违约损失所需的信息范畴,从而有利于提高信用风险管理的效率和准确度。当前主流的信用风险度量模型分为古典信用分类模型和现代信贷风险度量模型两大类。

(一) 古典信用分类模型

古典信用分类模型包括专家法和评分法。专家法是由信贷管理人员根据自身的专业技能、经验和判断作出信贷决策的方法。最具代表性的专家法是信贷的"5C"方法,它从品德(Character)、资本(Capital)、能力(Capacity)、抵押品(Collateral)和经济周期(Cycle Condition)五个方面来考察贷款方。该方法的优点是简单易行,但难以确定各因素的有限权重,因而不同专家可能得到不同的结论。评分模型分为 Z 值(Z - Score)模型和 A 值(A - Score)模型,它们都是用来预测企业是否面临破产的模型。它们都以企业的财务数据为出发点，建立线性模型来估算企业破产的可能性①。古典信用分类模型只给出了风险的等级或排序，但并不能计量风险的大小，而且它们是针对单项债务的不能处理组合问题，并且是以会计信息为分析基础，盯住账面的历史信息。

（二）现代信贷风险度量模型

现代信贷风险度量模型按照理论基础不同主要分为四类：基于期权的模型、基于风险价值 VaR 的模型、基于保险原理的模型以及宏观模拟方法的模型。基于期权的模型是运用期权的方法来分析企业财务状况，从而求解出贷款的违约概率，其代表模型是 KMV 公司的信用监控模型。基于风险价值 VaR 的模型利用借款人的信用评级、下一年信用评级发生变化的概率、违约损失率、债券市场上的信用风险价差和收益率数据来计算贷款的风险价值和价值波动，也能计算贷款组合的风险价值，其代表模型是摩根、KMV 和瑞士联合银行等于 1997 年推出的 Credit Metrics 模型。基于保险原理的模型是将保险领域中的思想和方法运用于信用风险的度量，如瑞士信贷银行开发的信用风险附加模型 Credit Risk +，它与家庭火险的损失评估和保费确定所使用的模型一致。宏观模拟方法把宏观周期变化对违约概率和评级转移概率的影响纳入模型中，代表模型是麦肯锡公司提出的信用组合模型（Credit Portfolio View）。现代信用风险计量模型能够对信用风险的大小进行度量，它们综合运用了财务信息、股票信息、宏观信息等，并能够对贷款组合的风险进行度量。

三、基于大数据的信用风险管理方法

目前，采用大数据进行风险管理成为金融行业进行信用风险管理的大趋势。它不仅在新兴的互联网金融中有着重要应用，在传统金融行业如银行等也开始利用大数据手段来进一步完善信用风险管理。

（一）银行业基于大数据的信用风险管理

在传统方法中，银行对企业客户的违约风险评估多是基于过往的信贷数据和交易数据等静态数据。这种方式的最大弊端就是缺少前瞻性，因为影响企业违约的重要因素不仅包括企业的历史信用情况，还包括行业的整体发展状况和实时的经营情况。而大数据手段的介入使信贷风险管理的精细化水平有所提高。当前银行的代签授信和贷后监控无论从广度上还是深度上均有不足，但以大数据思维将现场调查与非现场数据挖掘分析相结合，可以

---

① 该可能性用 Z 值或 A 值衡量。

更加全面地评估客户风险状况,从而大幅提升贷前风险判断和贷后风险预警能力,实现对潜在风险的即时防控。具体方法如下:

首先,通过外部数据进行客户关联画像,将企业登记状态、资金、信用、声誉、征信、股东、法人、主要管理人员、控股及关联企业等信息均纳入风险监测系统中,可以有效提升客户识别及风险预警水平。

其次,依据预先设定的风险指标及已知的风险客户评级,通过机器学习算法进行近似性匹配,完成数据挖掘分析并依据机器学习结果逐步调整指标范围和关联程度,完善机器学习的风险模型和算法,以实现机器学习结果与人工认定结果达成极高匹配为目标,从而设计出更精准的风险防控模型。

最后,深度挖掘历史数据,并逐步扩展机器学习所涉及的数据范围,作出更专业的判断,使风险识别、防范、决策更加可靠,更加贴近现实。

【案例】

银行业大数据风控产品典型案例(见表6-1)

表6-1 银行业大数据风控产品典型案例

银行	大数据风控产品	简要介绍
中国银行	"艾达"大数据风控平台	"艾达"大数据智能风控平台是首款面向大数据风控建模的互联网大数据分析挖掘平台,对目标客户进行全量实时舆情预警和360度风险展示。"艾达"打通行内外大数据,对接不同的数据渠道,通过运用人工智能语义分析、数据挖掘、云计算、数据可视化等技术对海量非结构化数据进行深度挖掘,并对企业客户进行画像,绘制出企业股权结构、投资关系、担保关系、管理结构等图谱,挖掘关联风险
兴业银行	"黄金眼"智能风控系统	"黄金眼"涵盖企业关联图谱、移动查询、信息搜索、异常行为预警、预警评分、预警规则解释、信息整体报告等七大功能,除银行内部已掌握的企业信息外,还可全面收集企业在互联网上的公开数据,覆盖信用预警信息、法院失信信息、结算预警信息、财务预警信息四大维度,从而实现对企业风险的精准判断和预警
光大银行	"滤镜"大数据风控平台	"滤镜"产品运用社交网络、路径算法、文本分析等大数据分析挖掘技术,在线运行特殊交易对手、风险共同体、复杂循环担保圈三类大数据模型信号。通过大数据录入,经过银行模型的计算,将银行对公客户进行画像式的描述与打分,对于有风险的客户进行标签处理
恒丰银行	全面风险预警系统	全面风险预警系统依托于星环大数据平台,整合行内外数据,包括行内授信、不良资产、逾期、征信、行外司法、舆情、工商信息、关联关系等,以多种方式提供风险提示和风险发现功能。通过文本解析、语义分析、文本分类等技术对非结构化数据进行处理,借助文本挖掘、MIDAS、R等技术工具构建客户统一风险视图,形成完整的企业和个人知识图谱

(二) 互联网金融平台的大数据风险管理

与银行业不同，互联网金融平台客户往往是中小客户。互联网金融平台在小微客户的市场中有着传统银行业无法企及的优势。小微企业融资金额小、时间短、频率高，单次融资收益低，难以覆盖银行成本；同时小微企业触达渠道少，银行无法投入大量人力拓展市场；并且小微企业通常财务透明度差，运用传统方法很难进行信贷风险评估和控制。而互联网金融平台依托网上电子商务平台和支付平台，实现了信息流与资金流的闭环运行，依托大数据技术和云计算能力，能够对小微企业信息进行有效的收集、整合和分析，从而解决信息不对称问题，建立起利于网络大数据的信用风险控制体系。

互联网金融平台开展信贷业务依托于客户在网络上的行为数据，包括网络活跃度、交易量、信用评价等。同时也采用企业现有的经营财务数据。具体的基于大数据的信用风险管理流程为：首先，在贷前调取小微客户的电子商务经营数据以及第三方认证信息，根据这些信息通过信用评估模型来判断企业的信用情况、经营状况和偿债能力；其次，在贷中持续监测来自电子商务平台、支付平台、物流网络等平台的客户信息，对贷款企业的信息流、资金流和物流情况进行监控，并进行风险预警；最后，在贷后运用积累的信用数据，持续跟踪企业的经营情况和信用情况，对于出现的违约采取限制客户网上经营和信贷行为的措施，进行不良资产处置。

【案例】

阿里巴巴信用风险的管理体系

电子商务以及互联网金融公司是开启大数据风控的先行者。阿里巴巴集团作为我国电子商务行业的领头人，也是最早采用大数据技术开展金融业务风控的。对于个体客户而言，阿里巴巴金融建立了基于FICO模式的"水文"模型衡量客户的收入情况。该模型将阿里巴巴的自身数据与FICO评分模型相结合。数据包括来自于淘宝的客户进入网站的行为轨迹、浏览记录、下单、支付数据以及来自支付宝的客户支付、转账以及客户理财等数据信息，并据此建立违约度模型、违约损失模型和反欺诈等各种模型。蚂蚁金服根据客户信息为客户建立芝麻信用，采用梯度提升决策树、随机森林、神经网络、分群调整技术、增量学习技术等机器学习算法，为客户包括没有信贷记录的客户作出客观的信用评价。

阿里巴巴的信贷服务与其生态圈内的客户，采用自身搭建的滴灌模型进行精准营销。

在贷款申请阶段采用基于网络数据的收入模型和还款模型以及违约率模型来决定是否准入、授信额度以及利率定价。在审核阶段的反欺诈规则和模型,通过系统自动加人工审批的模式进行审批。审批通过后以支付宝为渠道进行放款并对用款进行监控。贷后要对贷款进行风险监控预警、对不良贷款进行催收以处置工作。

图6-3所示为阿里巴巴互联网信贷管理流程。

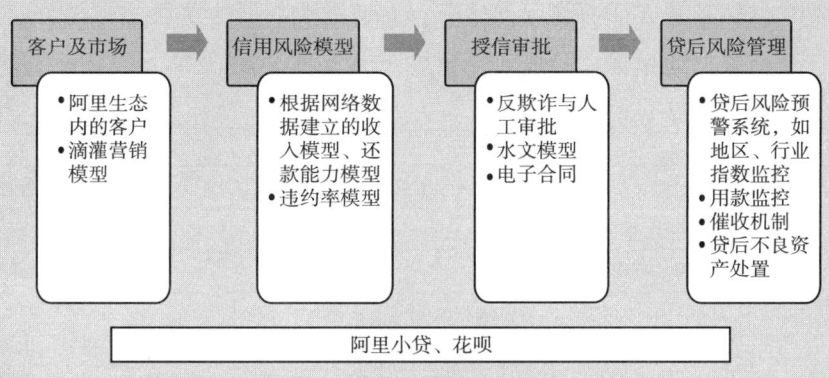

图6-3 阿里巴巴互联网信贷管理流程

第五节

大数据与操作风险管理

一、操作风险的类型与特点

巴塞尔委员会将操作风险划分为七种事件类型。具体为内部欺诈、外部欺诈、雇员活动和工作场所安全性、客户产品及操作活动中的操作性风险、实物资产损坏、营业中断和信息技术系统瘫痪以及执行、交割和流程管理中的操作性风险。通过以上分类我们可以发现操作风险具有多样性、人为性、内生性的特征。所谓内生性是指相当一部分操作风险是由于企业内部的不合规操作引起的,它的防范依赖于企业内部管理架构和业务流程的改善。但是只要业务不中断,操作风险就会存在,对于操作风险只能通过加强风控手段而降低但不可能完全消除。

二、利用大数据进行交易欺诈识别

当前利用大数据开展的操作风险管理主要是针对外部因素带来的操作风险，比如外部欺诈。它是操作风险的一种主要类型。随着移动网络的发展，现代支付服务操作十分便捷，客户能够随时随地进行转账操作。相应地，盗刷和金融诈骗案件的发生也日益频繁，支付清算企业在诈骗识别方面面临巨大挑战。而通过大数据的手段，支付企业能够及时发现欺诈行为，从而降低欺诈带来的损失，如表6-2所示。

表6-2　　　　　　　　　　交易欺诈方式与场景示例

欺诈方式	欺诈场景	处理方式
盗刷	客户账号用于多个手机登录	身份再验证
	客户从一个不经常出现的地区进行大额转账操作	
	在1个小时内于不同城市进行消费	
金融诈骗	发现多个客户在短时间内向同一账户转账	提醒客户
	发现钓鱼网站	

采用大数据手段，支付清算企业可以利用账户基本信息、交易历史、历史行为模式、当前行为模式等数据，通过智能规则引擎实时地进行反欺诈分析。整个技术实现流程包括实时采集行为日志、实时归纳行为特征、判断欺诈等级、触发风控决策和案件归并。

【案例】

平安壹钱包智能风控系统

近年来，第三方移动支付市场发展迅速，移动支付的应用场景不断拓展，交易规模快速增长。但在为客户提供便捷的支付服务的同时，支付风险也在不断增加，各类黑客攻击及电信诈骗案件频发，作案手段更加隐蔽和多样化。传统风险控制中仅通过单一维度的风控规则进行风险交易识别已经不能满足新形势下的风险控制要求。如何完善风控系统来胜任多场景、多维度的风险管控要求，增强实施对抗和自学能力，成为风险管理领域的主要研究方向。

在交易欺诈防控方面，平安壹钱包智能风控系统根据近年来最新欺诈手法和案件特征，采用多维度数据匹配，结合终端设备指纹、手机SIM卡、身份证、银行卡、操作环境归属地信息、手机越狱异常等静态信息以及社交网络、人机操作识别、操作/交易行为、频率、金额变动的动态信息,建立起多层次、多维度、多场景的风控模型体系,实现交易风险实时监测。在交易前,对用户端环境进行风险监测、设备指纹识别及用户各类行为数据采集;通过大数据模型实时分析欺诈风险概率并基于风险级别自动决策,对高风险交易和账户通过人脸/指纹识别技术、手机动态验证码等验证方式直接进行在线身份确认,以避免对正常用户的干扰,提升用户体验和交易成功率;在交易后自动产生高风险交易事件供风险监控人员评估,同时综合关系网络分析实现欺诈团伙甄别。

目前已部署的模型包括账户评分模型、聚类模型、星网关联性模型、社会网络模型、可信行为模型等,可对用户复杂的行为进行有效区分。这些模型通过模型平台统一管理,实现底层存储、变量加工、模型拟合、模型评估、模型上线、自动迭代等功能。同时应用决策树、随机森林等方法不断训练提升模型精度。从效果上看,大数据模型对IP、设备等易篡改信息的依赖性更低,识别精度更高,更新迭代更智能。

模型计算结果实时展示在可视化的风控数据实时监控仪表盘中,通过风险热力图、模型规则运作效率及各业务交易量异动分析等多个维度实时预警风险,为风险管理决策提供全面的数据支持。

第六节 大数据与流动性风险管理

进行流动性管理需要预测资金需求及满足流动性需求。流动性的缺乏会导致金融机构遭遇窘境或倒闭,尽管在某些情况下该机构依然具有理论上的偿付能力。流动性风险管理从操作性的流动性开始,该方法将每日的支付序列展示出来,并预测所有可能发生的现金流入和流出。进行高效的流动性风险管理需要实现日频度现金流量计量的专业系统,日频度的计算引擎是实现流动性风险管理及时性的前提,同时也是进行流动性风险压力测试和多维度情景模拟的必要基础。

大数据强化了流动性风险管理,利用大数据能够对未来面临的流动性风险作出更加准确的预期。以余额宝为例,相比普通的货币基金余额宝面临着更大的流动性风险。首先,由于与支付宝挂钩,余额宝资金会在"双十一"等消费高峰期大量流出,形成井喷式的挤兑压力。其次，一般货币基金的 T+0 交易需要基金公司先行垫付资金，基金规模越大，垫付资金越多。目前，发行余额宝的天弘基金已成为中国最大的公募基金，规模超过 5 000 亿元，每日的垫付资金数量巨大，流动性管理的难度很大。而大数据技术为余额宝解决了流动性管理的难题。支付宝每日将通过支付宝平台将赎回消费等行为数据实时传输给天弘基金。天弘基金利用这些实时数据以及支付宝近十年的消费数据，对未来的流动性需求进行预测，预测误差一般在 5% 以内。凭借大数据技术，即使出现"双十一"期间超 50 亿元的巨额赎回，余额宝也能提前调整头寸，预防流动性风险的发生。

风险管理除了要应对预期损失之外还要尽可能地应对非预期损失。因此，金融机构应注意评估那些现金流从期望的路径和来源被突然切断的压力情景，包括机构自身的特殊情况、市场的特殊情况等。而大数据的运用可以帮助金融机构更准确地掌握压力情形出现的概率。

【知识拓展】

压力测试

压力测试是指透过情景设定或历史事件，根据可能的风险因子变动情形，重新评估金融产品或投资组合的价值。国际清算银行全球金融体系委员会将压力测试定义为：金融机构衡量潜在但可能发生的异常损失的模型。金融机构通过压力测试来了解自身一旦遭遇极端不利的历史事件或假设情景时，是否拥有足够的资本及能力渡过难关，并为建立风险应急预案提供参考。压力测试的步骤包括：①情景分析；②压力模型、变量、相关性设定；③开发应对策略。

情景分析考虑多个对资产产生影响的因素，在风险管理的实践中，常用的方法包括：①敏感性分析，即单一因素分析。此方法的主要思想是通过改变模型中的某个或某组特定的风险因子来观测模型结果随之发生的变化，从而得知相应的资产价值变化。②历史情景模拟法。该方法通过模拟特定历史事件发生时风险因子的变化来看在这种情况下资产组合价值的变化情况。比如 2008 年国际金融危机时的情形、2015 年我国股市异常波动时的情形等。③建立预期情景。比如假设利率突然下降时对银行资产与负债产生的影响。④反向压力测试。这种方法以假设出现异常损失为开端，来推断当风险因子发生哪些变化时才会导致这样的损失发生。这种分析方法有助于找出正向压力测试想不到的情形。压力测试在应对重大风险事件方面非常有用。

压力测试的流程如图 6-4 所示。

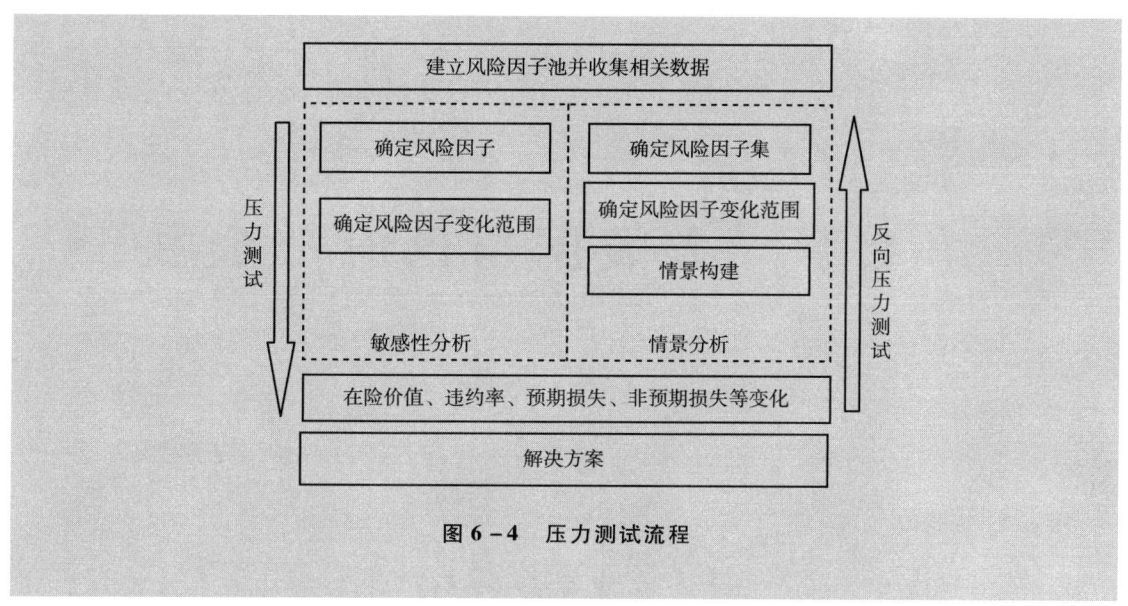

图 6-4 压力测试流程

总而言之,大数据的使用提高了传统风险预测的准确性,为开展风险管理提供了新型的技术手段。金融风险管理与大数据的融合进一步丰富了风险管理工具,提高了企业和金融机构的风险管理能力。将大数据运用于金融风险管理已经成为金融业发展的必然趋势。

 **本章复习题**

1. 请简要阐述金融风险的含义以及风险类型。
2. 请解释在险价值的含义。
3. 请简要阐述大数据风控的特点。
4. 请简要阐述利用大数据进行信用风险管理的方法。

第七章 大数据与供应链金融

【本章重要知识点】

- 供应链金融管理中大数据的类型
- 供应链金融管理中大数据分析对象、获取来源
- 供应链金融的大数据发展趋势

第一节

大数据在供应链金融管理中的应用

一、供应链金融的概念界定

供应链金融来源于供应链管理,是一种新型的融资模式。按照美国供应链专业协会的定义:"供应链管理包括规划和管理供应采购、转换(即加工生产)和所有物流活动,尤其是渠道成员的协调和合作,这些成员包括供应商、中间商、第三方提供商、客户。从本质上讲,供应链管理是对企业内外供应和需求的全面整合。"香港利丰研究中心认为,"供应链管理就是把供应链最优化,以最小的成本完成从采购到满足最终顾客的所有流程,要求上述工作流程、实物流程、资金流程和信息流程均有效率地运行"。

可见，现代供应链管理的目标就是实现"7R原则"，即：以正确的价格来提供正确的商品，并在正确的操作成本前提下，在正确的时间将正确的质量、正确的数量送到正确的地点。2006年6月，深圳发展银行首次提出了供应链金融的概念，同时，它还推出了多款供应链金融产品。此后，供应链金融在我国迅速发展。

在我国，普遍认为：供应链金融是一种独特的商业融资模式，是指以核心客户为依托，在真实贸易的背景下，运用自偿性贸易融资方式，通过应收账款质押登记、第三方监管等手段为供应链上下游企业提供标准化或个性化的综合性金融产品和服务。

与传统银行信贷相比，供应链金融的不同点主要体现在：

（1）在管理要素上，传统的银行信贷以"好的资产负债表"为基础，对企业以往财务信息进行静态分析，依据对授信主体的孤立评价作出信贷决策。而供应链金融评估的是整个供应链的信用状况，加强债项本身的结构控制，在把握整个供应链运营中的商流、物流和信息流的基础上，使资金在供应链中有效流动。因而，供应链金融把结构性的信息作为信用建立和评价的基础。

（2）在管理业务流程上，传统的银行信贷是一种简单的资金借贷关系，以一个或几个生硬、机械的产品"水平式"地覆盖不同细分市场及交易链条的各个节点、各个交易主体的需求。供应链金融是根据交易对手、行业规则、商品特点、市场价格、运输安排等交易条件，为供应链上不同交易层次和交易地位的交易主体量身定制的专业金融解决方案，也就是说，根据各交易主体在供应链中的资源、能力、上下游的关系密度、所处位置等来决定融资量、融资周期和融资利率。因此，供应链金融不仅是融资，更是流程优化方案和成本降低方案。

（3）在管理组织结构上，传统的银行信贷参与主体一般只有商业银行等信贷机构和中小企业双方，有时也需要第三方担保人的参与。而供应链金融的参与者更多，不仅有金融机构、融资企业，还包括供应链上的参与企业、其他服务型企业、第三方或第四方物流企业，也就是说，供应链金融是一种网络生态式的组织场域，参与各方在网络中相互作用、相互依存、各得其所。

二、供应链金融的发展与演进

从供应链金融的网络结构来看，供应链金融的1.0版本主要是商业银行作为供应链金融的主体，产业供应链的参与各方与银行之间形成资金借贷关系。其中，银行并没有真正参与供应链运营的全过程，只是依托供应链中的核心企业的信用来延伸金融服务。供应链金融的2.0版本则是供应链金融服务的提供者逐渐从单一的商业银行转向供应链中各个参与者，也就是说，供应链中的生产企业、流通企业、第三方或第四方物流、其他金融机构（如保理、信托、担保等）都可能成为供应链金融服务的提供方。供应链各参与主体与核心企业间形成了序列依存关系。

互联网供应链金融是供应链金融的 3.0 版本（见图 7-1），其服务的提供主体主要是互联网供应链构建者本身，也就是供应链流程的建设者和管理者，也是规则的制定者，能够通过掌握多维复杂且高度融合的信息流来管控金融风险。互联网供应链金融并不是对传统供应链金融的颠覆，而是在其基础上的拓展和创新。在"互联网+"时代，它通过铺设一张"网"，制造更多"节点"来对物流、资金流、信息流、商流进行交叉验证，控制金融风险，并在一定程度上解决了传统供应链金融交易信息电子化不足导致信用评估缺失等问题，填补信息盲区，更好地服务供应链参与者。互联网供应链金融往往呈现出平台化、高度关联化的网络结构特征。焦点企业往往也需要通过横向价值链流程、纵向价值链流程及空间价值链流程进行全方位、复杂化及互动化的管理。

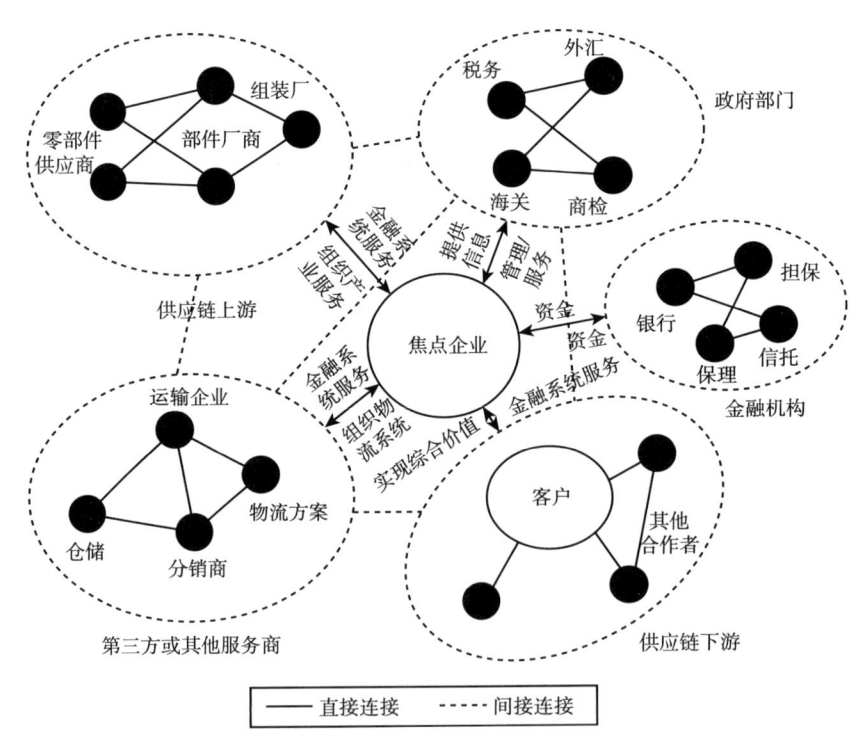

图 7-1　互联网供应链金融的网络结构

（资料来源：宋华．互联网供应链金融．中国人民大学出版社，2017，p84.）

三、大数据对供应链金融管理的重要性

随着大数据在供应链金融中的不断应用,推动了供应链运营的脱胎换骨。大数据是无法在一定时间范围内用常规软件工具进行获取、管理和处理并被人解读的数据集合,是需要引入新的处理模式才能具有更强的决策力、洞察发现力和流程优化能力的海量、高增长率和多样化的信息资产,典型特点是"4V",即 Volume(量级巨大)、Variety(多样性)、Velocity(高速处理)、Value(低价值密度)。

大数据对于供应链金融的重要作用体现在信息的收集与分析方面。具体体现在:

一是大数据的应用可以为供应链金融管理提供更全面的信息支持。大数据的应用拓宽了供应链金融的服务内涵,通过运用大数据分析技术,供应链金融服务者可以分析和掌握平台参与者的交易历史和交易习惯等信息,并对交易背后的物流信息进行跟踪分析,全面掌握平台参与者的交易行为,并通过这些数据信息给平台参与者以更好的融资支持。

二是大数据的应用可以降低供应链金融管理成本。大数据的应用可以降低供应链金融的业务成本和贷后管理成本;能够帮助金融机构从源头开始跟踪抵押/质押品信息,辨别抵押品的权属,减少实地核查、单据交接等操作成本;能够通过对原产地标志的追溯,帮助金融机构掌握抵押/质押品的品质,减少频繁的抽检工作,甚至可以通过金融机构与核心企业的信息互动实现抵押/质押品的去监管化,节约监管成本。

三是大数据的应用可以帮助金融机构提高客户筛选和精准营销的能力。通过引入客户行为数据,可以帮助供应链金融管理将客户行为数据和银行资金信息数据、物流数据相结合,实现"商流+物流+资金流+信息流"相结合,从而提高金融机构客户筛选和精准营销的能力。

可见,在大数据的影响下,未来供应链金融将实现供应链参与企业、银行、行业协会、政府管理部门、物流企业等多方合作、多方共赢的平台模式;相信随着全球产业链的日益发展,互联网、物联网、云计算、大数据等新型技术将会极大改变供应链的结构、流程和要素,使供应链决策更加智能化,供应链金融管理越来越智慧化、网络化、服务化。

数据驱动的决策制定(见图7-2)对于企业来说非常重要,从诸如采购决策、制造决策、运送决策、销售决策等过程都可以利用各种信息、大数据来驱动供应链决策的制定。McAfee 等(2012)研究发现:一个企业如果将自己定位为数据驱动型的企业,那么他们就能对自己的财务和运营结果作出更加客观的评价。

具体来讲,供应链决策智能化主要是通过大数据与模型工具的结合,并通过智能化和

海量的数据分析，最大化地整合供应链信息和客户信息，从而正确评估供应链运营和管理中的成本、时间、质量、服务、碳排放及其他标准，实现物流、商流、资金流、信息流的最佳匹配；通过对信息和数据的挖掘，实现有效的供应链运营的决策和匹配，并使金融机构能够掌握供应链交易过程中产生的"大数据"物流、交易信息，将物流、交易管理系统产生的数据实时反映到供应链金融系统中，从而对交易过程进行动态监控，降低供应链金融运行风险。

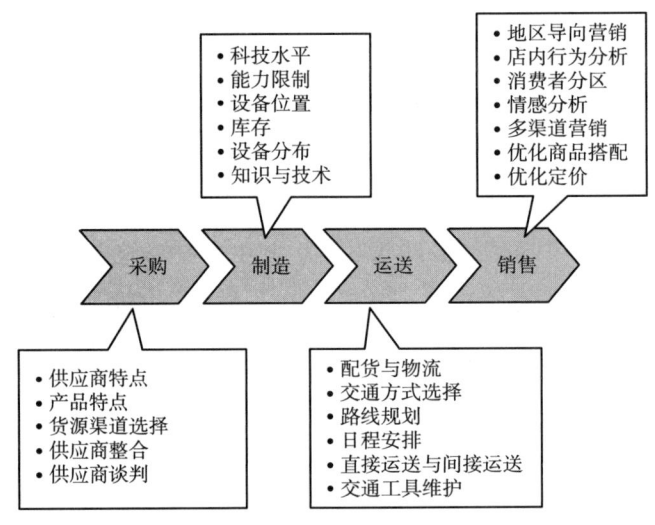

图7-2 大数据支撑的智能供应链决策

第二节

供应链金融管理中大数据的分析与运用

供应链金融作为新兴信贷服务模式，近年来获得了快速发展。2014年，金融咨询及供应链融资电子平台提供商Demica公司发布的一份报告显示：2011—2013年，国际银行的供应链金融业务增长率为30%~40%；预计到2020年，供应链金融业务的年增长速率至少达到10%[①]。随着供应链金融运营全球化、互联网化及信息化的发展，数据已经渗透到每一个行业和业务职能领域并成为一个重要的生产要素，海量数据通过多种方式产生价

---

① Demica Limited Company. Reseach Report：A Study on the Growth of Supply Chain Finance, as Evidenced by SCF [EB/OL]. http://www.demica.com.

值。因此，对海量信息数据的获取、整理分析并加以应用对以数据流通为核心的供应链金融领域尤为重要。虽然大数据是近年来理论和实践研究的热点，但对大数据的研究和预测往往聚焦在消费者数据分析、偏好预测分析上等，在供应链应用中的研究仍相对缺乏。

数据科学、预测性分析和大数据将会改变供应链的设计和管理方式，从不同数据库获取信息来对供应链进行分析将提高供应链的运营绩效，促进企业间的信息协同。供应链运营和决策中有效运用大数据，需建立良好的大数据库，具备分析、整合大数据的能力。要重点围绕大数据的数据类型、数据质量、大数据分析技术及大数据分析的人力资源等方面展开。

一、供应链金融管理中的大数据类型和目标

供应链中的大数据主要包括四种类型：结构数据、非结构数据、传感器数据、新类型数据。

结构数据是指在电子表格或是关系型数据库中储存的数据（Agneeswaran，2012），这一类型数据只占数据总量的5%左右（Cukier，2010），主要包括交易数据和时间段数据。其中，重点的结构数据包括ERP数据，这是因为ERP系统中存储的数据是企业系统多年积累的大量行业数据，对企业经营决策和预测意义重大。Yung Yun和Robert（2015）研究发现，作为高度结构化、集成化的ERP数据能够帮助企业比非ERP数据运用的企业，在战略采购、品类管理和供应商关系管理方面产生更好的绩效。

非结构数据包括库存数据、社会化数据、渠道数据及客户服务数据。总的来看，目前非结构数据对供应链的影响和作用的研究相对匮乏，大量研究和报告集中在探讨数据和分析能力在供应链中的运用（Chae&Olson，2013；Hazen et al.，2014；Trkman，2010）及传统的数据来源和分析技术对供应链的相关计划和执行的影响。但是对非数据结构，如社会化数据对供应链的影响和作用的相关研究相对缺乏。加强企业对社会媒体数据在供应链情境中的作用的理解非常必要。需重点关注企业如何利用社交数据来指导企业进行供应链活动的规划（包括新产品的开发、利益相关者的参与、供应链风险管理及市场探查等）及社交媒体数据对供应链绩效产生的影响。要实现这些目标，需要从内容丰富的非结构化数据中挖掘出商业智慧，使用不同的研究方法和度量方式。如，Chae等（2014）以推特数据为例，介绍从非结构性数据中挖掘商业智慧的三种分析技术，即描述性分析（Descriptive Analytics，DA）、内容分析（Content Analytics，CA）及网络分析（Network Analytics，NA）。

传感器数据主要包括RFID数据、温度数据、QR码以及位置数据等，这类数据增长很

快，随着物联网技术的发展形成新的产业，构建新的物流供应链，为供应链金融带来巨大商机。

新类型数据主要有地图数据、视频数据、影像数据及声音数据等，这类数据多用于可视化领域，并能够帮助提高数据质量，使数据的实时性更强、提高数据分析的精确度。

大数据对供应链管理越来越重要，供应链金融中对高质量数据的需求将变得越来越大。虽然公众对高质量数据并没有统一的认识，但大多研究认为高质量数据的评价应该有多个维度。如，数据内在要求、情境要求等。数据内在要求是指数据本身所具有的客观属性，主要包括数据的准确性、及时性、一致性和完整性等。情境的要求是指数据的质量依赖于数据被观察到和使用的情境，包括关联性、价值增值性、总量、可信度、可及性、数据的声誉等。

通常，互联网供应链金融的数据运用可以解决5W1H的问题，即为什么（Why）、什么人（Who）、怎么样（What）、何地（Where）、何时（When）及如何（How）。因此，在供应链金融领域，尤其是互联网供应链金融活动中运用大数据进行分析之前，需要明确大数据分析的目标（见图7-3）。确定的目标将对所收集数据的类型、渠道、分析方法等有重要作用。

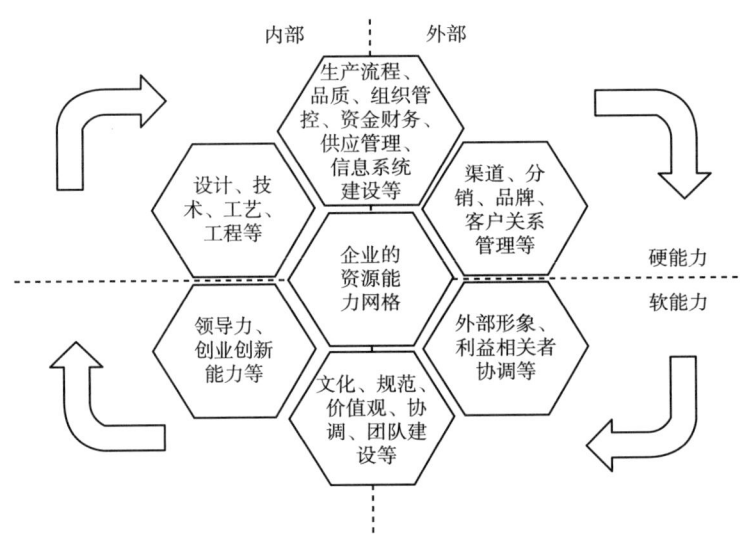

图7-3 大数据分析的目标：供应链企业的市场能力和潜在能力

（资料来源：宋华．互联网供应链金融．中国人民大学出版社，2017，p237.）

供应链金融立足于多利益相关方建构的网络，通过融资等金融性行为优化商业流程和经营行为，促进产业与金融的融合，实现产业与金融的效益倍增。因此，大数据的运用主

要是为了更好地了解供应链金融中关键利益方,特别是要了解融资对象的市场能力、潜在能力、预期风险等。其中:

市场能力是指企业在市场和行业中的地位及市场竞争力,包括"软""硬"两个方面。"软"是指企业的隐性能力,包括领导力和创新、创业能力,文化建设和协调,团队建设、外部形象和相关利益者协调能力等方面,这些方面往往无法明确化,只能通过当面交流等方式才能传递。"硬"是指企业的显性能力,包括技术与研发能力,如技术、设计、工程、工艺等;运营能力,如生产流程、品质、组织管控、资金财务、供应管理、信息系统建设等;市场营销能力,如渠道、分销、品牌、客户关系管理等。

潜在能力是指企业未来可能具备的能力。用大数据从动态的角度来分析判断企业"硬能力"和"软能力"的培养能力和发展趋势。所谓培养能力是指企业采用何种手段或路径去获得或拓展"软""硬"能力;发展趋势则是判断企业在连续时间段内在"软""硬"能力上的发展程度。

预期风险是指企业目标实现时可能造成的负面影响事件发生的可能性。通过大数据分析了解企业将要面对哪些负面影响,评估企业的风险程度。一般来说,企业的风险包括运营风险、资产风险、竞争风险、商誉风险、战略风险五大类。其中,运营风险是指企业在运营过程中由于外部环境的复杂性和变动性,以及主体对环境的认知能力和适应能力的有限性而导致的运营失败或使运营活动达不到预期的目标的可能性及其损失;资产风险是指公司在经营过程中由于外部不确定因素、内部人为因素及相关条件导致的资产质量发生偏差而使公司信誉、资金、收益等遭受损失的可能性;竞争风险是指企业由于外部因素或能力不足或失误,使企业在竞争和经营过程中实际实现的利益与预期利益目标发生背离的可能性;商誉风险是指企业在当前环境下的运营能力、地位和形象等受到损毁;战略风险是影响企业的发展方向、企业文化、信息和生存能力或企业效益的各类不确定性因素。这五类风险都对供应链金融的效率和效益产生影响,因此,需要借助大数据进行分析,了解相关主题可能存在的这五类风险。

二、供应链金融大数据分析的对象及获取来源

了解供应链金融中大数据分析目标后,还需要了解供应链金融中大数据分析的对象(见图7-4),即了解搜集、分析"谁的数据"。"谁的数据"涉及供应链流程中可能的参与者。一般来说,供应链金融中主要参与者有:融资对象、与融资对象关联的交易对象或合作者、与焦点企业合作的关联者、其他网络平台的参与者及环境等。

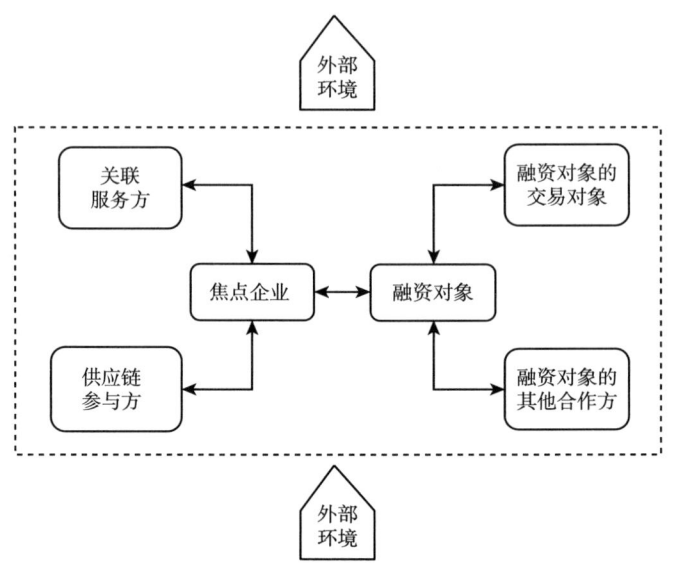

图 7-4 供应链金融中大数据搜集分析的对象

(资料来源：陈晓华，吴家富. 供应链金融. 人民邮电出版社，2018，p193.)

其中，融资企业既是互联网供应链金融的直接参与者，也是受益者，直接决定业务风险及能否成功；焦点企业对运营中的风险具有一定的影响，为获取充足、低成本的资金，并有效管理风险，焦点企业往往需要与其他金融机构展开合作；平台中其他参与者共同为融资对象提供服务，影响供应链的运行；环境的竞争性和动态性也将对供应链主体产生巨大影响。因此，进行大数据分析时对这些对象的数据都应进行搜集、分析。

从原则上来看，互联网供应链金融在对相关对象进行搜集和分析时，大数据应体现准确性、一致性、及时性和完整性。准确性是指收集、分析的数据能够切实用于分析刻画融资对象的状况，帮助焦点企业掌握融资对象的真实能力；一致性是指数据应当具有稳定的表现形式，不会出现不同对象、不同时间、不同地域同一信息具有不同的表现形态；及时性是指能够获得最新的数据，能够最及时地分析和反映融资对象目前的状态；完整性是指能够尽可能地获得各种各样的数据，通过对多来源、多形态的数据进行整合分析来完整地刻画融资对象的全貌。因此，供应链金融中需要关注的数据类型包括：

（1）时间和空间的数据。时间数据可以反映事物、现象等随时间的变化状态或程度，诸如融资对象连续若干时间段的信用变化、供应链所在行业的市场变化、交易商品的价值变动等；空间数据可用来反映空间实体的形状大小或经营主体的位置和分布特征等，是用基本空间数据结构来表示人与人、人与物、物与物之间相互依存的数据，如质押商品的空间位置和分布、供应链参与者的网络位置和状态等都可以用空间数据来分析。

（2）主体和客体的数据。主体是指供应链活动中的参与者，掌握主体数据对于把握主体的资源、能力、资质、信用、偏好和相互关系等各类信息至关重要;客体是指主体的经营标的,如商品、生产工具等,对客体数据的分析可以间接反映主体的能力、行业状态或风险的大小。值得注意的是,不同的业务场景或管理要求,相对应的主体和客体数据具有差异性(见表7-1)。

表7-1 不同业务情景下的主体和客体数据

数据类型		库存管理	运输管理	客户/供应商关系管理
客体数据	经营活动	如何将销售领域的数据与消费者数据结合。提高预测精度,或针对特定购物者需求准备存货	如何利用现有的销售领域数据指引运输和转运安排:如何将销售数据与消费者数据综合运用于集运/转运	如何从海量资源中获取特定销售数据以增强供应链可视度以及信任和伙伴关系管理
	位置和时间	如何将感应数据运用于店铺位置管理和部门商品销售规划管理	如何将物流中心的感应数据运用于期望的运输要求管理	如何将购物者的位置和时间数据运用于联合陈列和销售规划管理与活动
主体数据	消费者	如何将购物者脸部识别,情绪识别以及眼球识别数据运用于商品品类管理和货架管理	网上购买和配送偏好数据如何运用于运输方式选择和承运商决策选择	如何将客户情感数据。诸如 Likes.com 和 Tweets.com 上关于产品评价的数据运用于联合预测

(资料来源:宋华.互联网供应链金融.中国人民大学出版社,2017,p237.)

(3)要素和情感的数据。要素是供应链运营中所需要的各种资源,是维系供应链运行及市场主体生产经营过程中所必须具备的基本要素,如土地、资金、劳动、信息、平台和知识。情感数据是态度的一部分。情感数据的价值是在一种必要的环境下对用户行为进行回忆和分析,然后通过还原再现来了解用户的心声、体会用户的体验。情感数据对供应链金融而言,不仅能够让焦点企业了解供应链某一参与主体当时的体验,还能间接了解其行为特征和环境状态。如,对驾驶员的情绪数据分析能够让焦点企业判断承运商运输安全等服务的质量和交通处罚、燃油使用等成本问题。

(4)单点数据和网络数据。单点数据是指某个特定供应链参与主体发生的各类数据,包括交易数据、物流数据和资金流数据等;网络数据是指某个特定参与方所嵌入的网络或者集群数据。了解供应链参与者所在产业网络和集群的政策、结构、业务状态及竞争力等,对于判断行业和企业竞争力具有重要作用。

供应链金融中大数据的获取来源既包括直接渠道,也包括间接渠道。直接渠道指的是在焦点企业与相关方的基础上建构的智慧供应链或公开的社会化网络和平台,借此获得数据来源。直接渠道一般包括供应链运营系统、金融信贷及一些关联服务组织。间接渠道则是焦点企业依托其他组织或自有平台，借助自身的手段和途径能获取的数据来源。其中：

供应链运营系统中的组织包括供应链网络中的所有参与方。数据来源主要包括供应链上游供应商、下游客户、第三方物流等。这些数据主要是用来帮助焦点企业分析物流状态和水准。

金融信贷机构包括商业银行、信托、理财公司、保理、小额贷款等金融机构。他们往往在供应链金融中的主要作用是对融资对象进行征信或调查，这些数据对判定融资对象能力和状况十分重要。

关系服务组织主要包括互联网服务平台、第三方支付、保险公司、政府管理部门、经营/生活服务部门等。供应链相关利益方需要通过互联网平台完成交易或物流业务，必将在互联网平台上沉淀大量相应数据；第三方支付往往是凭借自身信誉和实力为交易双方提供信用增强的平台。第三方支付平台是大数据的一个非常重要的来源，供应链参与者的实力和状况往往通过支付情况得到反映；保险公司等服务组织也是大数据的重要来源，从保险公司的数据可以了解到企业的风险程度和运营状态；政府管理部门则是作为监督和管理企业经营活动的公共管理机构，往往拥有大量企业数据。如海关部门的通关状态、仓单信息、外汇核销单状态、进口付汇证明、出口退税证明、出口结汇证明、深加工结转状态、商品税率、报文状态、快件状态、报关员积分、知识产权备案信息等。国家质检部门掌握以组织机构代码为标识的企业信息、生产许可、强制性认证等行政许可信息，政府奖励等良好记录及质量不合格或违法违纪的不良行为记录等；外汇部门掌握货物贸易、服务贸易、直接投资及一些资本项下的交易、物流、资金流、企业名录、跨境结售汇等数据；税务部门掌握涉税数据；工商部门掌握企业登记注册等信息；经营/生活部门主要包括供水公司、电力公司、物业公司等，他们在为企业提供服务的同时，也掌握了大量企业数据。这些大数据都可以从某一侧面反映企业的经营状态和能力。

此外，还有一些独立组织或平台也属于间接性管理服务机构。如行业协会、标准化组织、专利局、VC等公共机构和商业机构，这些机构也会对企业的各种数据进行全面搜集和审核，也是大数据的重要来源之一。

三、供应链金融大数据的分析时间点、方法及常见障碍

供应链金融大数据在分析时既需要考虑历史数据，又要考虑实时数据或将要发生的数据，这样才能全面辨识融资对象的能力、潜力和风险。历史数据是判断企业能力的基础，但只能反映过去情况，不能对现在或未来进行覆盖。这时就需要对实时数据和即将发生的

数据进行搜集、分析和预判。

实时数据分析指的是利用大数据技术高效地快速完成对大量数据的分析,达到近似实时的效果,及时反映数据的价值和意义,掌握供应链的实时状态。举例如图7-5所示。实时采集、实时计算、实时查询是实现数据实时分析的前提。完整收集所有日志数据,为实时应用提供实时数据,响应时间上要保证实时性,低延迟在秒级左右,这就需要配置简单、部署容易、系统稳定可靠等条件。同时,要实时计算和实时查询在流数据的变化并对其进行分析,捕捉有用信息并发送出去,以供业务部门查询与决策。

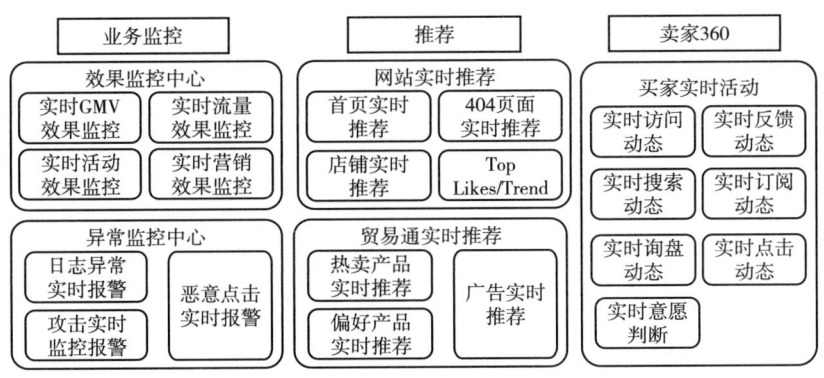

图7-5 实时计算流数据分析举例

目前,供应链大数据运用的能力要求或可能遇到的障碍主要包括:数据管理能力、运用科学技术进行计划的能力、绩效管理能力、时间限制、对供应链管理缺乏合适的预测性分析解决方案等,具体如表7-2所示。其中,数据管理能力是运用数据分析进行供应链决策的关键驱动因素,企业在运用大数据进行分析决策前,必须先培养企业进行大数据管理的能力。

表7-2　　　　　　　　　企业运用大数据分析中常见的障碍

障碍	重要程度的均值[①]
缺少数据	3.83
没有能力识别最合适的数据	3.99
安全性的考虑	3.84
缺少上级管理者的支持	3.83
商业价值不明晰	3.83

---

① Schoenherr 和 Spei-Pero（2015）对531名供应链管理专家进行调查得出的结果,平均值为专家为所有潜在的障碍进行打分而得到的均值,打分范围是1~5分,障碍越大,评分越高。

续表

障　　碍	重要程度的均值
隐私/保密性问题	3.8
缺少相关政策以及治理结构	3.91
没有能力从可得的数据中获得商业价值	3.95
没有需要/没有意义	3.3
很难进行管理	4.16
需要以现在可得的解决方案为代价	4.48
缺少与现有系统的整合	4.61
员工没有经验（需要进行培训）	4.92
需要进行变革管理（对变革的抵制）	4.44
缺少对供应链的合适的解决方案	4.33
现在的应用不能满足商业需要	3.96
时间的限制	4.63

第三节　大数据下的供应链金融风险管理及趋势

供应链金融正逐步从链条走向网络，从交易结构走向结构与大数据并存的现实。与这一改变相伴随的则是供应链金融尤其是互联网供应链金融活动的风险也越来越复杂，越来越大。因此，必须有效识别和管理大数据下供应链金融的风险问题。

一、大数据下供应链金融风险管理的因素及原则

供应链金融风险是指在一定经济环境下，由于供应链金融参与者预期的物流、资金流、信息流的运行情况和实际状况不同，最终使从事供应链金融的企业或其他组织蒙受损失的不确定性。

供应链金融中的风险特征主要体现在：一是风险具有传导效应。由于供应链上的企业间相互依存、相互作用，当一个企业出现风险时，风险会向供应链上的上下游及周边传导，最终给供应链金融服务者及相应合作方带来收益的不确定性，甚至造成损失。二是，

风险具有动态性。供应链金融风险会随着供应链的网络规模和程度、融资模式的创新、运营环境的交替、外部环境的变化等因素的影响而不断发生变化。三是，风险具有高度复杂性。供应链金融的风险是产业供应链风险与金融风险的叠加，供应链的环境、网络、组织会带来供应链金融的风险，而且金融中的因素也将影响供应链金融运作甚至产生危机。可见，供应链金融的风险具有多重性，既具有外生性，也具有内生性。因此，必须从供应链和金融两个方面强化风险意识和进行相应风险管理。

基于供应链金融的特性，应用大数据对供应链进行风险管理应主要围绕"六化"展开，即："业务闭合化""交易信息化""收入自偿化""管理垂直化""风险结构化""声誉资产化"。其中：

业务闭合化是指供应链运营中价值的设计、实现和传递要能形成完整、循环的闭合系统。若某一环节没有形成有效整合，则可能产生潜在风险。其中，业务闭合不仅包括技术、采购、生产、分销、销售等作业活动的有效衔接，而且还能保证各环节的经济价值能按照预先设定的程序得以实现，并能有效传递产生新的价值。因此，宏观系统风险、行业或区域性系统风险都会影响业务闭合性。大数据供应链金融活动是基于生态网络结构的金融性活动，网络中涉及的所有主体如果存在主体缺失问题，或没有起到预期作用，业务的闭合性就会产生问题。

交易信息化是指能及时、有效、完整地反映或获取企业内部跨职能及企业间跨组织产生的商流、物流、信息流、人流等各类信息，并通过一定的技术手段清洗、整合、挖掘数据，以便更好地掌握供应链运营的状态，从而控制金融风险。这里的数据不仅需要获取和分析供应链运营中直接产生的各类信息和数据，而且要能实现信息全生命周期的管理，实现有效的信息治理，即要建立有效的信息源和信息结构；要保障信息的可靠、安全和运用；要实现信息持续的产生、推进和应用，并能有更多的利益相关方参与到信息生成、分享过程中；要实现信息获取、处理的代价或成本可控。

收入自偿化是指大数据供应链金融中所有可能的费用、风险等能够以确定的供应链收益或未来收益覆盖。在供应链金融运营网络化的条件下，影响收入自偿的因素不仅要静态地考察货物、要素的变现，还要动态地分析影响变现和收益的时空要素。具体来说，在收入自偿化的评估过程中，要分析供应链产品业务的价格风险、产品业务的价值风险、产品业务的销售风险等。

管理垂直化是指从责任明确、流程可控等目标来对供应链活动实施有效的专业化管理。因此，要做到：业务审批与业务操作分离、交易运作和物流监管分离、金融业务的开拓和实施与金融贸易活动的监管分离、经营单位与企业总部审议分离，而且要做到组织结构和职能完备和清晰、战略和管理稳定与协调。

风险结构化是指在开展供应链金融业务的过程中，能合理设计业务结构，并采用各种有效手段或组合化解可能存在的风险和不确定性。

声誉资产化是指声誉是一种稀有的、有价值的、可持续及难以模仿的无形资产。在供应链金融中，声誉代表了企业在从事或参与供应链及其金融活动时的能力、责任和担当，是促进金融活动稳定、持续发展、防范风险的重要保障。因此，需要借助大数据技术在风险识别、监测和控制过程中评估和量化供应链金融参与者的声誉。

二、大数据下供应链金融风险管理的发展趋势

在互联网供应链环境下，供应链金融需要运用大数据、区块链等技术实现全过程、全方位、全天候的管理，需要在制度环境、管理要素、技术手段及产业互联网系统内全面整合，更好地服务供应链运营和服务场景，推动产融有效结合。图7-6所示为互联网供应链金融风险管理趋势。

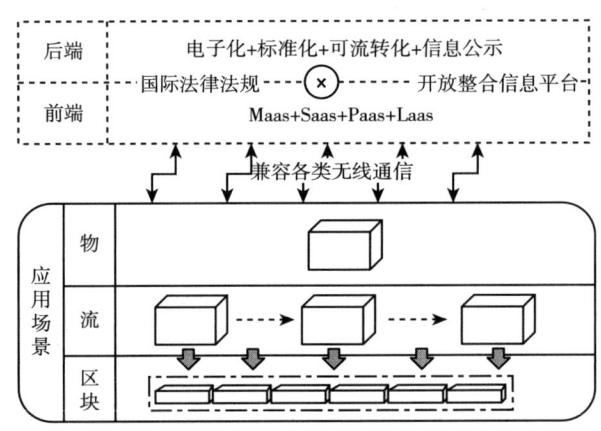

图7-6 互联网供应链金融风险管理趋势

互联网供应链金融风险管理需要在制度层面和运营保障要素层面相结合，更需要实现供应链网络中参与者实现一切业务数据化，即建立数字化的供应链。供应链金融的健康发展离不开大数据，而大数据的核心不仅在于利用各类技术获取现存网上或其他渠道的信息或数据，更在于将随时随地发展的业务活动数据化，通过对数据的归集、识别、清洗、分析和挖掘，发现机会并转化为新业务。因此，需要建立覆盖整个网络的基于云计算的产业互联网体系，即：Maas、Saas、Paas和Laas。其中，Maas是指能为客户提供有效感知、传输和职能分析服务；Saas是指用户可以在各种设备上通过搜索客户端界面访问运营商运行在云计算基础设施上的应用；Paas是指客户能用开发语言和工具（如Java、Python、.Net

等）控制和部署应用程序及应用程序的托管环境；Laas 是对所有包括处理、存储、网络和其他基本的计算资源等设施的利用。只要这些要素齐备，互联网供应链金融的风险才能被有效监控、识别和管理，做到实时基于"网络流""数据流"的风险管理。

三、区块链在供应链金融风险管理中的应用

区块链（Blockchain）是一串使用密码学方法将数据相关联产生的数据库，可用于验证信息的有效性和生成下一个区块，它提供了一种去中心化的、无须信任积累的信用建立范式，理论上可以实现数据传输中对数据的自我证明。

区块链技术在互联网供应链金融中的应用主要包括金融活动和产业活动两个层面。金融层面区块链应用主要是支付清算和数字票据。与传统支付清算相比，区块链支付是指供应链金融交易双方直接进行，不涉及中间机构支付方式，即使部分网络瘫痪也不影响整个系统运行。基于区块链技术来构建通用的分布式银行间金融交易协议，为供应链金融平台用户提供跨境、任意币种实时支付清算服务，将会降低跨境支付的成本，增加支付的便捷度；同时，数字票据也是基于区块链技术和票据属性、法规、市场，开发出的全新票据形式，可以实现票据价值传递的去中心化，避免纸票"一票多卖"及电票打款背书不同步等问题，可以有效防范票据市场风险及票据系统中心化带来的风险，降低监管成本，有效规范市场秩序。

同时，在产业活动层面，区块链技术可以帮助供应链金融链条进行权益证明和物流运作证明。由于区块链每个参与维护节点都能获得一份完整的数据记录，因此，可以利用区块链可靠和集体维护的特点，对供应链运营中产品或货物权属进行清晰确权。此外，可以运用区块链技术对供应链运营中的物流活动进行有效记录和证明，全面反映每一物流单元在不同节点的变化、各部分产品的去向等，使整个供应链运营过程清晰明确，甚至可以满足存储永久性记录的需求。

可见，无论是在金融活动中还是产业活动中，区块链技术最终的目的都是帮助供应链建立起完善的去中心化的信用体系。

【案例】

平安银行橙 e 网及其供应链金融的数据交换平台

平安银行是国内最早提出并践行供应链金融的银行。从其实践历程来看，经历了如下几次转型与变革：第一次，2000—2008 年，深圳发展银行开始"M+1+N"的金融活动，通过抓住"1"个核心企业，去批量开发经营核心企业供应链上下游的"M"，

为核心企业及其供应链上下游提供融资、支付结算、财富管理等在内的金融服务为"N"。这是深圳发展银行试图突破传统银行业务,向产业、企业供应链运用中渗透的尝试。第二次,2009—2012年,平安银行将原来线下的供应链金融业务搬到线上,利用互联网和IT技术构建平台,链接供应链的上下游及各参与方,包括核心企业、中小企业、银行、物流服务商等,实现资金流、信息流的归集和整合,提供适应供应链全链条的在线融资、结算、投资理财等综合金融与增值服务。第三次,2013年平安银行提出"3.0"平台和供应链金融模式,即在组织架构上单独设立公司网络金融事业部——全行唯一的平台事业部,专职于供应链金融产品的创新与推广,在平台建设上搭建跨条线、跨部门的银行公共平台——橙e网,并与政府、企业、行业协会等联盟,通过综合平台建设,突破传统金融的边界。其功能主要包括"生意管家""网络融资""移动收款""行情资讯"等,试图通过"电商+金融+服务"的模式,实现融平台服务、交易风险管理及流动性管理为一体的供应链金融形态。

平安银行的供应链数据交换平台主要是通过大数据和云计算技术,验证多样化数据之间的勾稽关系,以此来证实企业主体的真实性和交易对手背景的真实性,并以此来判断企业的经营状况。因此,平安银行建立了平台联盟战略,通过与第三方支付公司合作,了解商户的销售和结算流水数据;与从事税务相关服务的公司合作,了解企业的纳税和开票信息;与海关或外贸服务商合作,掌握企业出口货物的运输和通关数据及情况;与第三方信息平台对接,获取核心企业与上下游之间的采购、销售、库存等数据。与此同时,根据橙e网的信息数据,平安银行结合银行原有征信体系,针对供应链上的主体提供定制化的融资解决方案,并使平安银行成为综合风险管理者和流动性提供者。

"云仓京融"供应链金融服务运营模式

京东金融于2015年9月与中国邮政速递物流合作推出"云仓京融"创新金融服务,该产品通过动产质押的方式在保证风控的基础上更好地满足开放平台企业大额贷款的需求,据《京东供应链金融年度报告》数据显示,京东金融2016年1月单月放贷规模突破1亿元,具体运营模式如图7-7所示。

"云仓京融"主要在三方面具有突破性创新:一是动产预估方面,"云仓京融"模式创造性地将在售货物动产质押作为融资切入点,在大数据环境下对海量的货物SKU信息进行云计算、分析,预测融资期间抵押货物市场价格波动情况,进而开展智能实时风控评估,测算授信及利率,很大程度上解决了传统动产质押融资评估过程中的不确定

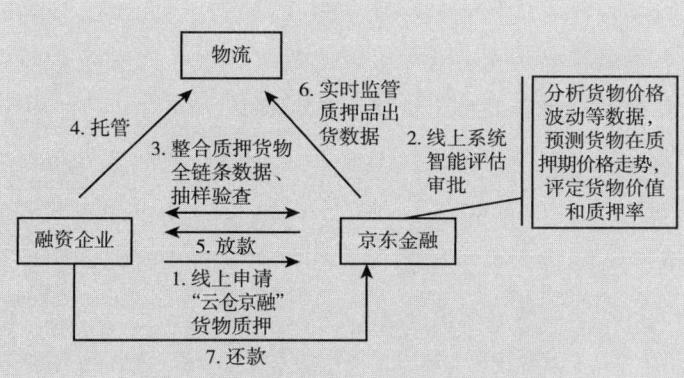

图7-7 京东金融的"云仓京融"运营模式

性难题;二是仓储管理方面,该模式以专业仓储服务为核心,以现代仓储WMS为基础,方便快捷地获取质押货物仓储及出货数据,有效降低监管成本、提高监管效率。同时,可实现质押货物的动态进出,完全不影响客户融资期货物的正常销售;三是,客户可依据实际情况选择在融资期限内随时还贷,利息以实际融资时间结算,最大程度实现客户资金使用价值最大化。

[资料来源:朱晓帆.大数据下的供应链金融服务创新研究——基于京东的案例分析.天津商务职业学院学报,2018(6).]

蚂蚁金融在供应链金融中用大数据进行个人金融征信

蚂蚁金服基于产业和金融生态基础,在供应链金融中逐步开始基于大数据和云计算的产业和个人信用管理,实现用产业、生活消费支撑金融征信,推动产业和消费活动双循环迭代体系,如图7-8所示。

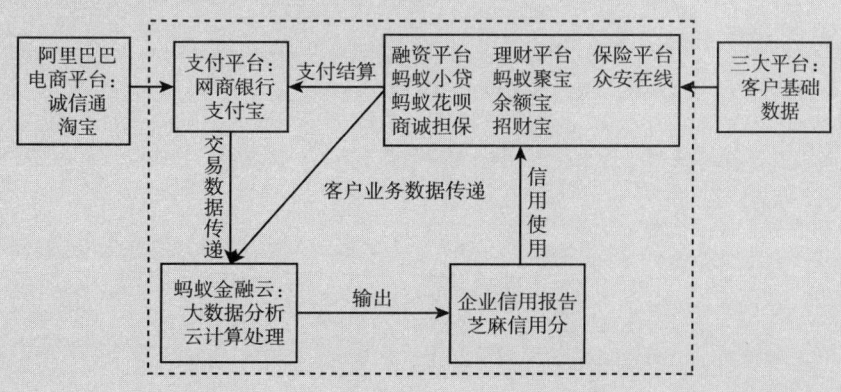

图7-8 蚂蚁金服的金融云运营模式

从大数据来源看，信用数据主要来源于四个方面：一是阿里巴巴集团下属电商平台的交易数据；二是蚂蚁金服集团采集的其他基于互联网运营产生的金融数据；三是与阿里集团具有合作关系的外部机构提供的信息数据；四是用户自我提供的信用数据。

从大数据处理技术来看，蚂蚁金融云专注于云计算领域大数据的研发，运用诸如 Deep Learning、Page Rank、Neural Network 等最先进的大数据来处理信息数据，通过深入的数据挖掘，把以各行为主体纷繁复杂的信息大数据映射到自身详细的信用评价体系中，形成芝麻信用分和企业信用报告。

（资料来源：宋华. 互联网供应链金融. 中国人民大学出版社，2017.）

 **本章复习题**

1. 供应链金融管理中大数据的类型有哪些？
2. 供应链金融管理中大数据的分析对象及获取来源有哪些？
3. 试述大数据供应链金融的发展趋势。

第八章 大数据与金融监管

【本章重要知识点】

- 金融监管的概念、特征和演化
- 监管科技的概念、动因和模式
- 监管科技模式的发展趋势

第一节 金融监管的发展

一、金融监管的本源

金融监管(Financial Regulation)的含义分为狭义和广义。从狭义上来说,金融监管是指金融监管机构按照国家法律法规对金融机构和金融市场进行的监督和管理,从而实现金融机构的稳健经营、维护金融市场的安全和效率、保障消费者的利益。从广义上来说,金融监管不仅包括对金融监管机构的监管,还包括对行业自律组织、社会组织、社会舆论等的监管。其中,行业自律组织通过制定行业自律规则来进行非强制性的约束;社会组织包括信用评级机构、律师事务所、会计师事务所等,作为独立的第三方,对金融机构的情况进行客观评价；社会舆论监管以金融机构客观信息的公开为前提，其效果具有连续性。

在2008年美国次贷危机发生之后，世界多个国家的金融监管又增加了新的内容，即监测金融市场中的系统性风险并进行处置。金融监管的内容将继续朝着丰富、全面、细致的方向发展。从本质上说，金融监管的目标是为了解决金融市场自身存在的外部性、信息不对称和金融市场的脆弱性问题。虽然各国在金融监管目标的表述上有差异，但是区别不大。具体来说，包括维护金融系统的安全、保护金融消费者的利益、提升金融市场的效率。维护金融系统的安全是世界各国金融监管当局的首要目标，也是实现另外两个目标的前提和基础。保护金融消费者的具体内容以防范金融机构个体风险和金融市场系统性风险为基础，包括处理消费者投诉、对金融机构侵害消费者利益的行为进行处罚、开展投资者教育、建立消费者保护制度等。效率提升可以支撑金融机构的长远发展和金融市场的繁荣，同时可以更好地发挥优化资源配置的作用。金融监管力度的强弱对金融市场的效率有一定的影响，不合理的、过度严格的监管可能会损伤金融市场效率。因此，监管机构需要在监管政策制定上平衡金融市场安全与效率的关系。

二、金融监管模式的演变

金融监管模式是对金融机构监管权限的划分方式，可以按照主体标准分为分业监管、混业监管和不完全集中监管；按照客体标准分为机构监管、功能监管和原则监管。金融监管模式按照主体标准可以分为分业监管、混业监管和不完全集中监管。分业监管是指金融机构所从事的不同类型的业务分别由不同的监管主体进行监管。混业监管是指所有金融机构所从事的所有类型业务由一个监管主体负责监管。混业监管的监管主体往往是中央银行或者是其他单设机构，行使统一监管权力。不完全集中监管是一种介于分业监管和混业监管之间的中间模式。一般是在分业监管的基础上，建立一个统筹管理机构来负责不同监管机构之间的信息沟通和监管协调。自次贷危机之后，多国金融监管部门认识到防范系统性金融风险的重要性，而在分业监管模式下，这项任务由新设的牵头机构承担比较合适，此外还可以发挥不同监管机构之间磋商合作的功能。因此不完全集中监管的模式也被更多国家采用。

【知识拓展】

金融危机与金融监管演变

从金融发展历史来看，金融危机似乎从未远离我们，或远或近。而每次金融危机的爆发都意味着监管的失败和随之而来的重大变革。现代金融发展史就是一部金融危机史，同时也是金融监管变革史。回顾20世纪以来的金融危机，为探究金融监管的发展提供了一种新的视角，为当下金融监管的变革提供了另一种思路。

1929年的经济大萧条，推动美国步入金融分业经营、分业监管时代。危机发生之前，美国脱实向虚严重，大量资金加速撤出生产部门，投向高回报的证券投资领域，与此同时，银行信用热情高涨，个人消费信贷加速，股市虚假繁荣。1929年华尔街股市崩盘，金融泡沫被戳破，95%的商业银行倒闭，美国金融体系几乎瘫痪，经济衰退席卷全球。在此次金融危机中，金融监管的不作为负有很大的责任。据此，富兰克林·D罗斯福上台后颁布了《格拉斯—斯蒂格尔法案》，禁止商业银行、投资银行和保险公司在业务上相互渗透，遏制混业经营乱象；相继颁布了《证券交易法》《投资公司法》等一系列法案，弥补银行投机、证券市场监管空缺，美国开始步入严格分业经营、分业监管时代。回顾我国2015年的"股灾"，很大程度上也是监管不到位，导致顺周期融资融券杠杆行为放大了股市波动。

1997年亚洲金融危机，促成了巴塞尔新资本协议的出台。危机前东南亚各国盯住美元的固定汇率制度、银行对私人部门和企业信贷的持续快速增长、证券市场与房地产市场泡沫以及不合理的外债结构，都为危机的爆发埋下隐患。随着货币贬值和汇率风险上升，亚洲各国危机显现。资本净流出增大，外汇储备下降，国内利率暴涨，债务偿还困难和资本市场泡沫破灭，区域性亚洲金融危机来势汹汹。亚洲金融危机展现了信用风险、利率风险和汇率风险相互交织的巨大破坏力，国际银行业普遍意识到，当时的金融监管框架面对的是多种风险相互交织情景的脆弱性。在这一背景下，以"三大支柱"为主要内容的巴塞尔新资本协议推出实施。万绿丛中一点红，亚洲金融危机中，中国香港虽然也出现了资产泡沫破灭，但其金融危机程度远不及泰国、菲律宾，这与其相对健全、富有韧性的金融体制分不开，也有赖于其金融监管相对及时、到位。

2007年美国次贷危机，导致美国出台了空前严格的金融监管模式。危机前，金融机构将风险较高的次级抵押贷款包装为标准化的债务工具（如债务担保证券等），通过特殊目的载体（SPV），以私募或公开方式，向市场不特定多数投资者销售，实现风险的转移。通过包转、分池、通道和评级公司的风险评级，这些原本高风险的金融工具，转变成为高评级的优质资产，被不知情的投资者大量购买。一些放贷机构率先申请破产保护，引起市场对其他次贷持有机构破产的忧虑，风险开始快速传播并出现大型金融机构破产，渐次引发系统性金融风险。监管机构对风险的漠视、对金融欺诈的不作为和金融政策的顺周期性，是次贷危机反映出的深刻教训。危机后美国政府深入反思，做出一系列针对性的监管改革，突出体现在对衍生产品交易、系统重要性机构和消费者权益保护的监管上。

2008年的金融危机中断了世界经济持续30多年的黄金增长期，金融体系的去杠杆和实体经济的下行形成巨大的反馈循环，世界经济陷入长期的深度衰退。如今距离危机爆发已经10多年了，全球金融经济尽管有所恢复，但危机的阴霾并未就此消散，金融风险和金融监管到底应如何平衡？中国究竟要建立什么样的金融体系？相应的金融监管体系到底该如何改革？……不论如何，金融监管不可或缺，这不仅是金融危机惨痛代价换来的经验教训，也是金融逻辑的内在要求。金融业是以信用创造和风险经营为基础的行业，具有典型的外部性和高度信息不对称性。金融的自身逻辑决定了市场机制纠偏的成本较大，甚至大到难以承受的地步。金融市场的失灵和巨大的市场纠偏成本，需要政府监管的有效介入，这也正是金融监管的缘起和初衷。

（资料来源：陈辉.监管科技：框架与实践.中国经济出版社，2016.）

三、大数据下的金融监管难题

（一）科技创新与金融风险集聚同步增长，金融体系不稳定性不断加剧

进入21世纪，金融搭上了"科技"列车高速发展，金融审慎监管趋势增强。科技在突破，金融在创新，风险也在不断地异化和集聚。金融的本质是信用，信用本身就是一把"双刃剑"，在促进生产和资本高效集中的同时，信用集聚产生的显杠杆率也在不断上升。金融业经营的是风险，核心是风险和收益的平衡，金融风险的大小取决于信用的变化，信用的不确定性使风险管理如同"刀尖上舞蹈"。随着市场经济不断深入，开放升级，金融风险的形态更加多样，风险机理愈加复杂，金融机构面对在风险和收益之间平衡的挑战更大。在未来风险和当期收益的博弈中，当期收益往往占上风，金融机构总是有着不竭的动力承担风险。在虚假的经济繁荣面前，金融监管往往也被迷惑。金融监管的缺位将使"劣币驱逐良币"，随着稳健经营者的淘汰，金融体系风险积累日盛。金融体系需要通过集中风险的方式实现金融功能，就必须通过加强金融监管的方式降低风险，达到平衡。

金融资产价格和信贷增长具有自强化功能和顺周期性特征。资产价格上涨时，抵押物价值上升，金融机构信贷扩张，社会信用规模扩大，乐观的经济形势将推动资产价格的进一步上升，正反馈的自我强化将不断推动这一过程。一旦预期逆转，资产价格将下跌，抵押物价值下降，金融机构信贷压缩，社会信用规模收缩，不利的经济形势将推动资产价格

的进一步下降，形成负反馈的自我强化。这种自我强化机制会使金融行业在金融过剩和金融供给不足之间摇摆。资产价格也会对金融体系形成周期性冲击。随着 21 世纪金融市场发展的速度增快，金融周期的波峰更高，波谷降低，金融周期循环加速，金融体系的不稳定性将不断增强。

（二）金融系统性风险传染性强，监管复杂度与难度加大

随着高杠杆、信贷扩张、金融产品创新等风险积累，系统性风险的传染性正在逐步增强。由于金融外部性的存在，单个金融机构的行为产生的金融风险将被扩大至整个金融系统，通过金融体系固有的杠杆机制被放大和强化。这远远超越了与传统监管模式中以单个金融机构等的监管模式为目标，若监管缺失，一旦风险在金融体系最薄弱的一环被引爆，将传染至整个金融市场和所有金融机构，甚至引发系统性金融风险，严重威胁社会经济生活的各个方面，产生难以承受的后果。随着现代科技和信息时代的发展，全球金融市场密切相关。在 2020 年初新冠肺炎的疫情中，中国资本市场受到多次冲击，包括国内疫情爆发、美国等发达国家疫情爆发等。其中，国际疫情的爆发引起美国资本市场四次熔断等极端风险，风险传染凭借信息科技快速传播，影响巨大，使金融监管的复杂度增加。

（三）大数据信息技术引起金融风险变异和监管缺失，迫切需要新的监管科技

随着信息革命的展开，金融创新的复杂性加剧了信息不对称程度和信息隐藏行为，使风险的积累、触发与扩散机制呈现出一系列新特点，进而加剧金融体系的脆弱性。近几年来，随着大数据价值发现理论、协同自组织理论、产权界定理论、资本要素理论、管理决策理论的日臻完善，以及多源异构数据集成挖掘和个性化价值测度理论的相互融合，特别是 21 世纪以来大数据在金融监管体系中的广泛应用，金融监管体系发生了一场革命，金融监管机构依托大数据金融监管平台，对机构、功能、业务、人员等方面的大数据进行价值挖掘，以提升金融监管决策的时效性、准确性和动态性，从而使金融监管体系进入到大数据驱动下的全景式管理模式，管理决策中用多元、交互的信息数据建立情景统计预测模型，利用大数据挖掘技术构建多源异构及非结构化的关联、融合、分析平台。

当前，国外对大数据驱动下金融监管平台的实践研究较为广泛，主要涉及银行、保险、证券、信托等多个领域，从结构化数据和非结构化数据两个方面构建强大的企业级数据库，运用大数据挖掘技术进行分类管理、聚类分析，结合各领域的管理应用理论和模型，构建满足金融监管需要的智能管理决策模型，使监管部门可以实时追踪金融机构的相关数据，为金融监管体系及时科学决策奠定基础。国内对大数据在金融监管体系中的应用

还处在发展阶段，在不同领域和监管业务条线构建企业级数据库，在金融机构报表统计、数据报送等方面得到较多应用，但在各监管业务条线的大数据整合、交互和智能挖掘等方面还处于探索阶段。

【知识拓展】

金融监管理论的发展

从金融监管理论的发展史来看，金融监管理论的发展包括以下几个阶段：

（1）金融监管制度萌芽期、金融监管期和理论发展期。从时间上来看，金融监管制度的萌芽诞生于20世纪30年代金融危机爆发之时。西方发达国家的政府相继出台了各自的金融监管措施，对货币政策、银行利率、外汇以及经营手段等进行约束，各国央行作为金融监管政策的主要执行者。而该时期金融监管的主要特征是以法律作为金融管制的主要手段，以保障金融行业安全为主要目的，政府直接干预。

（2）自20世界70年代起，金融监管理论的发展进入了金融监管期，这一阶段的发展，主要是围绕市场安全、经济效率、监管者与被监管者关系而展开的，经历了"效率优先""辩证发展"等阶段。这一阶段，西方发达国家普遍放松监管的法律法规，主张市场自由竞争。

（3）20世纪90年代后，"经济自由化"理论在西方发达国家得到了广泛验证。但最近30年来，全球各地接二连三爆发的金融危机、银行危机和次贷危机，让很多新兴市场国家，乃至发达国家都开始陷入深思。金融体系自身的脆弱性还有金融不稳定的相互传染，使经济学者再度关注起加强监管的必要性。一部分学者将研究重点放在金融行业本身对金融监管提出的要求和给金融监管措施带来的影响，如何平衡市场发展与市场安全，成为学者们思考的重点问题。

第二节　金融监管与监管科技

一、监管科技的本质

目前学界和业界对于监管科技的定义并没有完全统一，由于金融领域向来是强监管的领域，因此和科技的需求也结合得最为紧密。"监管科技"（RegTech）主要指的是金融领域的监管科技，也与近年来热门的"金融科技"（FinTech）的英文文义衍生有关。在国际上，英国政府科学办公室（2015）对监管科技的定义是："可以应用于监管或被监管所使用的科学。"英国金融行为监管局（2016）认为监管科技是金融科技子集，是采纳新科技实现监管目标较目前更有效和更高效的达成的方式。国际金融协会（2016）认为，监管科技是"能够高效且有效解决监管和合规性要求的新技术"。这些定义比较中性，没有涉及"监管科技"的价值取向。

国内开始讨论"监管科技"始于2017年，时任中国人民银行金融研究所所长孙国峰（2017）认为，RegTech初期是指金融机构利用新技术来更有效地解决监管合规问题，旨在减少不断上升的合规费用（如法定报告、反洗钱和欺诈措施、用户风险等法律需求产生的费用）。后期孙国峰（2018）对这个定义有所修正，认为监管科技包含合规和监管方面，金融机构将监管科技作为降低合规成本、适应监管的重要手段和工具。从这个维度来分析，监管科技可以理解为"合规科技"；另外，监管科技能够帮助金融监管机构丰富监管手段、提升监管效率、降低监管压力，是维护金融体系安全稳定、防范系统性金融风险以及保护金融消费者权益的重要途径。同时，杨东等（2018）也提出了科技驱动型的监管等其他完善措施。

金融科技的本质是什么？国际货币基金组织（IMF）副法务总监、FinTech工作组联合负责人罗斯·莱克称从IMF的角度来看，金融科技的含义十分广泛，不只限于各项技术，而且覆盖了互联网、云计算、分布式账簿计划、区块链及加密货币等系统，也包括人工智能、大数据、生物统计数据、API（应用程序编程接口）及移动通信等科技。

从监管端来看，面对金融科技背景下更加复杂多变的金融市场环境部门有运用监管科技的充足动力。一方面，由于2008年金融危机后，金融监管上升到前所未有的高度，监管机构渴望获取更加全面、更加精准的数据；另一方面，监管部门面对金融机构报送的海量数据，需要借助科技提高处理效率和监管效能。金融科技带来了新的风险场景和风险特征，也需要监管机构"以科技对科技"去积极应对。因而，监管端的监管科技在近几年各国的实践中得到了飞跃发展。具体而言，监管科技在监管端的运用可以分为数据收集和数据分析两大方面。数据收集过程中可以形成报告（自动化报告、实时检测报告），进行数据管理（数据整合、数据确认、数据可视化、云计算大数据）。数据分析的具体运用包括五个方面，即虚拟助手、市场监管、不端行为监测、微观审慎监管和宏观审慎监管。

二、金融监管科技的发展

自诞生以来就与区块链、大数据、人工智能等新型技术联系紧密的监管科技，拥有与生俱来的颠覆基因即颠覆式创新（Disruptive Innovation）。颠覆式创新指的是一个较小的公司或组织使用较少的资源能够成功地挑战改变市场已有的格局，特别是当已有的市场经营者主流在着力于提高他们的产品与服务，并将其用于满足高利润消费群体，从而忽略了其他不能带来高额利润的消费群体时，市场闯入者就可以用颠覆性的手段向那些被市场主流所忽略的消费群体提供能够满足他们需求又相对低价的产品与服务，并以此站稳脚跟。他们通常是一个利润极低的非主流市场。由于成熟的企业都在追求更高的利润率，不愿意踏足，这就给这些采用颠覆性技术的企业留有生存和发展的空间。

越来越多的市场数据，以及数据分析方法的发展使监管机构和企业能够在"监管科技"这一新兴领域中开发并研究出新的合规工具，金融机构也更容易遵守监管要求。例如，实时风险分析工具，可以帮助监管机构更迅速地发现欺诈行为。尽管商业银行、投资银行一直以来都是监管部门严查的主要目标，但随着时间的推移，"监管科技"的覆盖范围已经逐步扩大到零售银行、互联网金融公司、网络信贷平台、互联网保险等，以促进消费者保护和保证市场稳定健康发展。随着"监管科技"这一行业的出现，监管机构应探索使用类似的科技工具，协助市场监督。监管机构向来习惯与技术创新者进行互动，并将其作为潜在的受监管机构，但实际上，他们也应该将这些创新企业视为金融监管工具的服务提供商和合作伙伴。

以大数据、人工智能为代表的智能技术的应用已经全面渗透至金融行业价值链，成为当前金融机构数字化转型的新驱动引擎。人工智能在数据处理方面表现突出，解决了金融行业交易数据的数量级高、颗粒度大、数据异构等痛点，且金融业务的线上化、虚拟化越来越普遍，带来了大量数据流量和沉淀，为大数据和人工智能技术的应用提供了较好的数据基础资源。随着监管合规对于数据的依赖程度逐渐上升，监管科技智能化是必然趋势。

监管科技的发展依托于金融科技大数据的发展，利用科技手段履行监管职责的内在需求。虽然监管科技仍处初期，但是其已经被广泛关注并快速发展。大数据的发展驱动监管科技的发展，其对传统金融业态的尝试性调整突出表现为跨界化、去中介化和去中心化、自伺服四大特征，对金融监管产生了巨大的冲击和影响。面对金融科技给传统监管体系带来的冲击和挑战，迫切需要监管机构改变现有的监管方式、方法，甚至进行流程再造。主要措施如下：

（一）跨界化的大数据技术需要金融监管构建匹配的技术和监管力量

以大数据为基础的金融科技跨越技术和金融两个部门，金融业务跨越了多个金融子部门。金融科技公司的技术属性使监管很难具备同等水平的能力与之匹配，存在人力、物力和财力的严重失衡令监管有效性无法得到保证。业务的跨界化发展很难准确对应某类监管，多头监管的结果是无人监管，很容易被监管机构忽视，尤其是诱发监管漠视，低估系统性风险。随着近年计算机学科的快速发展，以人工智能为主的创新服务模式可能导致金融机构中介功能的弱化，机构化的监管框架和去中心化的金融科技存在明显错位。

金融科技可能具有自我强化的自伺服功能和自我学习能力，引发监管问题。首先，具有自伺服功能的模型和算法可能引发程序依赖自我化，使风险累积甚至出现其他风险。其次，任何算法、模型都与现实存在一定偏差，或者在运行一段时间后出现与新的现实的偏差使相关运行无法收敛。再次，在人工智能领域，信息数据的安全性是一个潜在风险点，数据一旦泄露，在一个依赖自我强化的系统里会极速扩张，甚至导致更加严重的数据篡改等问题。最后，在没有或缺少道德约束的情况下，人工智能的自我学习功能可能使机器变成"坏小子"，甚至演变为智能欺诈、智能违约等风险。为应对以上风险，金融监管必须"以其人之道，还治其人之身"，通过与科技的结合，弥补、修正自身存在的问题。

（二）合规成本趋高，金融监管需要配合监管科技

2008年金融危机爆发以来，全球金融监管步入趋严态势，金融机构的合规成本被大幅提升，包括对合规人员及合规技术的监管要求的软硬件迭代以及违规处罚费用等方面。监管科技的最大优势是能实现纸质报告流程的数字化、减少监管的人力激励支出及集中化满足监管要求，从而降低合规成本。同时，监管科技的金融机构无缝对接监管政策，及时自测与核查等行为，完成风险识别与控制。在保持合规和控制风险的前提下，金融机构势必通过各种手段以最小的支出实现最大的效果。

（三）监管科技变制度为技术，促进新的监管创新

金融科技思维与传统金融业的结合，将助力金融业的转型升级和金融科技的发展，并会产生一些金融监管创新。这些创新型监管模式包含技术与理念的双重优势，将持续颠覆传统金融业，并将在很大程度上改变全球经济的风貌。让金融从"制度"向"技术"转

变,这将成为未来金融"演变革命"的开始。金融是现代社会的制度安排,"制度"是金融的自然属性。但随着社会的发展,特别是科技的进步,将赋予金融越来越多的科技内涵,并改变金融的属性。具体而言,新技术主要在以下方面发挥了替代的优势。一是云计算等技术的应用便于整理、搜集、归纳更加准确、详尽的监管信息和动态,能够提高监管信息的可得性和及时性,通过应用程序接口(API)实现内外部监管数据和信息的及时、准确传输。二是嵌入式的监管系统。在调整和更改监管规则和标准时能够极大地发挥软件系统的迭代优势,明显降低规则的"菜单成本"。

【知识拓展】

监管科技 ABC 架构

监管科技 ABC 架构(见图 8-1)的顶层以 AI 服务呈现。云计算技术是基于低成本的复制、可扩展的弹性、众人参与的开源等特性开发的,是解决大数据问题的最实用的办法。同时,大数据和云计算又驱动了人工智能的发展。就目前来看,机器学习仍是实践 AI 的主要技术。金融机构实践 AI 所用到的技术仍是机器学习,即应用算法、模型分析数据,测定、判断、预测业务、产品、用户、市场和风险,从而实现机器自动化、自主化决策的方式。在今天的大数据和云计算时代,有了充足的食物供应——大数据,并进化出了极强劲的消化系统——云计算和 GPU,机器学习迎来了崛起的契机,它是大数据时代的人工智能新途径,也是现阶段实现人工智能最靠谱的途径。

A	应用层	监管政策数字化	KYC	风险管理
	认知层	自然语言处理	用户画像	机器学习
人工智能	感知层	语义分析	图像/视频/生物特征	案例分析/风险模型建立
	算法层	机器学习平台	深度学习框架	
B 大数据		大数据分析	数据采集	非结构化数据处理
		引擎/框架	高性能计算	资源隔离/管理
C 云计算		计算服务CPU/GPU/FPGA	存储服务	网络服务

图 8-1 监管科技 ABC 架构图

(资料来源:《2018 监管科技发展研究报告》。)

三、基于金融监管的监管科技应用

（一）监管科技收集数据应用

监管科技收集数据应用包括自动化收集和实时监控。在自动化报告中，金融科技解决的一个关键是数据推送方式。奥地利中央银行搭建起了一个报告平台，成为连通被监管单位 T 系统与监管机构之间的桥梁。该系统允许银行部门在不增加数据提供者的管理负担的情况下传送关键信息。这个平台搭建在奥地利报告服务有限公司（AuRep），由七家最大的奥地利银行集团共同拥有。在标准化的转换规则下，基础数据被连续转换。目前，大多数统计和财务稳定性报告以及一些监管报告都是根据这一数据模型运行的。澳大利亚 MAI 系统可以实现实时监控，从所有股权和股权衍生的产品和交易中心提取实时数据，提供实时警报，识别在执行时调查或检测到的市场异常。

（二）监管科技管理数据应用

监管科技管理数据主要包括数据验证（Data Validation）、数据整合（Data Consolidation）、数据可视化（Data Visualization）和云计算（Cloud Computing）。数据验证监管科技的数据验证主要包括检查数据接收、数据完整性、正确合理性以及一致性。新加坡金融管理局（MAS）运用科技进行数据验证，包括数据清理和数据质量检查。这能够提升效率、节省时间、监管机构将更多的精力集中于调查。机器学习（ML）可以自动标记异常数据，为统计者或数据源指出潜在错误来提高数据质量。奥地利中央银行也基于机器学习和非监督学习建立了数据验证模型。数据整合通过监管科技能够将微观零散数据汇集起来形成宏观庞大数据，最终形成报告。Sun－Tech 应用程序可以组合多个数据源以支持分析工作，通常包括结构化数据和非结构化数据。例如，意大利银行将可疑交易举报（结构化数据）与新闻评论（非结构化数据）整合起来进行反洗钱调查。卢旺达国家银行将监管数据与内部系统数据整合起来为监管者和决策者提供更有意义的信息。数据可视化数据并不直接等同于信息，因此运用数据可视化工具将大量的、复杂的数据以容易理解的方式呈现给监管者意义重大。另外，云计算能够实现更大、更灵活的存储、移动容量和计算能力。

（三）监管科技的数据分析

金融方面利用监管科技实现数据分析主要包括虚拟助手（Virtual Assistant）、市场监管（Market Supervasion）、不端行为监测分析（Monitoring and Analysis of Misconduct）和宏微观审慎管理。虚拟助手包括监管机构使用机器人向被监管机构提供研究与实践监督，分析这些数据并发出市场操纵信号。监管科技可以应用在合规数据的标准化流程中，利用多种新技术帮助金融机构清洗加工数据自动生成合规报告。市场监管（Market Supervision）通过Sup-Tech分析大量数据，可以进行市场监管和对可疑交易进行检测。不端行为监测分析方面，通过监管科技可以监测到人工监测不易发现的异常交易和关系网络。诸多监管机构如意大利银行、卢旺达国家银行、菲律宾中央银行、新加坡金融管理局及墨西哥国家银行证券委员会等都正在或计划运用创新技术来监控。新加坡金融监管局用自然语言处理机器学习（ML），来分析可疑交易报告，以便发现潜在的洗钱网。反欺诈/潜在欺诈识别利用机器学习算法能够帮助识别潜在的欺诈行为。

【案例】

腾讯"灵鲲"金融安全大数据监管平台

腾讯"灵鲲"作为国内首家金融安全大数据监管平台，将大数据应用与反欺诈相结合，探索防范金融风险的基础预警平台，是富有价值的监管科技创新。灵鲲平台定位为金融监管科技平台，基于腾讯自有数据及监管单位本地数据实现数据打通，通过对常规金融业务、准金融业务、类金融业务的风险量化指标进行人工确认后，深度挖掘腾讯储备的金融黑产数据和金融业务风险数据，实现金融安全风险决策引擎模型的初步确认，同时对具体的金融案情进行机器学习并生成风险量化指标，经过人工指标和机器学习生成的指标反复互相校验和优化，稳定后正式上线部署。平台可锁定监管对象进行监管科技管理，其中实现监测、分析、模型拟定、欺诈定型、监管科技全流程管理；平台覆盖传统/创新/未知（工具/业态/模式）等金融风险，其中分析方向包括人员流、设备流、信息流、资金流，实现实时监测，实时止损，实时展示数据链接。

目前，腾讯金融安全全息大数据监控科技平台，已经实现现金贷、P2P、虚假投资理财预警、金融传销等场景的风险预警，其中主要的风险指标量化包括：信用风险、操作风险、流动性风险、市场风险、法律风险、传播风险、舆情风险等；其中风险分析还包括宏观风险指标，如GDP增长率、通货膨胀率、出口变化率、投资增长率、银行存贷款变化、资产价格变化。该平台可同时提供金融风控SAAS服务，服务区域性地方银行、信用社等弱风控能力的金融部门，减少它们的风控成本，助力加快落实普惠金融。平台的整体架构由四个模块组成，分别是灵鲲"7+4"风控引擎、灵鲲盒子（AI大数据引擎）、灵鲲大数据监管平台和灵鲲消费者举报查询平台。

第一，灵鲲"7+4"风控引擎的前台端是企业的线上提交入口，在这个入口处需要提供主要合伙人信息以及主题信息。将这些信息结合腾讯内部构建好的各种库，如通信黑库、RL解析库等，通过灵鲲大数据侦测引擎进行关联分析，从而得出风险评分。第二，灵鲲盒子（AI大数据引擎）是安全平台的核心，通过云端数据、线上线下数据，结合智能算法完成精准预警、洞察感知风险的功能。这个引擎覆盖全面，涉及八大维度、100+特征，覆盖消费者分析到工商、股权、存活、收益、舆情、经营、关注度、平台等。第三，灵鲲大数据监管平台在网站上实时显示被监管公司或个体的情况，可以根据可信度由低到高排序，最上面的公司要尤为注重监管。第四，灵鲲消费者举报查询平台通过小程序的平台入口，消费者可以选择查询或者举报，时时关注公司当前是什么状态。

灵鲲金融风险监管平台目前已经服务于国家工商总局、北京和深圳金融局等多个省市政府机构，在金融风险防范上取得了显著的成绩。通过和工商总局合作，能有效感知整个互联网的传销态势，通过对3 400多家传销平台和3 000多万传销参与者分析，已经向工商部门预警了高危传销平台20多家。

第三节 监管科技的模式与创新

一、国外监管科技的发展

2014—2015年是监管科技发展的起步阶段，2016年后监管科技在全球进入快速发展阶段。各国在金融科技的监管方面包括：一方面，督促金融科技初创企业加强自身的合规与内控工作，加快发布行业统一的技术、服务标准；另一方面，实施"柔性监管"，利用监管科技来应对金融科技带来的风险。总体上，监管科技主要集中于英国和美国，而亚洲国家正在积极发展。

（一）美国

美国金融体系属于混业经营模式，对FinTech的监管主要是功能性监管，即不论Fin-

Tech 以何种形态出现，都根据 FinTech 的金融本质所涉及的金融业务，按照其功能纳入现有金融监管体系。例如，资产证券化的 P2P 业务，属于美国证监会监管；虚拟货币方要被美国国税局征税，并且纽约州金融服务管理局还要将其纳入到货币活动商业许可证的监管范围。另外，美国还有对 FinTech 的完整政策法律体系，并能适时动态地进行调整。比如，奥巴马在 2012 年签署了《创业企业融资法案》（Jumpstart Our Business Startups, JOBs），填补了美国在股权众筹方面的监管空白，随后白宫国家济委员会发布了《美国 FinTech 框架》，详细阐述美国政府对 FinTech 的态度和展望；美国金融业监管局（FRA）出台了《对数字化投顾使用的指导意见》；美国金融消费者权益保护局（CFPB）制定了《CFPB 创新细则》，来促进对消费者有利的创新。

美国是金融科技公司和创业者的所在地，这些公司是开发和部署以下产品的领先创新者，包括数字货币、基于区块链的技术、电子支付以及消费产品和商业金融产品及服务的数字化手段。主要模式包括服务解决方案技术公司通过移动数字平台和其他创新形式直接向客户提供金融服务，自己研究和开发金融技术；银行与传统金融服务商，购买其他公司的核心处理器，与软件供应商合作；非银行金融科技公司与传统银行之间的合作，将金融科技公司的创新和用户体验重点与传统银行的风险管理技能、深厚的客户关系和其他优势结合起来。美国金融体系属于混业经营模式，对 FinTech 的监管主要是功能性，不论其以何种形态出现，都根据 FinTech 的金融本质所涉及的金融业务，按照其功能纳入现有金融监管体系。

（二）英国

英国监管科技的发展迅速，主要采用监管沙盒模式。根据英国金融行为管理局（FCA）的定义，监管沙盒指的是金融科技企业用于测试其创新金融产品、服务、商业模式和营销方式的安全空间，而不会因为在相关活动中碰到问题时立即受到监管规则的约束，其主要目的是帮助企业在无须遵守财务指令的情况下，在实际的生活场景中"模拟测试"其业务概念。在沙盒测试过程中，企业需要在特定的范围内才可以进行交易和服务，在保护消费者和金融系统完整性的同时，依然可以进行金融创新。例如，监管机构可以针对不同的测试公司，适当放松某些监管要求，这样一来在鼓励创新的同时，也可以在其测试阶段中为企业提供适当的保护。然而，这么做也将使"标准"沙盒的运作更有难度，可能会对他们的可扩展性增加限制。监管机构确定一个商业概念是否具有创新性，也是一个潜在的问题，因为"创新决定"的判断可能不属于监管机构的技能范围。那些在其特定领域内，专业知识水平较低的监管机构，在此过程中可能需要外聘水平更高的专家才能解决该问题。升级后的监管沙盒 2.0 将使初创公司能够获得更多的创新融资方式，包括 ICO 融资和众筹等其他资源,通过集中的 FCA 授权机构进行监督和管理,对公司的所有投资者进行必要的反洗钱(AML)、反恐怖主义融资(CFT)和了解你的客户(KYC)检查(该项为可选服务)。

(三)新加坡

新加坡由于金融市场相对较小、市场创新相对不足,因此也采用监管沙盒模式对 FinTech 进行监管,以此来推动 FinTech 的发展。2016 年 6 月 6 日,新加坡金管局发布了《FinTech 监管沙盒指南(征求意见稿)》。该意见稿对监管沙盒评估标准、退出机制和申请流程都有明确的阐述和提议,通过推出监管沙盒模式为 FinTech 的发展开辟出一个安全有益的环境,以试验性的方式向市场推出其产品和服务,让一些初创企业获得更大的发展空间,然后根据实际的市场影响来进行一些监管。与英国所不同的是,英国的监管沙盒适用于所有的科技类企业,而新加坡的监管沙盒仅适用于 FinTech 企业。另外,新加坡金融管理局还成立 FinTech 与创新组织(FG)来负责 FinTech 的政策、发展和监管,为企业提供一站式服务。新加坡还加强国际监管合作,将新兴趋势以及创新监管科技方面将与这些国家进行积极的共享。

(四)日本

日本一方面受到严格的法律和监管限制,吸引监管科技产业风险投资水平一直较低,金融集团受限于只能持有初创企业 5%~15% 的股权。另一方面由于日本利率水平低,居民倾向于持有现金,金融服务创新需求偏弱,从而制约了 FinTech 的发展。面对金融科技发展落后其他国家的状况,日本决定放松对金融科技企业投资的限制。日本政府在 2016 年对相关法律进行了修改,允许银行持有 5% 以上的科技公司的股份,并允许银行收购非金融企业 100% 股权,前提是该公司将信息技术应用于金融领域。日本的银行从此可以与 FinTech 企业建立合作关系,以开发包括机器人投资咨询和区块链在内的服务和技术。

从各国对 FinTech 的监管模式来看,英国的监管沙盒服务于其追求建立金融科技国际金融中的目标;美国的功能性监管与其国内金融市场规模大、金融与科技创新动力强的市场环境相适应;新加坡的监管沙盒有利于克服国内金融市场较小、创新动力弱对 FinTech 发展的制约;日本放宽了金融机构持股科技企业股份的限制,有利于突破 FinTech 发展的资金支持瓶颈。此外,瑞士、德国、荷兰、葡萄牙和丹麦等国的监管科技也已起步。瑞士金融市场监督管理局(FNMA)明确表态,期待借助监管科技手段降低被监管方与自身的监管合规成本;荷兰央行与荷兰金融市场管理局于 2016 年 6 月发布建立与金融服务创新相关监管措施的工作计划,提出要运用技术手段监控金融创新的潜在风险。

总体上，各国金融科技监管的目标主要是保护金融消费者权益，维护金融市场稳定。进一步地，除了金融现代化程度较高的国家以外，各国监管困境主要围绕新兴金融业务，比如如何监管移动支付、互联网消费金融等业务，在这方面各国的处理方式各不相同。除了对新金融领域进行管制外，各国也加强了对技术的管制，对技术造成的系统性风险较为谨慎，但是对于技术的伦理性审查则稍显不足。

二、我国金融科技监管的现状

相比这些国家和地区，我国的监管科技类企业发展可以说才刚刚起步，尚在探索阶段，法律法规、流程标准、宗旨体系等方面的一系列挑战待攻克。自 2005 年以来，随着互联网技术的发展，我国金融业与互联网的融合逐步加深。2013—2015 年，以 P2P 的爆发式增长为重要表现之一，是我国互联网金融飞速发展的时期。2015 年至今，随着云计算、大数据、区块链的融入，金融科技产品日新月异，改变了原有的融资模式。

当前我国具有金融市场规模较大、金融创新动力强、防控系统性金融风险刻不容缓这三大特征，野蛮生长的金融科技给监管带来了巨大挑战。一方面，为资金管理带来了挑战。互联网金融的高速发展主要得益于技术带来的广覆盖、低成本、高效率等优势，但由于管理经验和相关制度的欠缺，不少互联网金融企业内控薄弱、消费者保护意识缺乏。进一步地，混业、跨界式经营给行业监管带来了挑战。互联网金融企业提升了金融风险的快速传播的可能性，容易利用监管空白实现监管套利。另外，通过创新打破嵌套，往往贯穿多层次的金融市场，使底层资产和最终投资者变得模糊，风险的隐蔽性增大，难以被识别和度量，即使要求产品主动上报其实质属性，对其真实性进行鉴别和确认的工作量也很繁重，这就对金融监管的技术手段和水平提出了更高的要求。此外，监管方还面临着科技风险、道德风险等方面的挑战。金融业务越来越多融入科技创新，一些不法分子可能乘虚而入，借用系统漏洞和系统故障对用户实施欺诈行为；一些道德缺失的公司打着"金融科技"的幌子，行使诈骗。由此来看，有必要构建中国特色的监管科技体系。

我国在特色监管科技体系的构建中，需要完善金融监管双支柱，涉及宏观审慎监管和微观功能监管。总体来说，就是构建微观功能监管与宏观审慎管理相结合的金融科技行业监管双支柱，建立金融统合监管体系与主动精确的监管数据收集体系，加强国际金融科技与监管科技创新交流。建立 FinTech 行业监管准则。一是建立行之有效的多层次监管机制，实现风险监管全覆盖，避免监管空白，确定各类 FinTech 公司监管主体，明确监管职责权限。二是建立适应金融发展与风险防范并存的长效监管机制。按照实质重于形式的原则，实行"穿透式"监管。把资源、中间环节与最终投向穿透连接起来，综合全链条信息判断业务和法律关系，执行相应的监管规则。如果是证券的就归证监部门，是银行业务和保险业务的就归银保监部门管理，如果是第三方支付业务，就归央行管理。三是积极研究探索分类分级监管。针对经营规模资本、技术和风控能力不同的机构，在各类业务准入、创新方面采取分类分级监管方式，提高监管效率。

宏观审慎管理方面，金融机构在采用机器学习和人工智能技术来处理金融大数据和管理风险时，将具有更强的风险识别能力，客观上强化了顺周期行为。依托大数据、人工智能等分析技术，金融机构能够在经济下行时更快地捕捉到经济形势的变化，于是收缩贷款，贷款的收缩又将导致经济加速下滑，坏账风险增加，结果导致了金融机构更审慎的贷款行为，呈现出恶性循环的态势，这就是加入金融科技之后的顺周期行为，因此更需要进行逆周期的调节。另外，一些 FinTech 公司收取客户备付金，可能造成流动性风险。当前已建立支付机构客户备付金集中存管制度，可以将其纳入到整个宏观审慎管理框架之中。另外，监管沙盒可以作为双支柱的必要补充。在局部地区可以采用监管沙盒模式，推进 FinTech 创新。但由于监管沙盒更加适用于小型的开放经济体，特别是以国际金融中心为主的经济体，而对中国并不适用。整体上更重要的还是要采取微观功能进行监管加宏观审慎管理，以此防范系统性的金融风险。

我国还可以构建金融综合监管体系和主动、精确监管数据收集体系。金融统合监管体系需要构筑金融统一监管委员会，对银行、保险、债券等金融领域实施统一监管，构筑大监管格局。通过一系列去通道、降杠杆、消非标、破刚兑的措施，规范金融机构资管业务，统一同类产品监管标准，防控金融风险。按照"实质重于形式"的原则进行业务性质筛选，根据业务职能和法律属性，明确监管原则和责任。

三、监管科技主要模式与创新

良好的金融监管是金融市场稳定繁荣的前提条件，也是世界各国政府努力实现的目标。根据 IMF 的评价方法，良好的金融监管应该具备以下关键要素。第一，侵入性。金融监管机构应该对金融机构的各个方面有着持续充分的了解，并进行现场检查，而不能只依靠异地分析。第二，主动性和怀疑精神。主动的金融监管对解决金融市场的顺周期性具有重要意义。在经济繁荣时期也应该具有质疑精神，对金融机构的风险情况进行分析，从而有效地防范金融机构破产。第三，全面性。金融监管应该对金融市场进行全面的观测，对系统性风险的迹象保持高度的敏感。这些风险迹象不仅来自于系统重要性金融机构，还可能来自于金融机构的表外内容。第四，适应性。适应性对当代的金融监管机构非常重要，也对其能力提出了很高的要求。金融监管机构要适应金融市场发展的新趋势和金融机构新的商业模式,调整自身的监管范围以防止监管空白的产生,提升监管技能以适应金融创新。第五,决定性。金融监管要有明确的结论,对所有的监管行为都要达到最终结果,形成最终结论。

当前各国政府或监管当局已经或正在推出鼓励创新的一系列政策举措,大致可以分为四种模式:监管沙盒(Regulatory Sandboxes)、创新中心(Innovation Hubs)、创新加速器(Innovation Accelerator)和安全港协议(Safe Harbor)。四种模式可以独立运用,但也有国家将监管沙盒视为更广义的创新中心中的一个模块。

(一) 监管沙盒模式

监管沙盒可以形象地描述为一个安全空间,在这个安全空间内,金融科技企业可以测试其创新的金融产品、服务、商业模式和监管方式,而不用在相关活动碰到问题时立即受到监管规则的约束。在有限的范围内,监管沙盒简化了市场准入标准和流程,豁免部分法规的适用,在确保消费者权益的前提下,允许新业务的快速落地运营,并可根据其在沙盒内的测试情况准予推广。目前金融科技的运用存在两方面的困境:一方面,现行监管制度无法适应金融科技的发展,甚至一些监管规则会遏制金融创新;另一方面,监管部门对新生事物不甚了解,监管能力不足,难以准确把握金融科技的发展情况及影响。在此背景下,英国金融行为监管局(ECA)于2016年5月正式启动监管沙盒项目,成为最早落地的国家。

监管沙盒可以解决金融监管当局面临的两难问题。它提供了一个"缩小版"的真实市场和"宽松版"的监管环境,在保障消费者权益的前提下,允许金融科技初创公司对创新的产品、服务、商业模式和交付机制进行大胆操作。如此,不仅金融科技初创公司可以在规定范围内进行大胆创新,监管部门也可以随时了解金融创新情况,为之后制定金融科技方面的政策法规积累经验。就中国实施监管沙盒而言,在主体框架的构架方面,监管沙盒应由中国人民银行牵头,会同银保监会、证监会,以部门规章的形式制定沙盒监管制度。"一行两会"负责沙盒监管的具体实施,并监管测试各地方金融主管部门负责待测试企业的事前、事中及事后管理,并向中央汇报最新工作进展。

(二) 创新中心模式

创新中心模式支持和引导机构(被管机构和不受监管的机构)理解金融监管框架,识别创新监管的相关监管内容、政策与法律等。这一模式已在英国、新加坡、澳大利亚、日本和中国香港等多个国家和地区得以实施。其中,既有一对一的模式,也有面向更广泛受众的支持引导。但此模式一般不涉及创新产品和业务的真实或虚拟测试。这一模式因其可操作性更强,预计未来将有大量国家和地区推出类似的制度安排。

（三）创新加速器模式

创新加速器模式是监管部门或政府部门与业界建立合作机制，通过提供资金扶持或政策扶持等方式，加快金融科技创新的发展和运用。一些国家的"孵化器"安排也属于这一模式。鉴于监管部门的职责所在，预计这一模式将更多地为政府部门而非监管部门所采用。各国当局都希望在本国建立良好的金融科技生态系统，通过政府、监管部门、传统金融机构以及金融科技业等相关主体的沟通合作，建立及培育金融科技产业，激发科技创新，吸引金融科技人才，提高金融市场与金融体系效率，并增进金融消费者的满意体验。

（四）安全港协议模式

《安全港协议》是2000年12月美国商业部同欧洲建立的协议，用于调整美国企业出口以及处理欧洲公民的个人（例如，名字和住址）。该协议不同于美国同欧洲之间的传统商业协定，是响应欧洲的意图而建立的折中政策。《安全港协议》要求收集个人数据的企业必须通知其数据被收集，并告知他们将对数据所进行的处理，企业必须得到允许才能把信息转售给第三方，必须允许个人访问被收集的数据，并保证数据的真实性、安全性以及采取措施保证这些条款得到遵从。要达到"安全港"的要求并得到其保护，机构必须采取以下措施之一：①参加符合"安全港"原则的自律性隐私权保护项目；②制定符合"安全港"原则的自律政策；③遵守有关保护个人隐私权的法律规范。机构采取上述三项措施之一，并以"安全港"成员的身份从事电子商务，自愿作出承诺遵守"安全港"的七条隐私保护原则[①]，这些机构就被假定达到了"充分保护"的要求，可以继续接受、传输来自欧盟的个人数据。加入"安全港"的机构也必须承担一定的义务，即要保证遵守"安全港"的七条原则。

根据主要的监管科技模式，具体来说我国的应用创新包括交易行为监控构成、合规数据报送构成、法律法规跟踪升级构成、金融压力测试体系等。市场交易行为监控系统覆盖交易前、交易中、交易后三个阶段，实时反馈跟进。通过利用大数据、云计算等新兴技术，可以简化监管业务流程，降低成本，提高金融机构的运营效益。基于实时传送的风险监测分析，金融机构可获得更加有效、快捷的监管建议和指导，更好地了解监管法规和合规责任，在后续经营活动中不断改进自身工作。

合规数据报送构成主要在于统一的数据报送口径制定，使合规数据的处理与报送流程标准化。金融机构可以对自有交易数据进行加工清洗，提高内部数据整合效率及数据质量，从而简化合规报告生成流程，降低合规成本。监管API是监管机构向金融机构提供的

---

① 七条隐私原则包括：通知原则、选择原则、向外移转原则、安全原则、资料完整原则、获取原则和执行原则。

监管科技接口，将各种监管政策、规定和合规性要求进行数字化（工具化和标准化），使其具备"机器可读"或者"可编程"的要求，方便金融机构对其内部流程和数据进行编程，并通过统一协议交换数据和生成报告。监管机构可以针对不同的监管业务定制 API。API 包括各种需要输入的数据和计算函数，以及输出的数据等，金融机构通过调用 API 对其内部流程进行数据编程，并通过统一的协议交换数据，自动完成计算和报告等事项。

在合规数据处理阶段，金融监管部门与金融机构利用 API 技术、系统嵌入、云计算等方式，完成实时数据交互，减少人工干预，提高金融机构报送数据的能力，降低金融机构的合规成本。在数据标准化方面，云计算能对不同维度、不同类型和不同形态的数据进行集中处理分析，实现金融机构之间数据的通用性。同时，平台各方基于云计算技术可以制定统一的金融数据统计口径、数据交互标准，加强数据综合利用，实现监管合规要求的自动化处理。在合规数据传输过程中，可以利用安全多方计算、数据安全存储单元等加密技术保证数据传输过程中不被窃取、篡改、破坏等，通过属性、对象和访问类型标记元数据，增强监管数据采集过程的安全性和可靠性。在数据清洗环节，针对海量异构金融数据，特别是由于数据来源广、关联系统多等原因而产生的低质量数据，综合运用数据挖掘、模式规则算法、分析统计等手段进行多层清洗，使获得的数据具有高精度、低重复、高可用优势，为风险态势分析等提供更为科学合理的数据支持。

法律法规跟踪升级构成主要运用人工智能技术实现监管科技的应用。人工智能通过自然语言处理和机器学习技术，可以快速处理和学习最新的法律法规和监管案例，进行案例分析推理，比较不同案例差异，进行全局化计算，评估金融风险，及时提醒金融机构调整合规操作。除此之外，人工智能和大数据技术分析还可以比较不同国家监管文件之间的关联性和差异性，帮助金融机构合法地开展跨境业务。

自 20 世纪 90 年代以来，金融压力测试已经逐渐被国际银行和各种金融机构所采用并进行风险管理。测试人员将金融机构或资产组合置于某一特定的极端情景条件下，如经济增长骤减、股价暴跌等，观察其在压力下的表现，测试其承受能力。经过多年的实践，目前的金融压力测试已经形成一套较为系统科学的测试流程。以欧美常见的压力测试为例，通常选取信用较为良好、影响力大的金融机构进行测试；设定测试情境时一般选择历史情境或者极端情境即已发生过的情况或者专家预想的极端金融状况，根据市场的状况和自身业务特点决定；信息披露与反馈测试机构会对整个测试过程实时监控、实时检测，适时披露相关信息透露给金融机构更改的信号。新技术下的金融压力测试将借助人工智能、大数据等手段更加精准地模拟虚拟情境下的金融状况反馈，监督过程也会更加透明。沙盒模式金融风洞的探索实践是力求在一个风险最低的前提下进行策略创新的良方，目前也已经在很多国家得到推行。

【案例】

智能化数据甄别分析工具——Apache Hadoop 狙击洗钱犯罪

洗钱是将从非法活动中赚取的钱转化为合法货币并同时隐藏货币来源的过程。而这些非法资金或者说是黑钱，则与恐怖主义、贿赂、勒索、贩毒、人口贩运以及网络欺诈等众多非法活动脱离不了干系。一旦黑钱通过洗钱进入银行、金融公司和股票市场，就会破坏国家金融体系的根源。随着经济一体化与互联网技术的发展，资本交易不再受限于地域和时间，这也给反洗钱工作带来了严峻的挑战。不同的金融机构对于机构内部进行的交易活动具有不同形式的定义结构。因此，为了打击洗钱和检测洗钱犯罪，首先需要收集所有银行的单一交叉数据集。而在整个大数据生命周期中，必须支持数据完整性、访问控制权和问责制。从多个银行收集的结构化、半结构化和非结构化数据将代表单个跨银行数据集中的变量参数。各种交易将以恒定速率添加到数据集里。例如，以日、周或月为单位。利用大数据技术提取所需信息后，汇总成跨行数据集，用于预测异常客户进行洗钱的行为，之后便需要在分布式机器上使用大数据分析软件处理大型数据集。在众多数据分析处理软件中，通过使用层次分析法模型从技术层面、社交层面以及成本和政策层面三个角度入手，基于容错率、可扩展性、性能、计算复杂性、存储容量、数据处理模型、数据安全性、安装维护、成本、可持续等多个指标进行综合评估，研究者深入分析了可用于执行大数据分析的不同平台，并评估了每个平台的优缺点，Apache Hadoop（以下简称 Hadoop）尽管在特殊的数据处理需求上存在缺陷，难以配置和管理，但它在欺诈数据的筛选检测方面占有一定优势。

作为企业数据中心的一部分，Hadoop 在数据管理的框架基础上进行扩展，并增设了欺诈检测软件的性能。除了将更大、更长期的描述性数据集联机以提高传统的反洗钱解决方案的性能，并引入更相关的预测模型外，Hadoop 堆栈的其他组件还可以通过以下方式更好地检测欺诈性行为：进行或加强实际的勘探、发现、调查和取证；运用多种计算技术，包括静态规则引擎、状态机、图形算法、自然语言处理和机器学习等来打击洗钱行为。Hadoop 还引入一个名为 Map Reduce 的编程原型，它由两个部分组成：Map 和 Reduce，目的是为了处理大量数据并且确保数据可用。上半部分中，Map 函数在每个节点上会输出键值对的结果，下半部分中，Reduce 函数将在指定的某些数据集上执行。Reduce 聚合某些节点上的键值对集合，输出单个组合列表。每个节点可以包含要由 Map 函数处理的不同类型的数据。每个节点上的数据都是经过三重复制的。

 **本章复习题**

1. 金融监管的本源和模式是什么？
2. 随着大数据技术的发展，金融监管出现了哪些新的问题？
3. 金融监管科技的本质是什么？
4. 金融监管科技的发展现状如何？
5. 国内外有哪些监管科技的主要模式与创新？

第九章　其他大数据金融机构与产品

【本章重要知识点】

- 了解信托、融资租赁、第三方支付、P2P 网贷、众筹等其他金融机构与产品的概念与特征
- 了解大数据在信托、融资租赁、第三方支付、P2P 网贷、众筹、互联网金融门户等不同金融业态运营中的应用

除了银行业、证券业、保险业等主流金融机构与产品之外，包括非存款类金融形式的信托、融资租赁，以及随着互联网的发展兴起的第三方支付、P2P 网贷、众筹等的各类其他金融机构与产品作为主流金融业态的补充，为资金融通、金融市场多层次发展和产品创新发挥着重要的作用，同时既是创新的前沿阵地，也是风险的易发地。大数据的应用实践同样体现在这些金融模式中。

第一节　信托业大数据金融

一、信托概述

信托即"受人之托，履人之嘱，代人理财"，是委托人基于对受托人的信任，将

其财产权委托给受托人，由受托人按委托人的意愿以自己的名义，为受益人的利益或特定目的，进行管理和处分的行为。信托既是一种理财方式，也是一种特殊的财产管理制度和法律行为，同时又是一种金融制度。信托与银行、保险、证券一起构成了现代金融体系。

信托公司是指主要经营信托业务的金融机构。信托公司的业务领域横跨资本市场、货币市场与实业市场，产品设计个性化强，创新点多，非常灵活。信托产品的投资主体可以是合格自然人，也可以是合格法人或者其他组织。信托财产形成的风险隔离机制和破产隔离制度，在盘活不良资产、优化资源配置中，信托具有永恒的市场，具有银行、保险等机构无法与之比拟的优势。信托公司通过制度优势、不断进行业务创新，以及产品的高收益和低风险，使其在中国财富管理和资产管理行业中异军突起，逐渐成为财富管理的主力军。信托公司继超越券商、基金以及保险后，成为仅次于银行业的第二大金融业态。

根据中国信托业协会的数据，获得中国银监会批准，通过重新登记获发新的金融牌照的信托公司有68家。在经历了2018年较大幅度的调整后，截至2019年4季度末，全国68家信托公司受托资产规模为21.6万亿元，较2018年末的22.7万亿元同比下降4.85%，2019年信托业资产规模下降幅度明显收窄，进入了波动相对较小的平稳下行阶段，如图9-1所示。

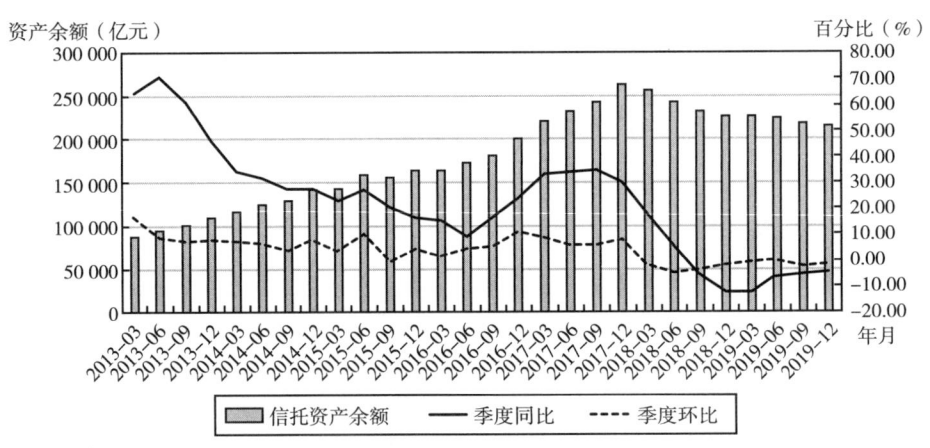

图9-1 2013Q1—2019Q4信托资产规模、同比增速及环比增速

（资料来源：中国信托业协会。）

2019年信托业加快了转型步伐，信托业务资金来源结构进一步优化：集合信托占比上升，单一资金信托占比下降，管理财产信托占比较为稳定。2019年2季度开始，集合资金信托占比开始超过单一资金信托，成为最主要的资金来源，如图9-2所示。

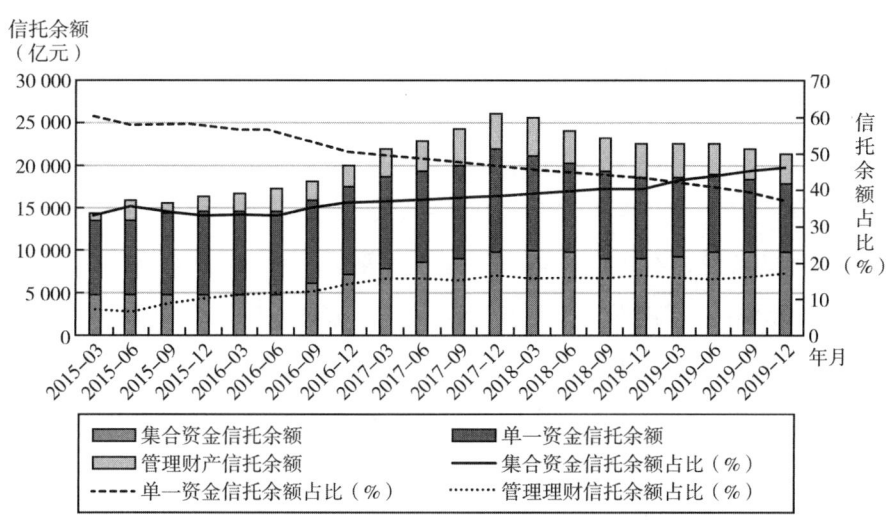

图 9 – 2　2015Q1—2019Q4 信托资产按资金来源分类的规模及其占比

（资料来源：中国信托业协会。）

中国居民财富不断增加，高净值人士愈发成熟，对资产管理和财富管理的需求愈加多元化，面对中国财富管理的蓝海，各金融机构虎视眈眈，金融行业竞争也愈发激烈。各行各业纷纷加大信息化建设力度，增加对云计算、大数据等领域的科技投入，以期抢占互联网时代大数据应用的战略高地，从而在激烈的市场竞争中获取先机。就信托业自身特点而言，大数据在信托业有良好的应用前景。如何利用大数据技术在信托行业中应用，已成为信托业内共同关注的话题。

信托公司利用大数据已有初步基础。在技术方面，一些传统的互联网企业、运营商开始拓展数据服务业务，通过近年来的数据资源积累，积极探索如何为金融机构提供基础的数据服务。大数据应用的技术手段也在不断进步，新兴的技术手段已经突破了结构化数据的限制，可以为客户提供更为全面的数据分析应用。在数据方面，信托业从 2009 年以来进入了快速发展阶段，目前管理资产规模在 22 万亿元左右，按照 68 家信托公司平均资产规模来看，每家公司管理的资产规模均超过 3 200 亿元。信托业务的快速发展为信托公司提供了大量的基础数据资源。信托公司业务多样化，其积累的数据资源也具有很强的多样化特征。这些为信托公司改善数据管理、引进大数据工具提供了资源基础。此外，一些其他金融机构在传统数据仓库的建设、数据的管控与治理、基于数据支撑的营销服务、基于数据分析的全面成本量化和绩效考核等领域已有非常成功的模式以及案例。这对信托公司来说无疑是非常好的借鉴。与银行相比，信托公司产品设计更为灵活、创新行为更加活跃，对大数据的诉求也更为多样。在业务发展和数据支持的相互结合中，信托公司可以在充分借鉴其他金融机构的经验基础上，创新出更适合自己的大数据应用模式。

二、大数据在信托业的应用前景

在信息化时代,大数据金融业正呈现网络化、高效率的发展趋势。其快速采集各种数据进行快速分析的优点对于金融业,尤其是信托业有着极大的作用。信托业在大数据应用方面有着非常广阔的前景,有望成为新的蓝海,它既是一种工具的创新,同时也是人类历史上认识世界方法论的一次创新,未来前景也是一片光明。对大数据在信托业的应用前景分析,也是从战略层面分析信托公司对大数据的主要需求,信托公司在转型时期核心竞争力的构成要素分别体现在产品研发、风险管理、财富管理以及运营决策水平几个方面:

(一)产品研发与大数据

信托公司的业务领域广,产品设计非常灵活,产品类型较为丰富,不同类产品之间的组合更具空间。通过大数据手段,可以在三个方面提高信托公司的产品研发水平:一是传统业务的专业化。用投资的思维去做融资类业务,是传统业务的专业化发展方向。这就要求无论是在房地产领域,还是在地方基础设施项目上,都要用更专业的眼光去进行判断。大数据有利于传统业务沿这一方向的改造升级,如在房地产领域,通过大数据的支持,可以对项目所在城市房价走势、所在地段未来发展前景、区域人口流动及对房地产的需求、当地物价及收入水平等多因素进行全面分析,得到更为科学的结论。在地方基础设施项目方面,利用大数据对地方财政偿债能力、交易对手财务状况等作出综合判断,有利于确定项目的规模、价格等因素,进行科学的产品设计和决策。二是提高资本市场的业务能力。信托公司转型的一个重要方向是资本市场,主要业务不仅包括股票、债券等金融产品投资,而且包括定向增发、FOF、MOM 等多个方向。在传统的金融产品投资方面,通过大数据手段,提高对金融市场走势的判断水平,有利于弥补多数信托公司在证券投资能力上的不足。在 FOF、MOM 等产品组合投资方面,也可以通过大数据分析,对不同的基金投资能力作出更为合理的判断。三是探索创新业务模式。在信托公司鼓励业务创新的趋势下,利用大数据的商业价值,可以进行多种新产品和新业务模式的尝试。例如,开发消费信托产品,信托公司完全可以利用大数据思维,针对其行为特征研发具体产品,这样利于风险的分散与控制。四是与其他金融机构的合作与对接,例如,通过健康大数据,开发某种保险产品,并与信托进行对接。

(二)风险管理与大数据

在经济下行阶段,信托公司的风险项目时有暴露,对风险管理的要求不断提高。通过大数据手段，可以为风险管理提供更多的先进工具：一是提高风险管理的全面性。大数据的典型特征就是海量数据资源，一方面可以通过结构化的手段对目标的特征进行描述；另一方面，在数据数量和类型足够的情况下，也可以通过非结构化手段对目标特征进行描述，后者的结论很可能超乎预料，从而发现通常可能忽视的问题。因此，通过大数据对交易对手的风险进行分析，对信托公司掌握更多更全面的风险信息将会有一定帮助。二是提高风险管理的动态性。加强存续项目的过程管理，是多数信托公司提高风险管理水平的重点。但是，信托公司项目众多，每一个项目的融资方、抵押物、担保方的情况都处于不断变化的过程中。而信托公司负责过程管理的人手十分有限，仅通过相关人员的定期调查回访，很难发现潜在的风险和问题。利用大数据，建立每一个项目的过程管理数据档案，对抵质押物的价值变化进行动态监测，对交易对手、担保方的经营情况、资产负债和现金流等信息进行及时分析，可以提高风险管理的及时性和动态性，提高项目过程管理水平。三是提高舆情预警能力。声誉风险也是信托公司必须面对的重要风险。信托公司的舆情监测往往是事后进行，应对措施较为被动。而银行等金融机构利用大数据等手段，对舆情风险进行预警，这方面的做法已有一定探索。一些领先的大数据服务商，通过非结构化手段，研发出先进的舆情预警工具。这些先进手段有助于提高信托公司的舆情预警能力，使信托公司更为主动地化解声誉风险。

（三）财富管理与大数据

尽管信托公司拥有渠道、产品等多方面优势，但是在互联网和泛资管时代，提升财富管理能力成为信托公司面临的共同课题。大数据对包括信托公司在内的金融机构的财富管理业务，将起到重要的推动作用：一是助力产品营销。一方面，利用大数据技术，信托公司可以更为精准地细分客户群，根据不同类型的客户，了解其投资与风险偏好，为其提供不同类型的产品，更好地满足客户需求。另一方面，对于产品而言，通过大数据分析，可以对产品进行更为全面的评级，衡量其风险与收益的匹配程度，进而对产品进行合理定价。二是助力资产配置。财富管理业务发展到一定阶段，重点将从产品营销转为针对客户需求和偏好的资产配置。利用大数据，不仅可以帮助客户选择收益率适当、风险可控的多样化产品，而且可以更准确地了解客户的风险和收益需求，为量身定制资产配置方案提供帮助。三是助力客户拓展。信托公司的财富管理业务将来有两个发展趋势：一是围绕更高净值的客户，开展家族信托服务；二是对接互联网，扩大客户范围和数量。对于后者，大数据可以在风险偏好、行为习惯等方面对客户进行更为细致的描述，帮助信托公司更有针对性地开发与维护客户。

（四）运营决策与大数据

尽管与银行、券商等机构相比，信托公司人员规模较小、管理流程较简单，但越来越多的信托公司开始重视系统建设，不断提高运营、管理和决策水平。大数据在这方面也可以发挥一定的积极作用：一是帮助信托公司及时掌握内部经营管理状况。金融机构在经营管理过程中，本身也会产生大量数据。有研究显示，银行业经营活动产生的数据强度高于其他行业，每一百万美元收入带来的实际数据量为820G。尽管信托公司的业务数据量远不如银行，但是运用大数据思维，对经营活动中的数据进行有效利用，可以为管理层和相关部门提供较强价值和时效性的信息，对公司内部经营管理情况进行及时了解。二是帮助信托公司提高决策水平。大数据不仅强调多样化和海量特征，其本身的存在也代表了一定的客观性。用大数据思维和工具，对公司经营管理的各方面进行描述，可以为公司的各项决策提供客观依据。此外，大数据的即时性特征，可以将相关信息迅速传递给管理层，有利于提高决策效率。

作为大数据在信托业应用的例子，中信信托从2014年就在业务最核心的流程中引入了大数据的方法，对借款人的尽职调查采用了大数据，用大数据的方法，发现很多借款人在原来的尽职调查过程中发现不了的问题，取得了很好的效果，未来还将使用大数据的方法做信托项目运行过程中的风险监控。虽然大数据在信托业的应用还有待深入，但序幕已然拉开。

三、互联网信托

互联网信托是近年来火热的互联网金融的一个全新模式，即P2B（Person to Business）金融行业投融资模式与O2O（Offline to Online）线下线上电子商务模式的结合，通过互联网实现个人和企业之间的投融资。通俗来说，互联网信托的理念为互联网金融的安全性增加了一道保障，它的设立是基于专业金融服务公司的眼光和高于金融行业的自创标准风控体系的，对借款企业进行线下的信息核实，资产抵质押，信用评级等征信服务以及实体确保出资人的资金安全提供了保障。

互联网信托服务的理念起源于传统信托服务，不同于传统信托概念的是，互联网信托平台只针对中小微企业提供投融资服务。从目前中国企业融资金额需求来看，多数小微企业的资金缺口较小，并且小微企业接受高于法定基准贷款利率的融资成本。因此，互联网信托平台可以面对比传统信托范围更广的大众闲置资金。传统信托的资金门槛较高，一般在百万级以上，并且投资期限也在几年以上，而大众闲置资金则有投资门槛低、期限短的特点，大众闲置资金的分配和调整相对更灵活。同时，互联网信托的透明化程度也是传统信托所不具备的，在互联网信托平台上，对借款企业与投资个人要求实名认证，对借款企业基本资料要求公开，并且对每一个项目的进行过程完全透明。互联网信托平台是信托业与大数据的另一个结合点。在开放式产品平台上，客户不仅可以获得各信托公司发行的优质信托产品资讯，还可获取证券公司资产管理计划产品、基金子公司资产管理计划产品、银行理财产品及私募股权投资产品等各类产品资讯。

互联网的介入彻底地颠覆了传统信托的运营模式，传统信托是纯线下的运营模式，受时间、空间、地域限制较多，模式单一但成本普遍较高，流程复杂，反应迟缓，而且缺乏与客户实时、有效的沟通平台，很难做到精准推介，容易失去客户。而互联网信托借助平台天然优势，随时随地与客户互动交流，准确地满足客户需求，从而利用大数据技术了解客户的真实需求，在后期实现精准营销；随时关注客户的体验反馈，通过不断的更新版本、推出新产品改进和完善客户体验；PC 端和移动端提供 7×24 小时的服务平台、交易平台，不再受时间空间限制，能够最大程度地满足客户的理财需求。互联网信托可以发展基于大数据技术和移动互联的私人订制。大数据技术是互联网金融的一张王牌，通过大数据和云计算收集、分析客户行为，精准判断客户理财需求，借助移动互联实现每一位客户都享有私人订制的理财服务。

【案例】

中信信托的嘉丽泽健康度假产品系列信托项目（消费信托）

信托业大数据应用的主要代表之一就是消费信托。消费信托，简单来说就是理财+消费，是为消费而进行的投资理财，也是一种具备了金融属性与产业属性的消费产品。消费信托可以归类为"单一事务管理类"信托，目的是在有保障的前提下获取高性价比且优质的消费，与传统的投融资概念集合资金信托完全不同，传统信托计划是获取资金增值，而在消费信托里面则是获得消费权益的增值。

2014 年 1 月 17 日，首款消费信托产品——"中信消费信托嘉丽泽健康度假产品系列信托项目"的具体情况是，认购该产品后可获得的消费服务项目，即云南嘉丽泽国际健康岛中温德姆五星级度假公寓 14 天居住权、一张每年 4 000 元的健康消费卡（H 类）、云南嘉丽泽国际健康岛中温德姆五星级度假公寓 21 天居住权、16 场次标准 18 洞高尔夫场下畅打及一张每年 8 000 元的健康消费卡（G 类）。"嘉丽泽国际健康岛"为中信信托目前集全司之力斥资百亿元打造的集医养、旅游、地产等在内的综合产业园项目。

除此之外，认购该产品还将获得一项投资权益，即在购买产品后的三年内拥有园区内旅游地产的原价优先购房权，也就是三年内任一时点可以最初购买产品时对应的市场价格和条件购买指定商业地产，相当于通过订金，获取一份原价优先购房期权，而此部分销售房源同样来自嘉丽泽项目旅游地产板块。

根据当时的市场价格，每年14间/夜居住权，按照850元间/夜换算，实际市场价值约为11 900万元，五年合计59 500元；每年获得4 000点健康消费卡，五年合计20 000元；即每年消费权益市场价值约为15 900元，五年合计79 500元，单个假日花费仅186元，相当于市场价值的1.6折。实际的回报率超过15%。

G类产品与H类采取同样模式，主要针对高尔夫消费客户。客户交付资金18.8万元，保证金部分为15万元，除了每年获得嘉丽泽国际健康岛中温德姆五星级度假公寓21天居住权、一张每年8 000元的健康消费卡及原价优先购房权外，还可以会员待遇享受高尔夫畅打16人次。同样按照市场价格等指标初步测算，若将消费权益进行资金化回报换算，每年付出7 600元会籍费成本，可获取每年市场价合计约41 850元的消费权益，五年有效期内，每年消费权益价值的实际回报率超过15%。

产品的设计初衷来源于预付型储值卡和分时度假理念的嫁接，目的是获取消费权益增值而非投融资需求，同时通过金融结构设计保护消费者权益。据嘉丽泽健康度假产品的项目负责人介绍，卖储值卡和预售卡是任何一个商家都可以做的行为，但是嘉丽泽度假产品引入了金融体系的风险管理，以及对供应商的风险控制管理，这是最重要的。相对于传统的消费储值卡，客户的资金是商家无偿使用的，而此款消费金融产品里的保证金，是双方共同管控的稳健投资渠道，是其他单纯商业机构无法比拟的优势。

项目的目标客户为潜在购房者或投资者、有医疗养生需求的游客。挖掘出潜在客户是大数据技术在此消费依托中的主要应用。据中信信托有关人士介绍，所谓的大数据信托，实质是指通过挖掘已有数据，来发现各个行业之间的联系，以及不同客户中间存在的共同需求，从中发掘商机并以此为依据成立的信托计划。由于信托产品的规模小，信托公司直销成本较高，所以中信通过招行渠道发行，应用了在互联网、通信、物流等领域火热的大数据技术，招行通过大数据分析其客户信息来挖掘潜在客户。

消费信托产品是信托公司进行的一次创新，它从消费者需求出发，通过发行信托理财产品，让投资者购买信托产品的同时获得了消费权益。最为重要的一点是，它直接将投资者和消费产品供应方连接起来，把投资者的理财需求和消费需求整合起来，在保护消费者消费的同时，实现消费权益增值的目的。消费权益的增值主要体现在三个方面：一是帮助消费者优选可提供更好消费权益的商家和服务机构；二是借助"集中采购"获取消费权益认购的"折扣优惠"；三是在信托机构的监管下，预付资金的安全保证。继推出业内首单土地流转信托后，中信信托再度试水首单消费信托，将信托创新推向深耕细作。信托项目的开发是基于"大数据信托"原理，借助自身以及合作方采集的客户信息样本，通过技术部门的数据分析来挖掘人与人之间、行业与行业之间的隐性联系，并利用信托的方式进行金融对接。简言之，消费信托是打通产业链的前端融资需求和后端消费需求。

第二节 融资租赁业大数据金融

一、融资租赁概述

融资租赁又称设备租赁或现代租赁，是指出租人根据承租人对租赁物件的特定要求和对供货人的选择，出资向供货人购买租赁物件，并租给承租人使用，承租人则分期向出租人支付租金，在租赁期内租赁物件的所有权属于出租人所有，承租人拥有租赁物件的使用权。租期届满，租金支付完毕并且承租人根据融资租赁合同的规定履行完全部义务后，对租赁物的归属没有约定的或者约定不明的，可以协议方式补充；不能达成补充协议的，按照合同有关条款或者交易习惯确定，仍然不能确定的，租赁物件所有权归出租人所有。融资租赁是集融资与融物、贸易与技术更新于一体的新型金融产业。融资租赁相比银行贷款主要有以下四个方面的优势：

（1）融资额度。银行贷款受国家宏观调控及央行信贷政策的影响较大，而融资租赁的融资额度依客户资质条件和设备价值决定，额度范围较大。

（2）融资期限。银行一般以一年期以下流动资金贷款为主，融资租赁最长可为3年。

（3）还款方式。银行还本方式较为单一，融资租赁可提供灵活的分期付款方案。

（4）担保方式。银行一般要求不动产抵押或经审核的第三方担保，融资租赁主要依客户资质条件灵活决定，一般用购买的机床抵押。由于融资租赁融资与融物相结合，出现问题时租赁公司可以回收、处理租赁物，因而在办理融资时对企业资信和担保的要求不高，非常适合中小企业融资。

我国发展融资租赁的时间较晚，改革开放后融资租赁才出现在大家的视野中。融资租赁的出现解决了部分企业融资难的问题，在解决信息不对称、降低融资成本、升级产业结构、更新设备等方面具有很大的优势。正因如此，融资租赁对适应经济新常态、推进供给侧结构性改革、契合实体经济转型发展、优化资产结构、完善金融体系建设意义重大。我国的融资租赁业主要分为三种类型，分别为金融租赁、内资型租赁和外资型租赁。我国融资租赁业现状如图9-3和图9-4所示。近些年，融资租赁业务发展速度较快，发展形势

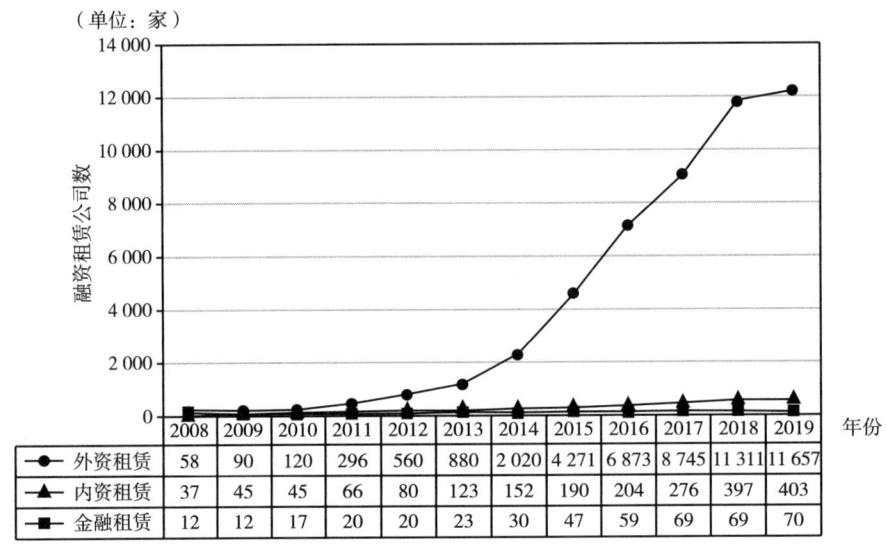

图9-3 我国融资租赁企业数量

（资料来源：租赁联合研发中心、中国租赁联盟、天津滨海融资租赁研究院。）

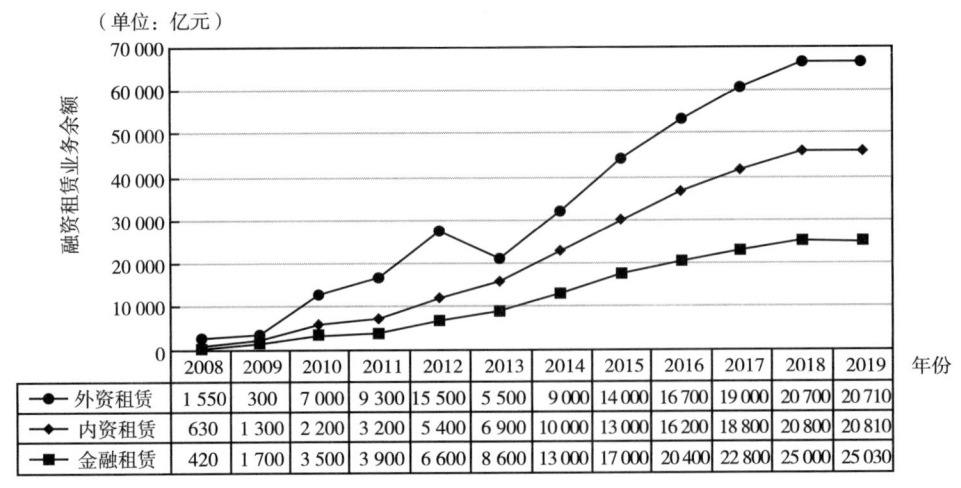

图9-4 我国融资租赁合同余额

（资料来源：租赁联合研发中心、中国租赁联盟、天津滨海融资租赁研究院。）

良好，近两年发展增速有所减缓。2019年我国融资租赁业合同余额达到2万亿元级别，规模不容小觑。目前，我国融资租赁市场已成长为全球第二大融资租赁市场，仅次于美国。

考察当前融资租赁中存在的普遍问题，主要有：中小企业对融资租赁业务认识不足，普遍还不接受这一融资模式；尽管融资租赁规模增大，但大多集中在规模较大的企业，而在中小企业中的渗透率偏低；面对范围越发广泛的中小企业的租赁需求，传统融资租赁公司对每个企业的风险控制能力有限；承租企业可能因为信息不对称获得租赁合约后却无能力偿还；融资租赁公司市场竞争增多，自身规模不足，竞争优势弱等。就这些问题，通过互联网与大数据的应用，可以逐步规范交易市场，优化资源配置，更有助于建立一整套良好的信用体系以及金融体系，从而使中小企业在融资问题上愈发便利。利用互联网信息透明、信息共享，通过合理的大数据整理、云计算分析，高效整合社会各方资源，为当前融资难、融资贵的中小企业提供一整套金融服务方案，建立起风控模型，更好地融合物流、资金流、信息流，切实保证该金融平台的各参与方利益均沾、风险共担。

目前大数据与融资租赁业的融合也日渐显现，主要集中于融资租赁企业的风险管理和行业分析等方面。

二、融资租赁业大数据风险管理

风险管理是融资租赁业的重中之重。融资租赁很大程度上服务于中小微企业。中小微企业风险特征差异大、审批时效要求高，单量小、花费大，如果不借助科技手段，耗时又耗力，风险收益也不能相匹配。融资租赁公司需要有效地了解承租人的融资需求，引导承租人进行信息披露，了解承租人、供应商的信息，能够将承租人的信息（客户信息、信用信息）借助于互联网渠道公布给投资人一端，通过互联网信息和大数据技术多方位全面分析客户的资料，识别项目风险，为投资人遴选出优质项目，并对企业的相关信息进行动态跟踪分析。例如，对企业经营、销售情况、资产负债率、流动比率、速动比率、应收账款周转率等重要动态指标进行监控，在项目周期内对监控指标进行实时预警分析。利用大数据的相关性，对企业所在的行业进行风险性分析。利用相关风险控制模型对大数据进行深入的挖掘分析，建立起行业内认同的信用等级机制，实现信用审核标准化。形成一定体系后，只需通过计算机内成熟的体系计算并定期对计算体系作出合乎时宜的调整，便可以大大减少操作失误带来的人为风险。形成体系后的互联网融资租赁模式可以长期为中小企业带来实质性的便利，为融资租赁公司带来安全可靠、低风险的收益。

三、融资租赁业大数据行业分析

大数据技术在行业分析方面发挥着行业指引投放的作用。对融资租赁业而言,行业周期分析主要有两个方面:一是产业本身盈利能力的周期;二是设备更新和添置的周期。前者是还款付息的保证,后者是业务的来源,两者并不同步,甚至有先后因果关系。尤其是对于传统行业,产业的利润好,会带来更多的设备更新和添置,继而将产业利润降低,然后设备更新和添置降低,如此循环。因此,通过行业数据库分析预测成本、单价、利润率、需求量等重要指标的走势,可以有效地预测客户未来的经营状况,识别特定的风险。

早在第一届全球租赁业竞争力论坛上,上海租赁协会推出的数据分析系统,就有效地反映了业界的经营情况。通过大量具有代表性数据的采样和科学分析方法,从市场角度,运用投资思维分析,得出了融资租赁的产业集中度、利润增长点等方面具有重要投资价值的分析结果。同样是在第一届全球租赁业竞争力论坛上,狮桥融资租赁(中国)有限公司董事长兼CEO万钧分享了利用大数据做中卡行业的信贷审批,利用狮桥自己开发的软件,结合已经积累的数据,对中卡行业进行分析,自动分析出优质客户,最后进行人工评选,大大减少人工工作量,提高了效率,产生了不错的效果。在最近一期的第六届全球租赁业竞争力论坛上,大搜车创始人兼CEO姚军红分享当下真正的产融结合,最核心的是产业要数字化,金融是基于信息的一种服务,数据信息的准确度、信息加工能力的持续增长,是真正能够对金融定价产生巨大影响的。

【案例】

融资租赁业务与星象大数据风险管理平台结合

国内企业反欺诈领域的概念先行者之一——星象风险管理平台(以下简称"星象"),在金融大数据风控领域积累了经验。通过输出我所关心公司的星象,赋能融资租赁企业,使其具备"信息收集、欺诈识别、经营分析、失信预测、租后监控"等智能管理能力,帮助融资租赁企业克服信用风控痛点。以融资租赁业务与星象结合实施的场景为例,说明如何利用智能数据平台做好信用风险防控。

融资租赁业务基本实施流程如图9-5所示,流程考察核心为企业还款能力与还款意愿。融资租赁业务与星象的应用结合可以从租前准入时的企业信用风险评估、租中评审时的企业还款能力评估和租后管理的企业资产追溯对业务进行风险控制。

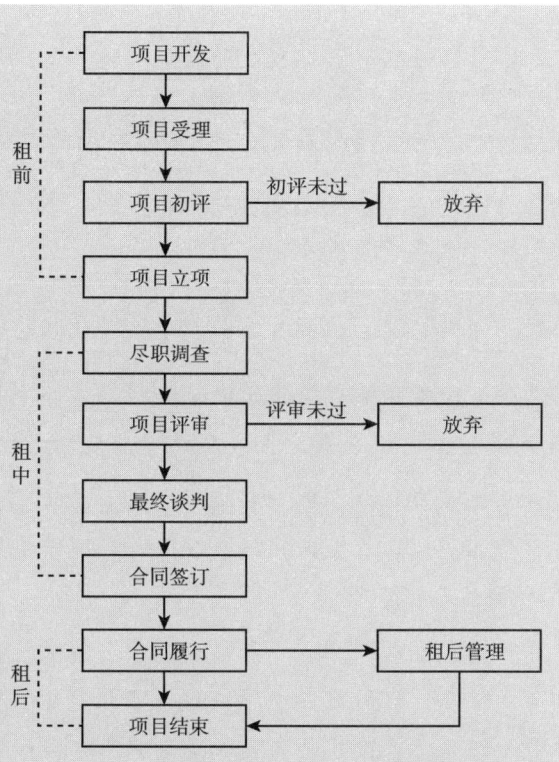

图 9-5 融资租赁业务基本实施流程

(资料来源：中国融资租赁网。)

一、租前准入：企业信用风险评估

作为租赁业务的第一关，在这个环节，主要解决信息收集难、效率低的难题，从而提升业务覆盖率和反欺诈能力。

通过星象"企业信息报告"工具，可一键获得主体企业工商登记、司法涉诉、新闻、招聘等信息，了解目标客户的基本情况，有备无患。同时，还可启用"企业反欺诈"工具进行四重风险扫描，帮助项目经理在准备尽调任务计划时做到提前布局、有的放矢。

作为前置风险控制的重要环节，出租方还要关注租赁资产价值、关联交易背景等方面。其中，关联交易可以通过"关联网络图"，对承租方进行关联性分析，抽取出符合股权投资、共同高管任职、疑似关联等特征的企业，同时根据个人高管身份防重名技术，保障关联关系的准确度。

二、租中评审：企业还款能力评估

以制造业为例，对企业信用等级评定主要考虑六大维度：一是企业基本素质，二是财务结构,三是偿债能力,四是经营能力,五是经营效益,六是发展前景。针对企业的基本素质,在第一个阶段基本已完成,而高管真实学历、重大违法等敏感信息在获得被查询人授权后,则可通过"高管个人背调"工具进行核验。考虑到调查面临的实际问题,也可仅需输入被查询人姓名+身份证号,启用"个人老赖核验"工具输出该个人的网贷老赖、失信、被执行记录。

针对财务结构、偿债能力、经营能力、经营效益均是通过融资企业提供的财务数据进行分析,而中小企业往往拥有两套及以上的财务报表,风险管理部门通常会结合其他来源的财务数据进行合理性分析。"企业经营分析"工具,能获得企业过往几个年度的具体资产负债状况(含动产融资、土地抵押、股权质押等)、损益状况和现金流状况,从而可以输出成长能力、盈利能力、营运能力等分析性指标,给租赁公司的风控人员以合理的参照指标,如企业提供的财报与核验数据相差超过一定的偏差以上,则可能代表有一定潜藏的信用风险。

针对中大型企业作为债务人的情况,"发债主体量化分析"工具可以通过采集资本市场的债券数据和公开财报,采用资本市场定价模型进行科学建模,输出一年期预期违约概率,形成一定的评级结果,并进行关注或高危类智能预警。

三、租后管理:企业资产的可追溯

融资租赁业务周期长、重资产,是一种长期风险投资,对于租后的监控及检查需求很高。"智能风险监控"工具可以说是为其量身打造的。实时监控目标企业的股东、高管、经营状况、负面舆情的变动情况,自动添加关联,依据模型指标智能判断其生产经营是否正常,并根据用户的自定义风控规则,智能化预警。除此之外,移动现勘功能,也特别贴合租后管理的现场检查需求。

第三节

第三方支付大数据金融

从本节开始,我们介绍随着互联网技术发展催生的互联网金融及其代表金融模式下的大数据实践。广义的互联网金融可以界定为基于互联网技术平台基础的金融活动、金融形式等的总和,是互联网技术平台与金融活动的融合形态,包括了传统金融机构与非金融企业利用互联网技术和信息通信技术实现资金融通、支付、投资和信息中介服务的新型金融业务模式。其中,无金融牌照的非金融企业从事互联网金融业务为狭义的互联网金融,包括第三方支付、P2P 网贷、众筹、数字货币、金融门户等近些年快速发展的金融业务形式,即通常意义上的互联网金融。本书所指的互联网金融主要是狭义的互联网金融。互联网金融既有包括移动通信、大数据应用、社交网络、搜索引擎、云计算、区块链、人工智能等技术应用与融合较强的技术属性,又有金融交易活动双方搜寻匹配、资源配置、支付清算、资金融通、风险管理、信息提供和激励手段的金融功能。互联网金融有着金融服务成本低、金融网络效应显著、信贷双方搜寻匹配效率高等特征,有效提高了金融服务效率、风险管理效率和信息提供的效率,扩展了金融服务的边界,使共享金融成为可能。近些年互联网金融发展迅速,成为时空覆盖广、变化快、创新性强、最为活跃的金融领域。互联网金融是传统金融的有力补充,给传统金融带来了竞争,也倒逼着金融改革。由于互联网金融天然与信息技术和基于各类海量数据的数据分析技术融为一体,因此,大数据在互联网金融中有着广泛的应用场景。下面几节内容就第三方支付、P2P 网贷、众筹融资、互联网金融门户这些代表性互联网金融模式的大数据应用进行介绍。

一、第三方支付概述

第三方支付狭义上是指具备一定实力和信誉保障的非银行机构,借助通信、计算机和信息安全技术,采用与各大银行签约的方式,在用户与银行支付结算系统间建立连接的电子支付模式。根据央行 2010 年在《非金融机构支付服务管理办法》中给出的非金融机构支付服务的定义,从广义上讲,第三方支付是指非金融机构作为收、付款人的支付中介所提供的网络支付、预付卡、银行卡收单以及中国人民银行确定的其他支付服务。第三方支付的产生源于以阿里巴巴、京东为代表的电商金融和以百度、谷歌为代表的科技公司从事互联网金融业务。第三支付已不仅仅局限于最初的互联网支付,而是成为包括话费充值、转账、发红包、生活缴费、信用卡还款、城市公交卡充值、线下餐饮支付、线下商超零售、团购、日常出行订单、景点门票、旅游、境外购物、个人健康护理、票务、网购支付、线上休闲娱乐预订、线上航旅产品预订、游戏充值、P2P 投资、基金申购、保险购买、小额网贷等线上线下全面覆盖、应用场景更为丰富的综合支付工具。

目前第三方支付的使用频率和发展速度已经远远超过以商业银行为主体的网络支付。以 2016 年为例,全年银行业金融机构所处理的网上支付业务一共为 462 亿笔,金额约 2 000 万亿元,业务笔数增长率约为 27%,金额增长率只有 3.3%。相比之下,第三方支付机构的支付业务金额虽然比银行业金融机构所处理的网上支付业务少,只有 99 万亿元左右,但是 2016 年它所处理的业务笔数却高达 1 600 多亿笔,是银行业金融机构的近4倍。除此之外，2016年第三方支付机构在笔数和金额上的增长率都达到了100%。第三方支付在线下线上场景当中积累起海量用户数据，这些数据包括很多方面，比如用户的基本特征、个人信用、风险偏好、出行路线、品牌偏好、消费行为、综合账单等信息，这些信息实际上构成了用户大数据。第三方支付通常与各种交易和行为习惯相关联系，这使第三方支付平台积累了海量结构、非结构化的数据。我们首先对第三方支付进行介绍，因为它是后面P2P网贷、众筹、互联网金融门户等大数据积累的重要前提条件。

二、第三方支付平台依托大数据开创新融资方式

第三方支付平台不仅提供支付服务，还推出了信用贷款、信用卡还款、消费分析、理财基金投资等服务，其中个人信用支付和企业信用贷款的方式切入融资领域，引领金融系统进入依据用户支付信息进行金融服务的新时代。基于所积累起来的大数据，第三方支付平台为客户提供的这些新金融服务更加具有个性，能够更好地满足客户的需要。

比如，我们可以使用微信钱包来对信用卡进行还款，还可以设定每月在固定的时间对信用卡进行自动的还款。除此之外，微信钱包还提供微利贷借钱，这种小额信用贷款合同与商业银行所提供的贷款不同的是速度快，在几分钟之内就能够迅速达成额度为500元～30万元的借款到账，不需要提交任何纸质材料，无须抵押和担保，且不问资金具体用途。这是因为第三方支付平台公司利用它在前期积累起来的大数据在消费者提出贷款需求之前已经基于客户的历史支付信息和个人信息进行了授信，所以一旦客户发起了借款需求，资金就可以很快到账。微粒贷采用按日计息方式，日利率为0.02%～0.05%，一万元一天的利息为2～5元，随借随还。与此类似，借呗是支付宝推出的一款贷款服务，目前的申请门槛是芝麻信用分在600分以上。按照分数的不同，用户可以申请的贷款额度为1 000～300 000元不等。借呗的还款最长期限为12个月，贷款日利率是0.045%，随借随还。再如花呗，是支付宝为用户提供的一项分期消费服务，类似于一张电子信用卡，用户可在购物时使用花呗进行支付，并且有最长30天的还款免息期，花呗的借款方式属于一种透支消费的借款方式。开通花呗只需要芝麻信用分在600分以上，花呗开通后用户即可获得自己的授信额度，用户后期只要消费额度在花呗的授信额度之内，即可使用花呗进行付款。一般可使用花呗在天猫、淘宝等支持花呗支付的商家进行购物，如果线下的商家开通了花呗收款，用户也可在线下购物时使用花呗进行支付。不过，花呗只支持消费支付，不支持用户使用花呗进行现金借款。

此外，第三方支付机构为小微企业提供的融资服务，不需要小微企业提供大量的资产

抵押，并且能够实现跨产业链的资金融合，在缓解中小企业融资难方面发挥了重要作用。现在看来，支付公司开展融资业务是一个自然而然、水到渠成的过程。第三方支付企业积累的大量行业客户和个人用户的资料和交易行为信息，在数据规模和质量上要优于银行的支付流水以及信用卡还款记录等数据，而且单家企业的数据集中度很高，也可辐射多个行业。这种金融业务的开展基于精准的客户信息，贯穿着互联网创新精神，与传统金融机构的授信基础截然不同。

三、第三方支付大数据征信

第三方支付创新融资模式对居民日常生活和小微企业经营带来的改观是显而易见的，这得益于第三方支付平台积累的大数据，第三方支付平台通过这些信息资源转化为商品，并通过各种风险模型自动快速地分析客户资料、行为，实现对客户授信并满足客户的需求。

如芝麻信用、腾讯征信，从第三方支付平台公司的视角来看，这些主要是基于公司私有数据库对客户个人的征信，属于民营征信体系的部分，是对现有国家征信体系的有益补充。中国目前征信体系中央行及央行控股征信体系属于公共征信体系。在当前社会经济发展需要完备征信体系的背景下，征信系统的相互共享融通是发展趋势，也是我国创新社会管理的重要内容之一。第三方支付平台涉及的征信系统数据有三方面的特点：

（1）征信对象数据覆盖面广。截至 2019 年 4 月，中国人民银行征信系统已采集 9.9 亿人信息，仍有 4.6 亿自然人缺乏信贷记录，这使绝大部分人在获得正规金融服务时就存在一定的阻碍。然而，在第三方支付平台却拥有庞大的用户群体，大量个人和企业的交易与行为数据。2018 年，Ipsos China 针对第三方移动支付市场在中国主要城市进行了消费者调查，调查推算，中国移动支付用户规模约为 8.9 亿人。其中，财付通用户 8.2 亿人，支付宝用户 6.5 亿人，两者的用户渗透率分别为 85.4% 和 68.7%。第三方支付平台用户覆盖面十分广泛，对他们在网络上留下的踪迹进行数据挖掘及分析，能够有效补充目前征信体系的状况，让更多的人得到完善的金融服务。

（2）信用信息更加多维。原有征信记录主要利用了信用属性强大的个人信息加信贷记录，一般采用 20 个维度左右的数据，利用评分来识别客户的还款能力和还款意愿。信用相关程度强的数据维度为十个左右，包含年龄、职业、收入、学历、工作单位、借贷情况、房产、汽车、单位、还贷记录等，金融企业参考用户提交的数据进行打分，最后得到申请人的信用评分，依据评分来决定是否贷款以及贷款额度。其他同信用相关的数据还有区域、产品、理财方式、行业、缴款方式、缴款记录、金额、时间、频率等。

而互联网上的行为记录非常多，可以用大数据方法计算互联网上成千上万的变量，将更多信用记录以外的信息纳入征信体系，丰富传统信用信息的数据维度。首先，利用信用属性强的金融数据，判断借款人的还款能力和还款意愿，其次，利用信用属性较弱的行为数据进行补充，一般利用数据的关联分析来判断借款人的信用情况，借助数据模型来揭示某些行为特征和信用风险之间的关系。第三方支付平台征信都是利用多维度数据来识别借款人风险。同信用相关的数据越多地被用于借款人风险评估，借款人的信用风险就被揭示得越充分，信用评分就会更加客观，更接近借款人的实际风险。常用的来自第三方支付平台的征信信息包括姓名、手机号、身份证号、银行卡号、家庭地址、人脸识别等身份验证，提交信息的欺诈识别，借助 SDK 或 JS 来采集申请人在各个环节线上申请行为的欺诈识别，老赖黑名单和灰名单识别，移动设备的位置信息、设备安装的应用活跃度的欺诈识别，消费记录评分，参考社会关系的信用评估，借款人社会属性和行为的信用评估等。

（3）数据的实时性。大数据的主要特点是存量大和实时性，大数据不再是离线的事后分析数据，而是在线实时的互动数据。如果某个人有违约行为记录，会立刻被计算出来，使当前业务的快速决策更加有效，从征信的部分维度中可以感受出实时性的特征。

【案例】

源于支付宝的大数据金融

阿里巴巴 2004 年推出的支付宝标志着阿里正式涉足金融业。到 2014 年，支付宝每年处理支付金额达到了 3.87 万亿元，其中包括 14 种主流货币。2007 年，阿里开始试水开展小额信贷业务。2011 年，国内第一张《支付业务许可证》——"支付牌照"由中央颁发给了支付宝。2013 年，小微金融服务集团（后以蚂蚁金融服务集团的名义成立）由浙江阿里巴巴电子商务有限公司，即支付宝的母公司宣布筹建。2014 年 10 月，由支付宝演变而来的蚂蚁金服作为一家技术和金融数据公司以 12.29 亿元的注册资本正式成立。同年第二季度开始，支付宝成为全球最大的移动支付厂商。蚂蚁金服以"让信用等于财富"为愿景，致力于打造开放的生态系统，通过"互联网推进器计划"助力金融机构和合作伙伴加速迈向"互联网+"，为小微企业和个人消费者提供普惠金融服务，旗下有支付宝、余额宝、招财宝、蚂蚁聚宝、网商银行、蚂蚁花呗、芝麻信用、蚂蚁金融云、蚂蚁达客等子业务板块。截至目前，蚂蚁金服的用户量已超过 6 亿人。旗下招财宝已晋升为全国第二大货币基金的余额宝，负责理财、投资服务，是蚂蚁金服体系的主要资金池。蚂蚁小贷和网商银行负责真正的类银行融资业务。芝麻信用数据负责运用累积了多年的用户大数据及云计算呈现个人的信用状况，是普惠金融服务的信用基础和民间征信领域的补充。

一、芝麻信用

目前，蚂蚁金服的云计算和大数据能力水平在全世界范例内仅次于亚马逊，芝麻信用是蚂蚁金服旗下独立的第三方信用评估及管理机构，运用云计算技术通过对大数据的处理和评估以芝麻信用分的形式呈现出消费者的信用状况。

芝麻信用分也被利用到很多领域，芝麻信用分已经是申请新加坡和卢森堡签证的凭证之一，旅客不必再提供银行流水和存款证明，只需在线提供芝麻信用报告即可。并且芝麻信用达到700分以上可以获得新加坡免签；达到750分的用户可获得卢森堡免签并享受首都机场国内快速安检通道。这极大地减少了签证过程中的麻烦，方便了旅客的出行，并且形成了让签证从线下走向线上的发展趋势。芝麻信用在消费金融领域为达到600分的用户提供了"花呗"服务，用户可以像使用信用卡一样用花呗的额度在淘宝、天猫上购物，并且可享受一个多月的免息期。这项服务极大地刺激了消费，特别受到大学生群体的青睐。此外，芝麻信用和蚂蚁微贷一起推出的"借呗"的审核依据也是完全依据芝麻信用分。

芝麻信用已然成为人们衡量品质的标准之一，让每个人都能享受到信用带来的价值体验。而在未来，芝麻征信将进入人们日常生活的更多方面。目前，芝麻信用已经计划在酒店实施"信用住"、购买飞机票使用"信用飞"等服务，让用户可以凭借芝麻信用分享受住房免押金等优惠。此外，芝麻信用已完成企业征信的备案登记，并开始推出企业征信业务，让更多的小微企业享受到良好信用带来的便利。

二、蚂蚁小贷

蚂蚁小贷是以借款人的信誉发放的贷款，借款人不需要提供担保，其特征就是债务人无须提供抵押品或第三方担保仅以借款人信用程度作为还款保证。蚂蚁小贷为小微企业和网商个人创业者提供互联网化、批量化、数据化的小额贷款服务，帮助小微企业解决融资难题，用信用创造财富。其前身为阿里小贷，以小为美是蚂蚁小贷从事小额信贷业务最基本的理念。蚂蚁小贷将自己所服务的对象锁定在小微企业，以100万元以下的贷款为业务主体，蚂蚁小贷践行"让信用等于财富"的使命。

透过依托网络和数据的小贷技术创新，尤其是基于阿里巴巴B2B、天猫、淘宝、支付宝等平台上海量的客户信用数据及行为数据，实现向这些无法在传统金融渠道获得贷款的小微企业群体批量发放金额小、期限短、随借随还的纯信用小额贷款。发展至今，蚂蚁小贷已相继开发出阿里信用贷款、网商贷、淘宝（天猫）信用贷款，淘宝（天猫）订单贷款等小贷产品。为阿里巴巴、淘宝网、天猫网等电子商务平台上的小微企业、个人创业者提供可持续性的、普惠制的电子商务金融服务，并已成为网商小企业首选的金融服务商。截至2015年3月底，已经累计为超过140万家小微企业解决融资需求，累计投放贷款超过4 000亿元。目前，蚂蚁小贷正逐步将其互联网信贷技术、大数据能力分享给更多的社会机构，吸引、推动更多资源共同服务小微企业群体。

三、蚂蚁花呗、借呗

蚂蚁花呗是蚂蚁小贷针对网络个人消费者推出的支付产品。花呗目前支持符合授信要求的用户在淘宝、天猫上购买部分商品时，直接挂钩余额宝，确认收货后次月10日前还款（可调整还款期限一次），最长免息还款期限为42天。蚂蚁花呗2014年12月开始内测，2015年4月正式上线，目前花呗消费额度在500～30 000元。此外，目前已有40多家购物、生活类电商和O2O平台接入花呗，如拉手网、当当、银泰网、东方购物、海尔商城等外部网站，也包括小米、魅族、OPPO等手机厂商网站。蚂蚁金服方面表示，80%的主流电商平台都已经用上了蚂蚁花呗，大量的线下场景也将支持蚂蚁花呗。花呗额度的大小主要通过芝麻信用分确定。2016年2月23日，蚂蚁花呗接入了支付宝实名关系链及相关数据，同时宣布为超千万的用户提升额度。据悉，这些用户的人均提额幅度超过15%，提额用户的共同特点是，好友圈信用质量较高，蚂蚁花呗产品的还款逾期率较低、蚂蚁花呗产品还款意愿高和支付宝好友多等。蚂蚁花呗这一来自信用端的消费模式极大地促进了平台成交额和支付成功率。蚂蚁金服首席技术官程立表示，由蚂蚁花呗的支付带动了支付成功率的提升至少有2%～3%，每个百分点至少能够促进1.3亿元的消费。"双十一"期间蚂蚁花呗的交易笔数为6 048万笔，占到支付宝整体交易的8.5%。在来自无线的交易比例中占到81.97%，也就是说超8成用户使用手机交易。在月均消费1 000元以下的中低消费人群中，使用蚂蚁花呗后，消费力提升了50%。蚂蚁借呗是蚂蚁微贷旗下的一款消费信贷产品，芝麻信用分不低于600的用户就有机会使用，按照分数的不同，用户可以申请最高50 000元的贷款，申请到的额度可以转到支付宝余额。"借呗"的还款最长期限为12个月，贷款日利率是0.04%，可以取现，随借随还。花呗和借呗均是以阿里体系电商场景为基础，通过不断拓展场景来聚集线上线下数据，最终实现数据驱动预授信、审批、贷后等全流程，体现出新一代消费金融产品的高效性。

第四节

P2P 网贷大数据金融

一、P2P 网贷概述

P2P 原本是为了解决互联网发展初期的带宽受限问题的一种计算机技术。在互联网发展初期，中央服务器是网络资源的唯一供给方，信息交换的海量增加使中心服务器下载量极大，进而导致漫长等待、网络拥堵、效率极低。为了解决网络拥堵问题，互联网科技人员研发了 P2P 技术，将互联网上每一台计算机都视为服务器，任何一台联通互联网的计算机在下载了某文件后，就会在互联网上多出一个提供该文件下载的"服务器"，从而大型服务器的集中下载压力被大大缓解。与传统的中心服务器模式完全不同，其实现了去中心化。这种模式不仅提高了资源的利用效率，降低了中心服务器的压力进而提高网速，更重要的是，其通过人人参与资源供给和相互自助极大地提高互联网资源的总数和多样性。P2P 网贷体现了 P2P 的思想在金融领域的应用。

P2P 网贷，即 P2P 网络借款，P2P 是英文 Peer to Peer 的缩写，意即"个人对个人"。P2P 网贷是借贷双方通过 P2P 网贷平台进行自由匹配，撮合成交的网络借贷模式。网络信贷起源于英国，随后发展到美国、德国和其他国家。英国的 Zopa、美国的 Lending Club 和中国的拍拍贷都是代表性的 P2P 网贷公司。P2P 网络借贷模式有三类参与者，其中，资金供给方通过 P2P 网络借贷平台放贷获取利息并承担风险，资金借入方通过 P2P 网络借贷平台实现快速融资并在借款到期时偿还本金及利息，P2P 网络借贷平台主要起信息中介与非资金中介的作用，为借贷活动提供信息发布、风险评估、信用咨询、交易管理、客户服务等，其向借贷双方提供服务以获得服务费。这种借贷模式利用互联网的平台优势，借款者在 P2P 平台寻求资金，出借人根据借款者的合同直接在 P2P 平台上对其进行投资，借款者和投资者直接对接，呈现的是网状的"多对多"去中心化直接投资模式，显著不同于传统以银行为中心借贷的"一对多"间接融资模式，且比传统的银行借贷模式效率更高。

一般来说，P2P 网贷平台都提供无须抵押担保的纯粹信用贷款，且贷款起始额度低至几百元，投资者投资的起始额度低至几十元；与苛刻的银行贷款申请条件、繁杂的材料准备以及漫长的等待过程相比，借贷平台的审批手续简便很多，审批速度也快很多，竞价式P2P金融服务优势十分明显，只要借款人信用级别达标，且发布的借款申请有足够吸引力，一两天之内就能募集到所需资金；在P2P模式中，出借人可以对借款人的资信进行评估和选择，并据此予以排位，这样信用级别高的借款人的资金需求将会优先得到满足，他还可能获得更加优惠的贷款利率，此机制有一定的信用甄别作用；借款人与出借人签署的是个人间的直接贷款合同，可以一对一地了解对方的信用信息、身份信息，而且出借人能够通过网站及时获得还款进度的信息；P2P网贷平台一般鼓励出借人将资金分散给多个借款对象，提供的也主要是小额度的贷款，从而使风险得到了最大程度的分散；P2P借贷给每个个人提供成为信用传播者和使用者的机会，信用交易比以往任何时候都更便捷，这就使社会闲置资金得到更有效的配置，同时提供了一个将中高收入阶层的闲余资金引向众多需要帮助的中低收入人群的渠道。因此P2P网贷具有投融资门槛低、融资方便快捷、有信用甄别作用、直接透明、出借人风险分散、打破地域限制、聚集民间资金的力量的优点。

从2007年中国首家网贷平台诞生至今，P2P网贷行业已在国内跌跌撞撞走过了十多年，在P2P网络借贷发展之初，中国只存在最典型的纯线上P2P网络借贷模式。由于国内特殊的信用环境和投资者对担保的特别偏好，中国的P2P网络借贷发展出了多种有中国特色的P2P网络借贷模式。根据P2P网络借贷的运作流程，可以将我国P2P网络借贷平台大致分为纯线上模式、债权转让模式、担保模式三种运作模式。国内P2P网贷行业经历了翻天覆地的变化，从默默无闻到野蛮生长、风险爆发再到监管落地、行业整改、洗牌。以网贷为代表的互联网金融，既有被写入政府工作报告的"高光"时刻，也出现了"e租宝事件"等负面案例，而持续开展的互金风险专项整治，则有望将行业从"牛鬼蛇神"并起的混战时代，带进规范发展的"正规军"序列。P2P网贷行业经历了从萌芽期到快速发展期再到合规发展阶段。目前，较为完整的监管体系制度初步形成，合规整改成为这个行业发展的主旋律。在严格监管、激烈的竞争环境和多家跑路公司给P2P网贷带来信誉问题的背景下，P2P网络借贷平台面临巨大压力，传统的营销方式、风控管理已经不足以应对这些压力和全新的互联网业态。P2P网络借贷平台应把握金融科技发展，借助大数据实现健康稳定发展。

二、P2P网贷平台大数据精准营销

P2P网络借贷平台规范化地进行大数据精准营销，在当前政策环境下，既能满足人们日益增长的消费需求，又能有效地解决中小微企业融资难、频、急的问题，而且有助于降低 P2P 网贷平台获得客户成本，有利于实现贷款端、平台和借款端三方的互惠共赢。

一方面，大数据挖掘可以精准分析消费者需求。在庞大的数据库中挖掘到最适用于某一消费者的产品，在充分了解到客户的需求之后，从正确的切入点进行具有针对性的精准营销。对贷款端来说，大数据挖掘给 P2P 网络借贷平台的精准营销提供了坚实可靠的细分标准，这种细分标准在制定营销决策之前就修剪掉了所有多余的枝叶，保留了信息之中最重要也是最有效的部分，精准确定贷款端的目标消费群体，有针对性地提高营销策略，降低了营销成本，保证推出的产品能切中贷款端的实际需求。比如，针对抗风险能力低，投资额度不高的贷款端人群，提供短期低风险产品等策略；针对需要长期投资的客户，提供长期低利息的产品等策略。

另一方面，大数据可以挖掘 P2P 行业潜在需求。对大数据进行数据挖掘可以获取更多的有关平台消费者的信息，对贷款端来说，数据挖掘可以帮助平台充分了解贷款端用户的全部情况，挖掘更深一层的消费倾向，甚至可以通过已有用户的网络相关行为将产品推广营销到其交际范围内的其他用户，或者将已有用户的行为和其他用户的行为进行对比分析，分析相似点，寻找差异点，以此来拓宽用户，寻求更多的用户。对于借款端而言也是同样的道理。

在 P2P 发展初期已有诸如定向技术在查看用户近期浏览过的理财网站的应用，利用关键词建立用户浏览数据模型等成功例子。

三、P2P 网贷平台大数据风险控制

风险控制是近年快速发展的 P2P 网贷行业面临的事关行业成败的关键问题，有效防范和解决信息不对称导致的风险问题早已成为全球 P2P 网贷公司需共同面对的挑战。普及大数据风控技术，不断减少线下风险控制与人为干预等习惯做法以提高 P2P 网络贷款行业风控水平成为共识。

大数据技术在 P2P 网贷中主要应用于借前、借中、借后三个环节。在借前环节，大数据技术可以对有严重不良征信记录、有违约记录等情况的申请人进行剔除；通过多维度的信息分析、过滤、交叉验证、汇总，形成全面的申请人数据画像，辅助审批决策；根据用户的授权许可抓取互联网数据，通过特定的模型转化为个人及商户授信评分数据。在借中环节，大数据技术可以获取交易流水或进行实时数据监测，对用户在借款期的数据问题及时预警，实施商业智能预防流动性风险，保证专款专用与定向支付。在借后环节，可以通过大数据挖掘规律，对不同类型的逾期客户采取不同的催收手段。

目前，P2P 网贷大数据风控管理主要有两种模式：

（1）平台自建大数据风控体系。运营较长时间的 P2P 网贷平台积累了大量用户行为、地理位置、信用记录、业务流等数据，其可用来搭建信用或风控模型以实现大数据征信及风控。已经自建大数据风控体系的 P2P 平台有宜人贷，其覆盖了电商、个人征信、金融、社交、公积金、保险等多维度数据，依靠知识图谱、机器学习、计算机视觉等技术手段对客户欺诈行为进行有效识别的蜂巢系统；拍拍贷可获得超过 2 000 字段借款人信息的六大环节风控流程的魔镜风控系统；PPmoney 万惠集团的灵机风控引擎；凡普金科的 FinUp 云图系统等。

（2）引入第三方大数据征信机构。更多的平台选择了与第三方征信机构合作，直接引入征信机构的信用评估。目前，我国的征信体系是以央行体系为主，民营体系为辅的格局。征信政策逐步放开以后，民营征信机构发展空间巨大，以中央银行征信为主导的市场化个人征信体系成为我国征信市场未来发展的重要方向。P2P 网络借贷竞争的加剧对 P2P 行业的风险管理和征信提出了更严格的要求。可用性及可靠性低的征信数据将会严重制约国内 P2P 网络借贷的发展，合作第三方征信机构的信用数据可以帮助 P2P 网络借贷平台优化和提高风险管理水平。目前，信而富等多家 P2P 网贷平台与征信机构开展合作。一方面征信机构能够为 P2P 网贷平台提供申请人的信用分作为参考，同时提供反欺诈和催收等相关服务，帮助投资人和平台减少损失；另一方面，与 P2P 网贷平台的合作，可以丰富征信机构的数据。

【案例】

基于社交大数据的互联网信贷企业 Kabbage

Kabbage 公司 2009 年创立于美国亚特兰大市，是一家互联网信贷机构，该公司成立的初衷是为填补信贷危机中的借贷空缺。起初它只是一家专为小型网商提供营运资金支持的网络平台，如今它已发展成为面向企业和个人的在线贷款平台，但网络电商市场仍然是其主要业务和最大特色。

Kabbage 是大数据信贷的先驱之一，一直以"7 分钟放款"的口号闻名。Kabbage 平台通过上百个渠道收集从一家公司或个人的社交媒体档案到 Quick Books 账户的全方位信息等，评估客户的信用状况是否合格，从而决定是否发放贷款，已经为 200 000 多家企业提供了超过 80 亿美元的资金。Kabbage 在 6 轮股权融资中筹集了 4.89 亿美元，在 10 轮债权融资中筹集了 19.62 亿美元，估值超过 10 亿美元。

Kabbage 基于电商的经营情况、在社交网络上与客户互动情况等信息开发了一套信用评级体系，即 Kabbage Score，它是第一家将社交网络分析纳入信用评价的金融服务机构。Kabbage Score 主要实现了三大决策服务：一是与传统的第三方信用评级机构的信用评分相比，Kabbage Score 可随时根据最新信息进行动态调整，能更好地动态反映网商的经营状况；二是依据 Kabbage Score 的信用评估结果，由后台系统自动完成决定是否授信，以及授信额度、利率和期限；三是利用 Kabbage Score，Kabbage 的放贷可以实现高度定制化，可针对申请人的需求制订个性化方案，如根据申请人的经营情况、贷款目的自动调整贷款额度、期限和利率。通过这种独特的信用风险评分模型，可以在短时间内作出放款决策，这样的商业模式受到各大网店店主的好评，同时也快速占领市场，Kabbage 也迎来更长远的发展。

Kabbage 公司对电商数据的共享或读取是通过取得授权的账户关联来实现的，数据具有可标准化、时间序列化的特征，并通过互联网直接传送。公司通过社交网站了解网商如何与客户进行沟通，货物如何在 UPS 上销售，或者如何利用 Quick Books 进行财务管理，最终根据电商在网上销售历史和网络评论来帮助评估可以给电商提供多少贷款。Kabbage 为小微企业打造了灵活的经营性贷款产品，额度最高 25 万美元，20 万美元以内的贷款申请已经实现了线上自动化，可在几分钟内完成批核，20 万~25 万美元之间则需要小微企业主动提交更多资料和经营信息，经人工处理后才能完成审核。

Kabbag 贷后监控的核心是通过多重数据交叉验证（特别是支付账户的现金流向数据）了解网商的真实经营情况。Kabbage 做到了对网商销售情况和资金流向的实时掌控，能在第一时间对现金流紧张的网商作出预警，提高关注级别。Kabbag 如果确认某商户有支付困难，可以从该商户的支付账户转回部分现金，并采取不再予以授信的惩罚性措施。同时，Kabbage 对拖延还款设立了惩罚机制。在还款日，如果支付账户中没有达到规定的月度还款额，Kabbage 通常会收取 35 美元作为延迟费用，同时保留向其他追贷机构报告的权利。如果商户从第一个还款日就开始拖延还款，Kabbage 会将该商户视作不诚信，并交由公司法务部门处理。Kabbage 坏账率大约在 1%，低于美国银行业 5%~8% 的平均水平。

Kabbage 通过商业预付款形式实现借款，并且收取费用。商业预付款与贷款有着本质上的区别，预付款将营业收入的某个固定比例作为提供预付款的费用，相当于将企业未来收入提前透支给予借款，当企业的经营状况不佳时，支付给预付款提供方的偿还金额也相应缩减。这给企业提供了更为灵活的空间来管理现金流，支撑着 Kabbage 进行借款的机制来自于它内部大数据的处理，其放款决策的核心竞争力来自于它初期就申请专利数据挖掘技术。

Kabbage 的 Social Klimbling 商家信用评分体系,其实现方式是将网商申请的 Kabbage 账户与其已有的 Facebook 页面或 Twitter 相链接,把社交网络信息数据引入到商家信用评分体系,经过 Kabbage 后台的分析,迅速生成对该网商申请资质的评估结果。Kabbage 认为频繁的客户接触意味着成功,Kabbage 不像其他公司那样只是空谈客户接触的重要性,而是将网商在其社交网站上建立、维护客户关系的行为进行量化和利用,其结果也证明将社交网络数据纳入贷款资格考量是一个新颖且有效的措施。Kabbage 发现,如果某网商将其 Facebook 或 Twitter 的数据链入 Kabbage,则该网商拖欠款项的可能性要减少 20%。

综合来看,利用大数据平台可以开发贷款产品、建立评价机制、降低贷款成本、控制小微贷款风险、解决借贷双方信息不对称等问题,与此同时,大数据对个人信息的大量获取导致了数据安全和隐私保护问题,包括数据的权属问题,这些都需高度关注,基于大数据开发的金融产品和交易工具也对监管部门的监管体系和框架提出了一定挑战。

第五节

众筹大数据金融

一、众筹概述

众筹翻译自 Crowdfunding 一词,即大众筹资或群众筹资,由发起人、跟投人、平台构成,是一种向群众募资以支持发起的个人或组织的行为。一般而言是通过互联网、社交网络或专业平台发布项目信息,以此吸引网络用户对项目的关注,从而使项目需求方(融资人或项目发起人)获得必要的资金援助、渠道支持和营销推广,因此也称为网络众筹。群众募资被用来支持各种活动,包含灾害重建、民间集资、竞选活动、创业募资、艺术创作、自由软件、设计发明、科学研究以及公共专案等。众筹的兴起源于美国网站 kickstarter,该网站通过搭建网络平台面对公众筹资,让有创造力的人可能获得他们所需要的资金,以便使他们的梦想有可能实现。这种模式的兴起打破了传统的融资模式,所有人都可以通过该种众筹模式获得从事某项创作或活动的资金,使融资的来源者不再局限于风投等机构,而可以来源于大众。国内众筹与国外众筹最大的差别在于支持者的保护措施上，国外项目成功了，马上会给项目拨款去执行。国内为了保护支持者，把众筹款项拨付分成了两个阶段进行：第一阶段会先付50%的资金去启动项目，项目完成后，确定支持者都已经收到回报，才会把剩下的钱交给发起人。Massolution研究报告指出，2013年全球总募集资金已达51亿美元，其中90%集中在欧美市场。世界银行报告更预测2025年总金额将突破960亿美元，亚洲占比将大幅上升。众筹最初的目的是帮助有梦想、有创意的人筹集资金快速实现，现在目的差不多，但形式丰富起来。众筹按回报模式不同分为股权型、债权型、公益型、奖励型、物权型及综合型众筹等。

众筹有明显的操作门槛低、形式种类多样、良好的传播性、大众参与的特点：

（1）操作门槛低。网络众筹的发起条件很低，任何个人、企业或组织都可以按照自己的需求发布融资需求，小额分散成为众筹融资的主要特点。新型创业公司的融资渠道不再局限于银行、私人股权投资和风险投资形式。

（2）形式种类多样。网络众筹不仅包括新产品研发，新公司成立等商业项目，还包括科学研究项目，民生工程项目，赈灾项目，艺术设计，政治运动等，这也催生了一大批垂直化众筹网络平台，各种众筹的回报类型也大不相同。

（3）良好的传播性。自从互联网2.0至今，网络信息得到了极大丰富，信息形式也变得种类繁多。众筹项目里，用户可以自主定制化生成所需要的传播内容，发起人不仅可以通过众筹平台充分展示项目信息，还可借助社交网络、专业媒体平台、关键意见领袖等渠道，借助不同工具和信息载体，充分展示和传播融资需求。

（4）大众参与。大众参与是众筹项目操作门槛低的延续，充分诠释了互联网金融普惠性的根本特性。一方面，不具备传统融资渠道融资能力的个人和企业可以通过众筹为自己的项目开展融资活动；另一方面，也使网络大众可以轻松参与网络众筹的投资，并获得投资收益。众筹的融资一般来说是小而分散的，同时也是广泛而大众化的，只有足够多的投资人及广泛的市场参与才能够保证项目的成功募资。

传统意义上的众筹仅仅只是将互联网技术加入了进来，并没有太多其他技术的参与。而随着众筹功能的不断拓展，更多新的技术开始加入到众筹领域之中，从而大大提升了众筹的既定印象。通过将大数据、区块链、智能科技应用到众筹领域之中，一方面可以让传统的众筹回报更加多样化，改变传统众筹当中回报单一的现状，另一方面还可以让众筹发挥出更多的功能和作用，比如我们可以通过智能科技的应用让众筹成为一个数据的处理中心和收集中心。更多技术与众筹产生联系将会让众筹具有更加丰富的功能和作用，随着这些新技术与众筹磨合期的结束，这些新技术或许将会为众筹提供更加强劲的力量和动力。众筹不再仅仅是筹钱，其他功能也在发挥作用。传统意义上的众筹更多体现的是互联网金融的属性，筹钱在众筹的构成当中占据了相当大的比重。随着众筹的不断发展以及人们对于众筹功能和作用的发掘，众筹已经不再仅仅局限在筹钱这么简单的范围内，它的其他功能开始被更多地发挥出来。从某种意义上来讲，众筹正在成为一个入口。因为众筹的背后是用户群体，京东众筹、聚米众筹、苏宁众筹等众筹平台都有着与自己平台特色相匹配的用户群体，这些用户群体的背后蕴藏着的是不同类型的消费需求。通过众筹这个入口，可以挖掘这些用户群体背后的潜力，打开用户群体背后的消费需求。从这个角度来看，众筹成为一种打开其他行业入口的工具，通过众筹将用户带入到一个预先设定好的情境之中，这种情境是通过众筹的形式来实现的，而且用户也能够在众筹的时候预先体验到商品的好坏，再通过这种形式将商品推送给用户，无疑将会增加商品销售的转化率。以大数据应用为例，通过收集已有众筹项目和众筹用户的数据，为新众筹项目的开发与定位，以及项目实施的精准推广起到良好的作用，大大减少了项目开发的盲目性，提高了项目实施的有效性。

二、众筹项目定位分析中的大数据

有点子，想创业，但没钱，是小创业者面临的困难，众筹可以帮有好点子的创业者实现梦想。然而发起众筹不一定能成功。由于众筹项目面对的是广大小投资者，涉及的投资者众多，大数据分析的介入有利于对投资者和现有项目进行分析，从而成功定位和发起新项目，减少盲目的试错成本，帮助创建一个成功率高的项目，设置合理融资目标，设置"回报"的额度，选择合理的截止日期。众筹项目与大数据结果将会摆脱传统众筹项目上线较为盲目的情况，具备更多的预知性和前瞻性。项目方在提出某个项目时，可利用和整合不同领域的项目相关数据，预知到这个项目的收益、市场前景、受欢迎程度等要素，从根本上减少众筹项目成功率不高的情况。比如，借助大数据分析在众筹网站如何以高成功率发起一个众筹项目：首先，分析众筹网站的不同项目页面循环规律，通过Python等计算机编程语言按规律编写爬虫脚本，抓取如预融资金额、创建日期、截止日期、创办者信息等网页关键内容。然后，对提取的数据进行清洗得到可以用于分析的数据，包括将地址字符串转换成单独的城市、州字符串，将更新次数、回报水平、创办项目数和日期的字符串转化成整数，创建众筹完成度的变量（已融资额/计划融资目标），创建基于项目创办时间和截止时间的项目时长变量，处理丢失数据和零数据变量等。接着，进行数据分析，包括项目筹资成功概率分布，成功项目的主要特征分析等。根据数据分布和融资比例得到的比较成功的项目类型，可进一步分析次级分类，避开次级分类中平均融资成功度较低的项目。另外，一般评论和项目更新次数对融资完成度有最明显影响,可以明显提高项目成功率,这条分析结果对众筹项目推广也能起到指导作用。

三、众筹项目大数据推广

由于众筹有大众参与、入门门槛低的特点,参与者众多,天然与大数据结合将产生良好的效果。通过收集众筹用户的数据,并进行糅合和重构,我们能够勾画出一个个生龙活虎的人,描绘出一个又一个精准的动作,再通过对这些人进行数据的分析与整合,我们的金融行为将会更加精准、更加鲜活。我们能够知道众筹用户未来的消费倾向,能够为后续的产品推荐做好数据准备。利用大数据的多维度特性构建一种有序、有生机、有流动性的数据生态圈,打破了传统互联网下的数据仅仅局限在某个领域或某种行为的限制,将每一个人看成一个海量数据的集合体,通过分析个人发散出去的各种数据来进行项目推荐,在增加项目推荐精准性的同时,同样让众筹变得更有生命力。我们通过分析众筹用户参与投资的项目类型,分析用户的消费偏好,再通过将这些数据与其他领域的数据进行融合,找到基于众筹用户的消费动向、消费偏好。通过将不同的产品匹配给有众多丰富数据的用户来增加产品推广的精准性,让用户实现多元化的开发和应用,正确引导消费进入众筹设定的情境入口。比如,众筹电影的推广,可以通过综合分析媒体热议数据、搜索数据、社交网站数据、视频网站用户数据、在线购票数据、影院观众消费数据等,确定谁看电影、什么时候看电影、什么样的人喜欢什么样的电影等,从而结合发行策略评估等手段为众筹电影发行方提供项目的推介对象。

第六节

互联网金融门户大数据金融

一、互联网金融门户概述

互联网金融门户属于互联网金融众多模式中的一种,是利用互联网提供金融产品,金融资讯的搜索、汇聚及比较,为金融产品销售提供服务的第三方金融中介服务平台,是金融中介服务中衍生出的一类支持各类互联网金融交易的新业态,此类门户一般具备"导购网站"的功能，能够实现金融流量分发、各类金融产品搜索与展示，其最大的价值在于渠道价值。根据提供的互联网金融服务的内容及方式的不同，互联网金融信息门户可分为第三方资讯平台、金融垂直搜索平台和在线金融超市三大类：

（1）第三方资讯平台。此类平台是为客户提供全面、权威的金融行业数据及行业资讯的门户网站。典型的代表有网贷之家、种财网、和讯网和网贷天眼等。

（2）金融垂直搜索平台。此类平台聚焦于实现相关金融产品的垂直搜索和匹配比价功能，通过提供丰富的资金供需信息，满足双向自由选择的需求，从而有效地降低了互联网金融交易的搜索和匹配成本，即金融垂直搜索门户利用互联网进行金融产品的销售以及为金融产品的销售提供第三方服务的平台。它通过采用金融产品垂直比价的方式，将各家金融机构的产品放在平台上，供用户对比以挑选合适的金融产品。如融360、好贷网和大家保等。

（3）在线金融超市。在线金融超市包括传统金融机构互联网化开设的各类产品集成销售平台，如中国银行的"中银在线"、软交所科技金融服务平台等；还包括新兴的第三方机构汇聚其他机构的各类产品搭建的代理销售平台，如91金融超市、大童网等。在线金融超市往往汇聚了大量的金融产品，提供在线导购以及购买匹配，并在利用互联网进行金融产品销售的基础上，还提供与之相关的第三方专业中介服务。

二、互联网金融门户的运营模式、作用与大数据

作为金融中介服务中衍生出的一类支持各类互联网金融交易的新业态，互联网金融门户从运营模式、作用发挥来看，大数据的运用都贯穿其中。互联网金融门户普遍都在网页和手机应用两大客户端进行了布局，运营模式总体来说有B2C模式、O2O模式以及B2C和O2O的混合业态模式。大部分互联网金融门户都不直接参与交易，也不设计属于自己的金融产品，因而其运营流程大体上可以简化为信息采集和搜索匹配阶段。在信息采集阶段，互联网金融门户对金融资讯、行业数据和各类金融产品信息等互联网金融信息资源进行汇总和整理。在很大程度上这项工作依赖互联网金融门户自身的数据采集技术和合作方渠道的信息供给，有时需要互联网金融门户企业的工作人员秉持客观中立的立场，通过实地走访和考察等方式去收集信息，从而建立门户的信息储备库。在汇聚信息的同时，互联网金融门户还要实时更新信息，以确保展现给用户的信息精准及时。采集的信息量越大，越有助于实现规模经济效益，发挥门户的平台优势。在搜索匹配阶段，互联网金融门户设计简单明了的金融产品搜索功能，设置产品类型、金额以及期限等条件，便于精准定位用户的需求，并据此进行数据分析和数据匹配，为客户甄选出所有符合其特定需求的产品，

供其进行比较决策。一方面,"搜索+比价"是互联网金融门户的核心功能,通过运用互联网大数据技术,将商业银行、保险公司、基金公司等金融机构的同类产品集中到互联网平台,并进行有机整合,为客户提供各类金融产品的检索、比较服务,如基金、债券、保险、贷款、信用卡等;另一方面,互联网金融门户还为客户提供其他增值服务,如审核受理客户的贷款申请、为客户提供个性化理财、创建网络讨论社区分享经验攻略等。互联网金融门户提供了交易环节外的在线金融服务,这种智能化的运营模式将大数据技术、垂直搜索技术与金融顾问、贷款初审等传统金融服务相结合,实现了金融搜索方式以及金融业务流程的更新,其核心在于利用数据的可追踪性和可调查性等特点,依托数据分析以及数据挖掘技术,根据客户的特定需求,为其筛选并匹配符合条件的金融产品,提供定制化增值服务,帮助用户制定个性化的财富管理策略,提供综合性的理财规划服务。互联网金融门户在盈利方面,现阶段的主要收入来源有佣金、推荐费、广告费、培训费以及咨询费等。总体来看,无论是佣金、广告费还是推荐费,互联网金融门户盈利的核心在于流量以及转化率。与吸引流量相比,更为重要的是在流量基础上提高转化率,因为互联网金融门户处理信息的成本在短期内很难降低,所以在流量固定的假设条件下,互联网金融门户的转化率越高,收益也就越高。互联网金融门户的搜索匹配服务是提高客户转化率的盈利关键。

借助大数据、人工智能等技术,互联网金融门户的运营在降低金融市场的信息不对称程度、改变用户习惯、对上游金融机构的反纵向控制方面发挥着作用:

(1)降低金融市场的信息不对称程度。互联网金融信息门户通过金融产品的垂直搜索方式,将相关金融机构的各类产品放在平台上。客户通过对各类产品的价格、收益和特点等信息进行对比,自行挑选适合其自身需求的金融服务产品,从而减少了逆向选择的发生。另外,由于P2P网贷市场、保险市场存在管理滞后、发展模式粗犷等问题,互联网金融门户起到了一定的监督作用,即通过企业征信以及风险预警等方式对相关企业进行实时监督,减少了道德风险的发生。

(2)改变用户习惯。在传统的搜索方式下,客户只能逐一浏览各家金融机构网站或光顾其线下网店来比较相关的金融产品,从搜索到购买花费的时间成本较高。而随着大数据及云计算等互联网金融核心技术的发展,互联网金融门户将金融产品从线下转移到线上,形成了"搜索+比价"的方式,让客户能快速且精准地搜索和比较相关的金融产品,使其足不出户就可以搜索到满足自身需求的金融产品。

(3)对上游金融机构的反纵向控制。从长期来看,随着利率市场化水平的不断提升,资本市场的不断完善,国内金融市场将会进入金融产品过剩的时代,金融领域的竞争格局也会从产品竞争逐步转向产业链竞争。届时,最稀缺的资源就是稳定的客户资源,当互联网金融信息门户积累了庞大的客户资源,拥有了强大的渠道优势后,势必会像零售商一样,通过反纵向控制推动互联网金融行业的发展。

 **本章复习题**

1. 大数据在信托业中有哪些应用?
2. 大数据技术在租赁业的哪些环节中应用?有哪些应用形式?
3. 大数据在第三方支付中起到了什么作用?
4. 大数据在P2P网贷中有哪些应用?
5. 大数据在众筹中有哪些应用?
6. 大数据在互联网金融门户中如何发挥作用?

第十章 大数据金融商业模式与生态环境

【本章重要知识点】

- 大数据金融商业模式概述
- 大数据金融商业模式构成要素
- 基于大数据应用的典型金融商业模式创新
- 大数据金融商业模式的创新发展趋势探索
- 大数据金融生态环境演化趋势
- 大数据金融生态环境建设

第一节 大数据金融商业模式概述

一、大数据金融商业模式

（一）商业模式

商业模式（Business Model）是对企业创造价值所需要的一系列要素及要素间的关系

进行的描述,这一概念产生于20世纪50年代,20世纪90年代开始成为研究热点。

迄今为止,国内外学者纷纷从战略、创新、价值创造、结构、认知等视角研究商业模式,对商业模式的定义还没有形成统一认识,其相关理论也没有统一的体系框架。现代管理学之父彼得·德鲁克(1994)从战略角度将商业模式定义为经营理论,他认为当今企业的竞争不是产品的竞争,而是商业模式的竞争。越来越多的企业组织会对先进企业的运营逻辑和经营行为进行分析和对标学习,从而取长补短。价值创造理论是商业模式研究的主流领域,主要描述商业模式的要素组合是如何实现价值创造、价值传递和价值获取的逻辑联系。互联网时代的到来推动企业的商业模式发生了颠覆性变化,技术和市场等外部环境的变化促进商业模式不断迭代创新,这些关于商业模式概念的理解和界定为大数据时代的商业形态变革、发展与创新起到了极大的推动作用。

虽然学界对商业模式没有统一定义,但是通过对商业模式研究和实践,商业模式呈现以下一般性特征:

(1)商业模式是一个整体的、系统的概念,而不仅仅是一个单一的组成因素。如盈利模式、向客户提供的价值、企业资源和能力配置等方面,都属于商业模式的重要组成部分。

(2)商业模式的组成部分之间必须有内在联系,这个内在联系把各组成部分有机地关联起来,使它们互相支持、共同作用,形成一个良性的循环。

(二)大数据金融商业模式

中国人民银行在2018年发布的《十三五现代金融体系规划》纲领性文件中,强调深入开展大数据技术促进金融行业创新发展,探索并制定行业内数据共享和交易模式,同时也强调相关技术创新在金融行业监管方面的应用。政府也出台了相关政策,鼓励金融机构在金融产品及金融产品服务创新方面积极利用云计算、大数据等先进技术手段。在大数据的浪潮中,金融行业的发展获得了极大动力的同时也面临着巨大的威胁与挑战。大数据技术作为推动金融行业创新发展的关键力量,二者的深度结合将改变传统金融行业体系、金融行业的业务模式以及各个环节运转方式,并重新构建金融行业的生态圈。

在金融与互联网趋于跨界融合的时代背景下,探讨大数据金融商业模式具有十分重要的意义,而大数据金融模式是推动互联网金融格局变革的活跃因素。近年来,传统金融不断向互联网金融转型,企业或个人的数据和信息都可能存储在数据单元中,大数据为银行和其他金融企业提供了变革的手段,不断创造新的经营管理模式和业务处理方法,促进了产品创新,实现了优化用户体验感,从而实现了商业模式的创新。

二、大数据金融商业模式的分类

随着信息技术的不断发展以及互联网应用的增加,金融业与互联网的联系越来越紧密,发展出一种新型金融模式——互联网金融。互联网金融的发展对传统金融产生了冲击,使传统金融机构,如商业银行、保险公司、券商等也开始借助金融科技进行转型升级。进入大数据时代,各金融机构开始重视对大数据的利用,基于此发展了大数据金融,并逐渐形成平台模式、供应链金融模式以及互联网消费金融模式这三种大数据金融商业模式。

(一) 平台模式

平台模式是为合作参与者和客户提供一个合作和交易的软硬件相结合的环境的运作模式,通过双边市场效应和平台的集群效应,形成符合定位的平台分工。这类企业的平台通常活跃着很多商家或用户,平台可以利用海量的交易数据加以分析判断,为商家或者用户提供融资服务。目前,采用平台模式的企业有阿里巴巴、百度、淘宝、亚马逊等。其中,以阿里巴巴小额信贷(以下简称"阿里小贷")和百度小贷为代表。此模式拥有明显的优势,具体表现为基于庞大的数据流量系统,征信系统数据完善,能够解决风险控制的问题,降低企业的坏账率;依托于企业的交易系统,具有稳定、持续的客户源;有效解决了信息不对称的问题,将贷款流程流水线化。

(二) 供应链金融模式

供应链金融是金融机构将核心企业和上下游企业联系在一起灵活地提供金融产品和服务的一种融资模式。形象地看,就是把资金作为供应链各个环节中的"润滑剂""融合剂",增加供应链中各要素的流动性。供应链金融一方面能够有效拓宽资金需求方的融资渠道,另一方面能够有效提升资金供给方的经营效益,有效促进社会经济的发展。供应链汇集来自各方面的金融服务和产品,整合各方的供需信息,并集成为物流、商流、信息流、资金流的协同发展,应对中小企业融资难的市场需求,有利于降低供应链上下游相关企业的管理成本和资金链断裂风险,提高了供应链上下游企业的运作效率。

传统供应链金融以商业银行或核心企业为主导,为上下游企业提供金融服务。大数据时代,以互联网信息技术和供应链运营数据为载体的信用评估系统和授信系统将进一步降低供应链金融的风险和成本,商业银行在此基础上谋求供应链业务管理水平的提高。例如，平安银行从整个产业链角度出发，以资源整合带动行业升级。此外，蚂蚁金服、京东、苏宁等国内电商平台的供应链金融也在快速发展，线上与线下相结合，将供应链上各个环节有效整合起来。

（三）互联网消费金融模式

互联网消费金融是指借助互联网进行线上申请、审核、放款及还款全流程的消费金融业务。广义的互联网消费金融包括传统消费金融的互联网化，狭义的互联网消费金融仅指互联网公司创办的消费金融平台。互联网消费金融是一种新型消费金融模式，比传统的消费金融提升了交易效率。

互联网消费金融有以下几个特点：一是在依托场景方面，常常与各类商品、服务提供商合作，在大数据征信层面，一般会有征信公司全程参与；二是在资金端方面，包括通过P2P等理财平台融资后再放贷，还有以自有资金或小贷公司的资金放贷；三是在支付方式方面，一般会与第三方支付平台合作，放贷或资金回款通过第三方支付平台，提升了资金的流动效率。

第二节　大数据金融商业模式构成要素

对于商业模式包括哪些要素，目前还没有较为统一的意见。魏炜、朱武祥等学者基于交易经济学视角，认为商业模式由定位、盈利模式、关键资源能力、业务系统、现金流结构、企业价值六个要素构成；Zott 和 Amit 基于活动系统视角，将商业模式要素定义为内容、结构、治理、新奇、锁定、互补、效率；还有学者建立了商业模式钻石模型，包括商业对象、商业过程、商业绩效三个方面，产品、利益相关者、资源整合能力、收益、风险五个模块以及物流、资金流、风险流三个载体。本书在已有的研究基础上，结合金融业的特点，将大数据金融商业模式构成要素分为业务定位、运营模式、盈利模式和风控模式。业务定位是指企业提供的产品和服务，企业的利益相关者等；运营模式指企业的产品结构和资本结构等；盈利模式包括企业的收入来源和成本结构；风控模式包括企业的风险机制和信息披露等，如图 10-1 所示。

第十章　大数据金融商业模式与生态环境

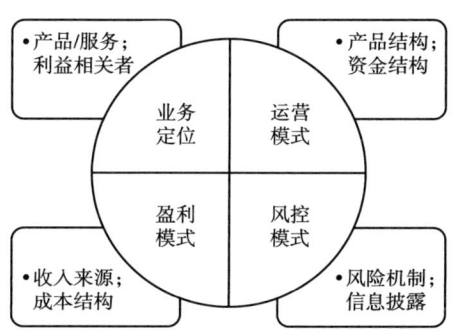

图 10-1　大数据金融商业模式要素图

一、业务定位

企业的业务定位包括其主要业务、服务对象、竞争与合作关系等。大数据时代，金融机构提供的产品服务和服务对象呈多元化发展。例如，平安银行推出橙 e 网，推动产业链上中小企业实现在线化和电子商务化的发展，服务的用户大多为 B2B 电子商务平台，用户能享受到线上的综合金融服务；传统的保险公司对人工智能技术越来越重视，开展"AI +保险"模式的研究，通过人工智能技术的运用将改变保险行业的传统服务方式，推动建立新的共享机制；商业银行加快大数据普惠金融创新，积极获取长尾金融市场，围绕"普"和"惠"开发创新特色信贷产品，探索构建互联网普惠金融服务超市，从而更好地服务小微企业；证券公司利用大数据为客户打造差异化的理财产品，将金融科技与证券咨询融合产生了智能投顾这一服务模式，为投资者提供适合的投资建议，优化投资者资产配置。

大数据金融商业模式的出现与发展带来的不仅仅是对传统金融机构的冲击，更加带来了发展和机遇，新兴互联网企业可以与传统金融机构相互合作发展，例如，银行通过与京东平台合作可以帮助银行提高审核中小企业信用等级的效率，帮助银行以较低的成本获得优质的客户；海尔集团与平安银行的合作运用供应链金融模式实现互利共赢，推动了整条供应链的高效运行。

二、运营模式

企业运营模式主要是指企业提供产品或服务的过程，本书中运营模式包括企业的产品结构和资金结构等。产品结构是指一个企业生产的产品中各类产品的比例关系，可按不同的标志进行分类，形成不同类型的和不同层次的产品结构。例如，东方财富网以满足用户需求为核心，围绕内容、社交、决策、数据、交易五个方面打造了一站式互联网金融平台。用户可以在东方财富网平台上获取财经资讯方面的内容，或者在股吧、基金吧等财经社区进行互动交流，在需要进行进一步的投资决策时，可以向Choice等金融数据终端寻求数据支持。东方财富网站上，有明显的基金与证券业务的接口，方便用户在确定投资决策后及时进行基金的申购赎回或股票期货的交易而实现流量变现。除已有的广告、金融电商、证券业务外，东方财富还积极布局了公募基金、保险销售、征信等业务，力求打造一个完整可持续的互联网金融生态圈。

资本结构是指企业各种资本的价值构成及其比例，是企业一定时期筹资组合的结果。例如，国内消费金融公司的资金来源主要有自有资金和ABS资产证券化。由于大多数国内消费金融公司没有资格发行债券和银行同业拆借，一些消费金融公司的母公司是大型集团或银行。在过去几年的改革中，国家放宽了对消费金融行业的资产证券化管控，包括阿里巴巴、京东等一些优秀的互联网消费金融公司在内，创新性地采用了资产证券化融资，资本结构随之改变。

三、盈利模式

企业的盈利模式是企业提供产品或服务获得收益的方式。采用大数据金融的各企业获得收入的来源和各自的成本结构不尽相同。例如，蚂蚁花呗的利润点是商家的服务费和分期手续费等。在阿里系统中，蚂蚁花呗的利润并不是其经营的主要目的，其主要目的是抓住支付渠道，促进阿里生态系统其他部门的发展，如通过向消费者提供信贷资金来增加电子商务平台的收入。此外，京东充分利用大数据这一平台，再加上自己本身平台上的消费者积累了大量的数据并且结合自身的物流优势，配备先进的分析信息技术能力和管理大数据能力，这些都为京东在发展供应链金融领域的低成本优势奠定了基础，不管是在流程之前的审核环节，还是在流程之后的分析环节，京东在分析数据方面完全可以依靠大数据系统自身识别，大大减少了人力成本，为减少成本奠定基础。其盈利对象也呈现多元化趋势，包括全网供应商、线下供应商、拓展性服务需求方等，其利润来源有贷款利息收入、融资服务费和拓展性服务费等。

商业银行长期以来主要靠政策性"利差"保护实现盈利，随着金融改革的深化，商业银行开始寻找新的利润增长点。除了发展中间业务，商业银行还借助数据处理等技术的发展，推出新产品，增加客户黏性，培养客户忠诚度，巩固存量客户资源，扩大增量来源，从而实现盈利模式的调整。

四、风控模式

企业风控模式是指由于企业内外环境的不确定性、生产经营活动的复杂性和企业能力的有限性而导致企业的实际收益达不到预期收益，甚至导致企业生产经营活动失败的可能性。企业风险管理是对企业内可能产生的各种风险进行识别、衡量、分析、评价，并适时采取及时有效的方法进行防范和控制，用最经济合理的方法来综合处理风险，以实现最大安全保障的一种科学管理方法。

与其他行业相比，金融行业更注重信用评估和风险控制，因为信用是金融领域的基石。其他行业的风险控制一般是指财务风险控制等，指企业在开展随着资金运动的财务活动中所面临的风险，包括企业在筹资、投资和用资等活动中，由于管理不当引起的丧失偿债能力的可能性。而银行的风险控制有着更加重要的地位，由于存贷利差收入是我国商业银行的当前主要收入来源，因此信贷资产安全与否直接关系到商业银行的兴衰。我国商业银行一直致力于信贷风险防范，并借鉴国外先进银行信贷风险控制经验，结合自身实际不断加大信贷风险控制的力度，也采取了各种防范措施。商业银行通过创新信贷产品种类、加强授信管理、强化风险预警、加大不良贷款催收、加强贷后管理、落实责任监督制度等策略与方法，可强化信贷风险控制。例如，采用大数据征信技术对小微企业进行信贷风险控制；信贷人员在贷款发放环节，通过严格的审批流程，加强对借款人的贷前授信管理；不断更新系统数据库资源，加强对客户以及相关人员的远程控制与管理，加强贷中管理事务，并做好客户的资质调查和风险变化的管理工作；依托银行内外部风险数据和交易数据，通过贷后监控实时判断，实现系统自动化风险识别和预警。

第三节

基于大数据应用的典型金融商业模式创新

大数据时代的到来，为金融行业的发展插上了翅膀。基于大数据应用的金融商业模式创新层出不穷，出现了平台模式、供应链金融模式、互联网消费金融模式等新型金融模式，传统金融机构和互联网企业等高度重视大数据等技术与金融的融合，用科技谋求转型和发展。

大数据具有数据量大、数据来源和类别多、处理速度快等特点，而金融行业对数据的安全性、稳定性、实时性等要求很高，大数据技术和应用发展极大地助力金融行业自身的变革，创新的金融商业模式在传统金融业也不断出现。反欺诈服务、企业评级、数据银行、消费金融信用评估、个人征信、精准营销、客户价值管理、风险控制等应用成为大数据在金融领域的创新方向。例如，基于大数据的数据分析技术在客户信用、精准营销、产品关联分析等方面得到有效应用，数据可视化等技术为金融产品健康度、产品发展趋势、客户价值变化、反洗钱反欺诈等方面提供监控和预警。

大数据正推动金融行业的变革，移动金融、互联网金融等新的金融业态不断涌现，传统金融正向智慧金融快步迈进。一方面，传统金融机构利用金融数据和其他行业数据融合，将客户服务、风险管理、资源配置和支付结算模型设计得更精准，从而在激烈的竞争中保有一席之地；另一方面，拥有云计算、大数据、人工智能和区块链等新兴技术优势的其他行业机构跃跃欲试地进入金融领域分一杯羹，电商、移动运营商、IT 等企业将自身技术与金融业务结合，催生了许多跨行业的应用，为金融行业注入新的活力。因此，大数据时代下金融行业的业态呈现出混业经营、技术创新驱动、创新应用迭代速度快等特点。

一、阿里小贷

阿里小贷是一种平台模式，在业务定位和运营模式方面有一定创新，依据淘宝、天猫和阿里巴巴等电子商务平台上的海量交易数据，为平台上的企业提供无抵押、无担保的贷款融资，是国内第一家为电商小微企业提供小额融资贷款的公司。

阿里小额贷款和传统小额贷款相比，大数据应用赋予了其明显的信贷优势。首先，其实行网络联保贷款机制，即阿里小额贷款申请者必须联合其他两家以上具有良好信用的诚信通成员共同申请贷款，若其中一家不能按时偿贷，其他两家诚信通成员必须承担连带责任，与借款人一起归还贷款。其次，阿里小贷实现了无抵押贷款，其注重借款人之前的交易数据与信用评分，通过对淘宝、天猫以及支付宝等交易平台上的交易记录对借款人的信用进行评级，一方面简化手续，更加注重借款人的信用还款能力，另一方面，无抵押贷款为不符合传统贷款条件的小微企业创造了良好的贷款环境。

阿里小贷的发展是以大数据建设为基础，不断拓展深化大数据应用领域，主要经历了三个阶段：准备阶段——进行数据积累和信用体系建设；探索阶段——与银行合作的小微信贷；运营阶段——自主成立阿里小贷公司。阿里小贷分为淘宝贷款和阿里巴巴贷款两类，其中，淘宝贷款主要面向天猫、淘宝平台上的中小企业、个人创业者；阿里巴巴贷款主要面向阿里巴巴 B2B 平台的会员商家。

目前,阿里小贷推出的产品包括淘宝/天猫订单贷款、淘宝/天猫信用贷款、聚划算专项贷款、阿里信用贷款等。其中,淘宝(天猫)订单贷款为天猫、淘宝卖家以公司、个人的相关名义,用店铺中处于"卖家已发货,买家未确认收货"情况的订单进行贷款申请,系统对该订单进行评估,在契合需求、条件的订单总额范畴中测算可进行申请的最大贷款额度并发放贷款。其实质是订单质押贷款。主体间关系如图10-2所示。

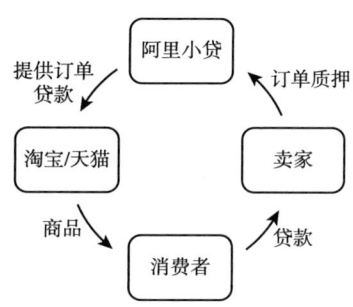

图10-2 淘宝/天猫订单贷款

二、京东供应链金融

京东供应链金融属于典型的电商供应链金融模式("M+1+N"生态圈模式),其在运营模式和风控模式方面都有着创新之处。

在运营模式方面,京东始终致力于将电商平台、物流等各种渠道的信息流融合,开发针对特定场景的金融产品,凭借其自建的物流体系及客户和技术优势构建了以京东电商平台为依托创建的供应链金融模式,主要包括"京保贝""京小贷""动产融资"三种运作模式。

在风控模式方面,京东依靠信息流、物流、资金流等大数据优势,打造了对公信贷领域的人工智能风险决策体系。在银行业信用风险管理体系的基础上,结合供应链金融业务特征,利用大数据手段,对传统信用风险管理进行研发创新,逐步形成企业信用风险管理、交易信用风险管理、商品价值管理以及关联关系风险管理四个层次。从智能化风险识别、风险计量,到立体化企业风险决策体系,形成了精准、高效、智能的信贷业务风险解决方案。此外,京东供应链金融还在图形数据库、图论研究、知识图谱、自然语言研究等新领域不断探索和创新,探索将人工智能进一步应用于企业图谱、舆情监控、关联关系识别、违约传导等方面的供应链金融业务的信用风险管理体系中。

三、蚂蚁花呗

蚂蚁花呗属于互联网消费金融模式，在盈利模式和风控模式方面存在创新。

在盈利模式方面，只要用户与支付宝签订合同，就可以根据过去的网购活动和支付习惯获得一定的消费额度，并在花呗支持的平台上进行透支消费。在此服务下，无须到银行柜台就可以提供贷款，只要用户可以在下个月10日之前偿还（可更改偿还期限一次），就可以享受免息待遇。蚂蚁花呗的利润点是商家的服务费和分期手续费。使用花呗的卖家需要缴纳服务费用，分期手续费是指分期还款，逾期还款等费用。

在风控模式方面，蚂蚁金服依托于客户端（淘宝、支付宝）收集的海量客户信息和政府公开信息，构建了芝麻信用体系。相较于传统商业银行构建的信用体系，芝麻信用体系评价角度更多，它综合考虑用户的购买记录、出行记录、消费记录等多方面因素，从而使其信用体系更加可靠。这种基于海量动态数据分析结果的信用体系使蚂蚁花呗在放款方面所需要的门槛更低，只要信用积分达标就可以得到相对应的额度。在使用场景方面，蚂蚁花呗适用于多种互联网和线下场景，目前所有可以使用支付宝手机软件支付的线下场景都可以选择由蚂蚁花呗付款。支付宝的线下支付只需要商家有二维码就可以进行，比传统信用卡需要机器刷卡更加便捷，这也拓宽了支付宝的支付范围，从而拓展了蚂蚁花呗的使用场景。而在线上场景方面，淘宝、天猫商城等阿里巴巴自己旗下的平台目前都可以通过花呗进行付款，其他电商平台支付结算也可以使用花呗，可支付场景也远多于传统信用卡支付体系。

四、基于大数据的传统金融机构的金融创新

（一）工商银行推出的互联网金融"e-ICBC"

工商银行的"e-ICBC"是其互联网金融品牌战略，"e-ICBC"包括"融e购""融e行""融e联"三大金融平台。

"融e购"电商平台在业务定位方面进行了创新，该平台集B2C、B2B、B2G三种商务模式于一体，是一种综合化电商平台。与市场上成功的电商平台相对比，工商银行通过"融e购"电商平台不断加大重点市场领域拓展突破和模式创新，积极进军跨境电商领域、加强电政合作、创新营销推广模式，并且着力推进工银e采购、工银e资产等特色品牌建设。该平台聚合了客户和商户，链接交易与融资，形成了自身独有的发展特色，有效提升

了客户的黏性与活跃度,使金融服务更具效率与价值。

"融e行"开放式网银平台在运营模式方面进行了创新,将手机银行和网上银行进行整合,不仅能够进行网上业务的全部直销,还可以通过移动端为客户提供方便快捷的金融服务。目前,通过将"融e行"业务、客户、平台进行全方位的开放,工行与他行客户均可以登录平台办理业务。在用户体验、功能设计、营销推广等方面,融入简洁、智慧、社交等互联网思维,提升了面向用户的金融服务便捷性和覆盖面。

"融e联"即时通信平台是银行与企业、银行与客户、银行内部的即时信息沟通与信息推送平台,满足了客户在移动金融服务中的信息交流、业务咨询、沟通分享、在线互动的需求,改善提升了客户的服务体验,也提高了客户经理的服务能力。

(二) 中国平安"尖刀服务"

利用服务和技术创新,作为传统的保险公司的中国平安在保险行业的平安产险、平安人寿和平安养老,分别推出了"城市极速查勘"及"一键包办""闪赔"和"诚信赔",三大险种所推出的智能服务在业内均为首创,成为我国保险公司基于互联网的服务创新时代的开端。

在产险方面,平安产险推出了"510城市极速查勘"及"一键包办",对线下理赔模式进行创新,利用移动互联将服务流程线上化。平安车险的客户可在全透明的代办流程中享受在极短时间内完成全程理赔包办的服务。该车险服务安排打破了传统的车险事故现场勘查调度体系,完全依靠互联网快速智能的特征满足客户需求,大大加快了平安产险的运营效率,提升了车险用户的服务体验。

在寿险方面,平安人寿则利用移动互联网前沿技术实现寿险保单的"闪赔"服务,实现了业务的创新。"闪赔"是指客户进行在线理赔申请,30分钟内即可赔款到账。此过程应用了大数据、智能理赔和联网征信等互联网前沿技术,技术的创新和尝试使客户体验到服务的便捷。

平安养老险在风险控制方面也进行了创新,联网征信技术成为平安养老"诚信赔"的主要技术依托。"诚信赔"依托于平安人寿当前完善的风控体系,将互联网征信数据应用于人身险理赔服务中,并创造性地开发了自动化理赔模式,帮助客户实现理赔免实物材料和一日快速赔付,为诚信客户提供极速极简的理赔新体验。

(三) 广发证券"贝塔牛"

"贝塔牛"是广发证券推出的一款智能金融投顾产品,实现了投资理财服务模式的创新。与传统证券经纪业务相比,"贝塔牛"避免了多个经营网点、高昂的运营成本以及复杂的管理体系等问题，而是基于互联网技术和金融工程理论，利用技术测度投资者的个人信息、投资喜好、风险偏好及风险承受能力，形成精准的客户画像，并据此给客户提供股票策略和大资产配置策略，为客户提供智能化、个性化的投资理财服务，给客户良好的产品使用体验。

第四节 大数据金融商业模式的创新发展趋势探索

随着大数据、云计算和互联网技术的发展，第三方支付提高信誉，B2B和网络贷款日益增加，金融机构建立线上平台模式，传统金融引入互联网和大数据技术，大数据金融借助移动互联网技术，创造出新的价值，比传统的金融业更加透明，具有更强的参与度，更好的协调性，更低的中间成本，更方便的操作性，形成更便捷的新兴金融模式。

一、大数据金融企业商业模式创新

从企业维度来看，大数据金融商业模式创新主要是指企业如何将大数据技术融入企业自身的原有价值链中并获取利润。具体来看，大数据技术在金融领域得到应用，大数据金融呈现出定位创新、整合能力创新、金融生态环境创新和信用评估创新等特征。

（一）定位创新

大数据金融通过对行业高度细分实现定位创新，可以帮助企业发现有效的市场机会，提供差异服务，提高企业的核心竞争力。大数据金融能够通过降低金融服务成本，来挖掘客户潜在的真实需求，通过创新出满足投资者需求的金融产品和服务模式，从而以便捷的方式将其提供给目标客户。大数据和互联网技术应用将彻底改变传统金融业，打破其封闭僵化的行业壁垒，从服务少数大企业，到通过采集数据实时分析，挖掘数据评估风险，服务更多的用户。例如，出国游客都曾为了购物退税而无奈地排队等上1~2个小时，支付宝抓住这个境外移动支付的市场机会，开发了"码上退税"功能，目前全球83个机场均已实现支付宝"码上退税"功能，出境购物的游客只需要到退税柜台出示付款码，一扫即可退税，退税超快到账。

（二）整合能力创新

整合能力创新是指企业对其所拥有的核心资源和能力进行整合创新，主要是围绕企业的关键活动进行商业模式创新。目前，各家商业银行都在大力投资改造升级网上银行业务和网上平台，多元化创新网上业务和服务模式，为发展互联网金融业务奠定了基础。现在商业银行的网上服务主要包括传统的银行业务、电子商务、移动支付以及 P2P 等新型业务。相比阿里巴巴、腾讯等跨界金融者，商业银行在金融风险、管理能力和金融人才储备等方面具有优势。传统金融机构可以通过与互联网领域内的优秀企业建立有效合作，借力缩小与优势企业的差距，提升自身的关键能力创新。例如，交通银行与阿里巴巴在 2014 年共同宣布推出交通银行淘宝旗舰店。这是国内银行业首度与淘宝网合作，淘宝用户可以通过支付宝下单购买交通银行提供的各类产品及服务，同时还可以享受在线咨询、在线预约等服务。

（三）金融生态环境创新

金融生态环境创新是指金融市场主体与其所处的外部环境形成的相互作用、相互影响、共同发展的系统。金融生态环境的创新主要是围绕企业的合作伙伴进行创新，包括供应商、经销商和其他市场中介，甚至还包括竞争对手。大数据金融的出现和发展，为我国金融市场的深化变革以及市场需求多元化的爆发提供了契机。

2013 年 7 月，京东商城成立了金融集团。在此之前，京东商城就已经大胆尝试开展互联网金融业务。他们利用京东商城自身的信用和规模，为供应链上下游商家提供担保，使商家能够便利地从银行贷款。目前，京东商城在互联网金融发展方面已取得了成效，逐步提供小额信用贷款、流水贷款、联保贷款、票据兑现、应收账款融资境内外、保理业务等金融服务。未来互联网金融业态将会成为我国深化金融体制改革、促进经济发展和打造完整金融生态环境的崭新途径。

（四）信用评估创新

以电子商务企业为代表的互联网巨头凭借互联网的天然特性积累了海量数据，这些数据真实有效地描述了每一个消费者的消费行为轨迹，从而构建了立体全面的信用档案体系。通过借助信息技术搭建的网上服务，投入成本低且效率更高，能够弥补传统金融机构信贷服务的缺陷，有力推动大数据金融的进一步发展。

例如，阿里小贷具有其他金融平台所无可比拟的信用评价优势。阿里巴巴的信用模型，对其客户评级采用了 360 度的调查模式，主要是通过小微企业主在阿里巴巴平台上的历史交易记录进行深度分析,由此便能够掌握小微企业主的真实信用状况。这些数据在阿里数据库进行定量分析之后,输入其网络行为评分模型,进而对这些客户进行评级分层。这就使阿里小贷拥有了其他金融平台所没有的信用评价优势。据统计,使用大数据技术的阿里小贷,其不良贷款率仅为1%,而同期我国银行业的整体小微企业贷款不良率为5%~6%。

二、大数据金融行业商业模式创新

目前大数据应用于金融业主要是基于大量的结构化数据,随着金融业自身发展需要,以后将更多地面对海量的非结构化数据,金融服务将持续转型创新,深入挖掘数据赋予的商业价值,从"关注整体"的粗放式管理进一步向"关注个体"的精细化管理转型,向建设更完善的信用体制和更全面的风险管理体制发展,推动金融业以"利润为中心"的自我发展向"以客户为中心"的共赢发展转型。

(一)数据驱动跨界模式

伴随着金融业对大数据技术的学习和应用,传统的金融机构和部分互联网企业形成了在数据资产和大数据技术上的优势互补。双方通过发挥自身的比较优势,开辟了以互联网金融模式为代表的新兴市场空间。互联网金融在影响和改变金融行业格局的同时,也对当下人们的消费观念、消费习惯产生了深刻的影响。

从支付方式的创新开始,以互联网技术和大数据技术为基础的跨界合作经营模式就越来越多。阿里、京东等电商企业,部分电信运营商,传统钢铁企业和部分IT企业纷纷涉足金融行业,利用自身在大数据上的优势探索跨界数据服务和经营模式。这些企业或是拥有海量的用户数据,或是处于平台金融模式和供应链金融模式的核心环节,它们将数据资源与业务资源整合成新的金融服务盈利模式,开展大数据金融服务。

(二)价值关系重构

随着大数据技术在金融业的深度应用,金融市场主体关系得以重构,由传统的金融行业价值链关系转变为价值环模式(见图10-3)。

传统金融行业通常是价值链模式,即由上游供应商(银行、基金公司等)首先从市场获取基本资源,如客户存款等,再根据客户存款和需求设计金融产品,如基金产品、理财产品等,最后分销商将这些产品销售给客户。客户在使用完产品后,其信息和使用的产品就会失去价值,从而被丢弃。

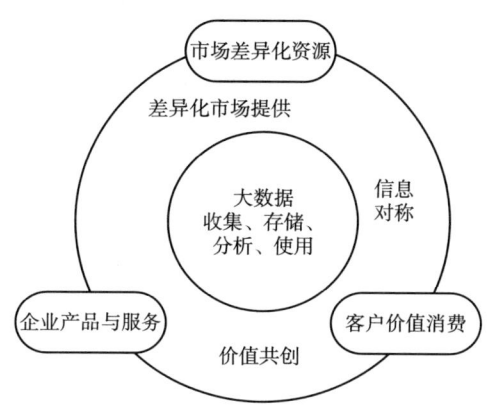

图 10-3　大数据重构的金融价值环模式

大数据在金融行业的应用打破了传统金融企业的价值链关系，将客户在交易前的基本信息，交易时的相关信息以及其他信息交易记录作为数据储存下来，并进行分析和提取信息，用于下一次交易或其他类型交易。金融企业根据这些信息设计新产品或服务，将其提供给目标客户。同时客户也可以即时将产品使用或服务体验过程中出现的问题和建议便捷地反馈给企业，金融企业对这些非结构化数据进行分析处理，并将其用于改善设计和创造金融产品和服务。此时，客户既是产品消费者，也是价值创造者，实现了企业和客户共创价值，为价值链中间环节增值，从而促进金融行业的健康良性循环。

大数据金融商业模式利用大数据技术缩短了从战略规划到产品销售的时间，从而获取资金的时间价值，并将客户交易信息的数据价值挖掘到极致。

第五节　大数据金融生态环境演化趋势

一、大数据金融生态环境

（一）金融生态环境概述

针对我国金融环境日益多样化、复杂化的形态，前中国人民银行行长周小川第一次对影响金融生态的若干问题进行了分析并且提出通过完善法律制度等途径来改善金融生态环境，从而促进整个金融系统改革和发展。这不仅为金融系统改革和发展提供了创新思路，也对金融生态环境的系列研究产生了积极推动作用。前中国银联董事长苏宁认为金融生态环境是金融业运行的外部环境，主要包括经济环境、信用环境、法制环境、市场环境和制度环境，综合了影响金融业生存和发展的各个因素。

本书将金融生态环境总结为宏观环境和行业环境两大方面。其中宏观环境分为政治环境、经济环境、社会环境和技术环境等，行业环境分为金融机构、金融科技企业、监管机构和行业协会等，并将在下文中对大数据金融生态环境的组成作出具体阐释。

（二）大数据金融生态环境组成及发展

大数据金融生态环境可以划分为外部宏观环境和内部行业环境，如图10-4所示。外部宏观环境主要包括政治环境、经济环境、社会环境和技术环境。外部环境是宏观视角下的大数据金融商业模式的所在系统环境，而行业环境则是聚焦于大数据技术和金融行业的中微观分析视角，主要包括金融机构、金融科技企业、监管机构和有关的行业协会组织。

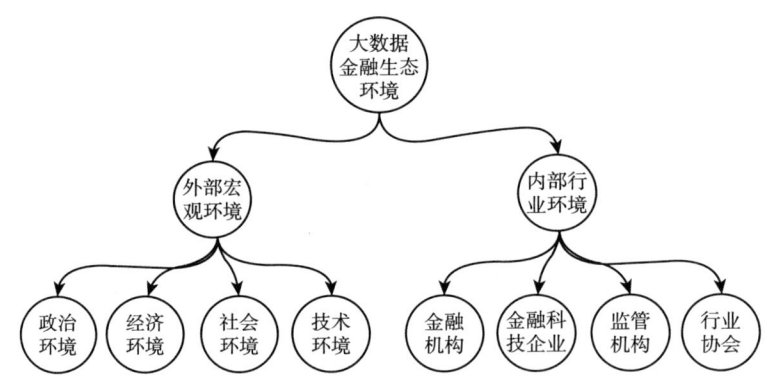

图10-4 大数据金融生态环境

从政治环境来看，我国十分重视大数据在金融行业的应用和发展，先后规划出台了一系列类似支持和推动金融科技产业发展的有关大数据金融行业发展进步的政策和措施。例如，《中国金融业信息技术"十三五"发展规划》中就明确提出了"加强金融科技和监管科技研究与应用，稳步推进系统架构和云计算技术应用研究，深入开展大数据技术应用创新，规范和普及互联网金融相关技术应用，积极推进区块链、人工智能等新技术应用研究"。

从经济环境来看，国家整体经济发展形势是金融业发展的大背景，金融业则是经济环境的一个缩影。从长期来看，国际经济环境更加动荡，我国经济处于转型发展阶段，金融市场主体呈多元化和数字化发展趋势。结合大数据技术的改革升级，大数据在金融业的应用仍有巨大的空间。

从社会环境来看，大数据金融在社会需求的驱动之下不断发展和创新。以大数据技术为代表的金融科技应用一方面推动了金融行业的转型发展，另一方面也衍生出越来越强的社会需求。人工智能、区块链等新技术的应用推动了金融行业向大数据金融、智能金融等方向的转型升级，也使金融产品的投资者出现了更多的需求，金融机构将加强大数据金融业务的发展，增加金融服务类型，提升相应的金融服务质量，推动金融业向数字化转型。

从技术环境来看，一系列的新兴技术正在蓬勃发展，为大数据金融的发展奠定了基础条件。云计算、人工智能、区块链等技术与大数据分析处理相结合，成为大数据金融发展的助力器。云计算有效提升金融行业的 IT 系统能力，人工智能在提升金融智能化水平的同时降低服务成本，区块链技术以其公开、不可篡改等技术属性为大数据金融模式蕴存下巨大潜力，这些新兴技术与大数据技术的整合应用将迅速推动金融行业的改革和发展。

从金融机构角度分析，对于传统的金融机构来说，其所提供的金融服务存在着如门槛高、普及率低和供给不足等问题，而大量的小微企业和中低收入人群的金融服务需求没能得到有效满足，这促使大数据金融有了发展的空间。传统的金融机构和部分跨界的金融服务提供者在引入大数据技术的基础上，开拓了更加快捷便利的金融服务渠道，降低了以往的金融服务成本，带来了移动支付、互联网理财等大数据金融服务新模式，实现了自身的快速发展。例如，随处可见的微信、支付宝扫码支付，还有以余额宝和理财通为代表的互联网理财产品等。传统商业银行也结合大数据技术，创新推出新型的零售金融产品并将其提供给个人投资者，如存款期限灵活可变的农行"节节高"和收益更高的新型存款等。

从金融科技企业角度分析，统计显示，近年来金融科技产业的发展总体上呈现出迅猛增长的态势。其作为金融机构技术需求的供给方，立足于科技创新和金融行业需求的跨界融合，聚焦于将新兴技术与金融行业需求特点相适应，开发出了许多有实际意义和使用价值的技术，推动了相关技术的进步和广泛应用，也为大数据金融的发展提供了内在动力支持。当前，以蚂蚁金服、京东金融和度小满等为代表的一批金融科技公司正进入高速发展期，不仅各自在资本市场中完成了大额战略融资，也在技术研发和发展规模上具有明显优势。根据 2018 年毕马威咨询公司发布的《全球金融科技 100 强》报告，蚂蚁金服、京东金融包揽前两名，百度则位居第四名。

从监管机构角度分析，近年来，我国 P2P 网贷平台频繁"暴雷"，金融风险不断凸显并开始集中爆发。伴随着金融危机后全球金融监管制度的深度变革，国家相关的监管政策不断得到深化完善，监管措施日益复杂，监管要求也更加细致严格，为保证相关业务的合法、合理健康发展，大数据金融的发展面临较高的监管成本。2017 年 5 月，中国人民银行成立了专门的"金融科技委员会",提出密切关注金融科技发展动向和潜在风险。同年6月,中国人民银行发布《中国金融业信息技术"十三五"发展规划》,明确"加强金融科技和监管科技研究与应用"。此外,国务院及其他相关部委也都相继印发有关规划,支持大数据产业在金融领域的应用,并要求做好相应的监督管理。

从行业协会角度分析,行业协会主要开展相关的大数据金融技术研究,推动行业交流和有关标准制定,促进相关科技成果的产业化应用和行业间经验分享与互动。我国银行业协会、证券业协会和保险业协会等均积极开展了有关大数据金融业发展的研究,引导各自的行业企业引进技术、开展创新,促进了金融业大数据产业化的进程。中国互联网金融协会在2018年就先后发布《互联网金融逾期债务催收自律公约(试行)》和《关于开展P2P网络借贷机构自律检查工作的通知》等文件,有利于互联网金融行业的有序发展。

二、大数据金融生态发展特征与趋势

(一)金融与科技深度融合

近年来,许多金融科技应用已实现重要突破,有力推动了金融服务颠覆式的创新与重塑。一方面,大数据和人工智能技术在投资顾问、智能营销、风险防控等领域得到了全面深化应用,使服务长尾客户的成本大幅降低,同时机构风险防控能力和客户体验"双提升"。另一方面,区块链技术在全球范围内引发广泛关注,中国数字货币研究应用也在提速。金融机构积极搭建安全可控的云服务平台,提供中小微"云化"综合服务方案。技术之间的交叉结合,催生出很多新金融业态,又进一步推动了金融科技的发展。金融行业与金融科技的深度融合,对于创新金融产品和服务、提升金融服务品质和效率、加快金融数字化和智能化转型具有重要意义。

(二)行业格局呈现互利共赢态势

大数据金融发展初期,一些科技公司依托技术、平台和流量优势,从网络支付切入,逐步向网络融资、资产管理等金融领域渗透,迅速积累了大量客户群,对传统金融机构形成巨大冲击。传统金融机构通过反思,不得不承认自身在这一波新的金融技术浪潮面前,略微有些迟钝,也开始谋求转型。从技术和数据等多方面赋能,逐渐和新型互联网金融机构走上融合共赢的道路。很多金融机构积极打造"开放银行",与合作伙伴共建场景生态,积极开展多平台接入、全场景营销,拓展新的获客渠道,寻找新的发展引擎,助力实体经济的数字化发展。

(三) 全力监管转向鼓励创新

由于大数据金融具有跨行业、跨领域、跨地域等特征，在其快速发展的同时也带来了一定风险，行业监管已经成为大数据金融生态的重要组成部分。从当前发展来看，各国监管部门都在以合法合规为底线，积极探索新的监管技术和监管手段。在此基础上，监管者也由最初的严管严控逐步转变态度，开始鼓励金融机构在大数据金融业务创新和风险防控与违规监管之间寻求平衡，引导大数据金融产业改革提升。

三、大数据生态环境建设面临的挑战

（一）金融机构运营成本过高

对于银行业的传统优势业务"企业贷款"来说，当大中型企业作为主体时，其经营规范，有较为充分和可靠的信息披露，同时金融机构对其披露的信息质量进行审核相对较为容易，因此其信贷风险是比较好控制的。但在大数据金融业务情景下，业务对象涉及大量的小微企业和个人客户，金融机构很难准确地获得其完整真实的信用状况。金融机构想要准确衡量其信用水平就会需要更多的人力、物力消耗。为建设大数据金融生态环境，各生态环境主体，尤其是金融机构，必然会付出更高的运营成本，以购买基础设施、培养专业人才。

（二）各方数据难以有效融合

传统商业银行、各互联网金融企业等各自都在各自的领域内拥有大量用户数据，包括用户的个人信息和历史业务数据，但各机构间往往很难达成数据共享协议。一方面，机构之间的合作和信息交换面临着重重困难；另一方面，如何将各方所拥有的数据进行融合和利用也存在挑战。不同机构所拥有的数据在数据总量、数据类型等方面存在差异，如何进行有效的汇总整合并在此基础上构建有关的模型并加以利用仍需要进一步探索研究。

（三）数据安全问题突出

在金融业务与大数据技术融合的背景下，金融机构的非结构化数据，如影像数据、音频数据和图片数据等都在迅猛增加，这要求金融机构必须加强软硬件基础设施建设、培养相关的业务和技术人才，从而满足大数据管理需要。同时，随着金融机构自身系统复杂程度的不断提高以及业务链条的不断拉长，其日常经营中的数据安全问题日益突出，一旦出现用户数据丢失或数据库被非法入侵等问题，就会给金融机构和客户造成巨大损失。

第六节

大数据金融生态环境建设

大数据金融商业模式要想持续取得良好的发展势头，就需要构建起健康有序的生态环境。本节将从大数据宏观环境建设、大数据监管体系建设和大数据征信体系建设三个方面展开具体的讲述，为大数据金融的有序发展奠定基础。

一、大数据宏观环境建设

政府需要加快大数据金融战略顶层设计，加大对相关研究项目的支持力度并推动大数据金融的应用，在资金、技术和人才等方面给予优惠政策。由于大数据金融概念是一个相对新兴的概念，因此专门针对大数据金融行业发展的有关政策较少。但因为大数据金融往往同互联网金融相互关联，其实际发展中也在政策方面受益不少。2014年时"大数据"就被首次写入《政府工作报告》，从国家层面提出发展大数据产业，包括贵州、上海、河南和重庆等地在内的多个省（市）相继明确提出建设国家大数据综合试验区。但与英、美等发达国家相比，我国的大数据金融相关政策还需进一步完善。

为促进大数据金融的发展，要保持国内经济建设水平，并积极参与到更多的国际贸易活动。我国经济发展进入"新常态"，与一带一路倡议相关的政策发展正盛，同时各地区都在大力发展经济，区域经济一体化、城市化进程稳步推进。国际上，同我国进行经贸往来的国家和地区也不断增多，进出口经济贸易水平保持稳定增长。

不断发展的大数据技术为大数据金融商业模式的演变提供了重要支撑。在人工智能、深度学习等相关技术得到进步的基础上，对于大数据进行分析和处理的能力有了大幅改善和提高。当大数据与人工智能、移动互联、云计算等技术达到更好地交互融合之后，大数据金融势必得到更快的发展。

二、大数据监管体系建设

当前，我国的大数据金融监管存在一系列问题。首先，现有法律法规仅仅初步界定了有关的借贷利率水平和资金筹集与运用标准，但没有针对大数据金融及其运行活动作出具体明确的界定，可操作性不强，这使部分民间互联网金融融资的非法行为也披上了合法的外衣。其次，由于大数据金融模式的特殊性和复杂性，相关金融监管主体的职责划分不够明确。在多头监管和分业监管的模式下，实际操作中易出现分工不明、规章冲突的问题，最终影响整体监管能力。最后，大数据金融模式还会引发新的信息科技风险。大数据技术等金融科技的应用，不仅会带来信息安全风险，也会增加网络安全风险。针对此类风险，监管机构的专业能力水平还不够，不能达到有效监管和指导的目标。

未来大数据金融监管体系建设主要从以下几个方面着手。第一，要加快完善大数据金融相关法律法规，构建有效、可行的现代大数据金融监管框架。具体来讲，可以在《中华人民共和国宪法》、行政法、民商法和经济法等方面构建大数据金融监管法制体系，并健全相应的监管立法层级，分阶段、分层次完善法规和规章。第二，要厘清有关机构监管职责权限，适时成立大数据金融监管机构。各相关机构应积极开展合作，明确自身在监管中的作用，在做好监管权限分配工作的同时开展工作，提高行业整体监管能力。第三，要重视大数据金融监管人才培育工作。有关金融监管部门要有针对性地制定大数据人才培养规划，吸引人才、留住人才、培养人才。通过培养懂技术、懂数据、懂业务的复合型大数据金融监管人才，组建大数据金融监管专业团队，促进大数据技术在监管中的应用。

三、大数据征信体系建设

在金融业务开展过程当中，个人和企业的信用评估是十分重要的一个环节，对于信用风险管理具有关键作用。如何利用数据挖掘技术建立起个人和企业信用风险评估模型，有利于金融机构防范贷款风险，提高贷款质量和效益。

传统信用评估模型主要依赖信贷人员考查及其经验判断，需要信贷人员具有较高的专业业务水平和良好的客观性。由于相关人员的知识水平和业务素质不一，整体的工作效率较低，且存在覆盖人群窄、信息维度单一和时间相对滞后等问题。

当前我国已有数百家征信机构在征信市场上提供了征信服务，其中腾讯征信、蚂蚁征信是大数据征信方面的佼佼者。即便我国大数据征信体系建设取得了一些成绩，但其与欧美发达国家还存在差距。从技术角度来看，我国需要提高征信系统的数据处理技术，升级相应的硬件基础设施；从数据角度来看，央行和各省市政府、银行等机构应加大合作力度，降低信息采集成本并提高整体征信水平，从而建立起统一完备的征信数据库；同时，相关政府单位要加强和完善信用法律体系，做好全面系统的规划并给予具体指导，规范征信市场的发展。

 **本章复习题**

1. 大数据金融商业模式主要有哪几种类型？对不同类型的模式分别进行简单介绍。

2. 请说明大数据金融商业模式的构成要素，并说明其分别包含哪些内容。

3. 请从大数据金融商业模式中选择你最感兴趣的一种，并结合实际案例进行举例说明，介绍其在现实社会中是如何发展创新的。

4. 传统金融机构是大数据金融商业模式创新的主要参与者之一，请举出一例传统金融机构开展大数据金融商业模式创新的案例，并进行简单分析。

5. 请结合所学知识，从企业商业模式创新和行业商业模式创新的角度分别指出大数据金融商业模式创新有哪些新的发展趋势。

6. 请结合所学知识，简单分析我国大数据金融生态环境的组成和当前发展状况。

7. 请结合所学知识，谈谈在当前大数据金融生态环境的发展中存在哪些明显的特征或趋势。

8. 请谈谈你对当前大数据金融生态环境建设所面临的挑战和看法，并针对大数据金融生态环境建设给出你的建议。

第十一章　金融大数据资源和算法

【本章重要知识点】

- 金融大数据资源的类型和特点
- 金融大数据挖掘基础
- 金融大数据挖掘经典算法

自 2013 年中国大数据元年以来，大数据成为一种重要的资源，对金融领域产生了深远的影响。金融领域广泛地应用大数据技术进行专业化的数据挖掘和分析，推动了金融产品创新、金融服务创新、金融商业模式创新的不断发展，产生了一系列成功的应用案例，金融大数据时代已悄然来临。本章将介绍金融大数据资源的基本情况、金融大数据挖掘必备的基础知识和经典算法。

第一节　金融大数据资源

一、证券期货行业数据

证券期货行业数据分为两类。狭义的证券期货行业数据仅指证券行情数据和期货行情数据;广义的证券期货行业数据除了包括证券期货行情数据外,还应该包括能影响行情的宏观和行业经济数据、研究报告数据和新闻舆论数据。证券期货行业数据具有以下特点:

(1) 证券期货行业数据规范化程度比较高。证券期货行业中信息化技术的大量应用,使市场交易的撮合和价格的形成自动化,市场行情的发布实时化,新闻资讯的传播迅速化,并为市场参与者提供大量规范化的历史资料和统计数据,范围涵盖了债券、股票、基金、期货、期权、权证、各类指数、行业经济数据、国内外宏观经济数据等。

(2) 证券期货行业数据生成速度快、数据量巨大。2020年1月至3月,仅上海证券交易所主板A股每日成交笔数均在1 000万笔以上,最高达到2 485万笔。每笔交易下会产生成交价格和成交量等基础数据,并由此衍生出K线图类数据、动量指标数据、移动平均线数据、相对强弱指标数据等一系列指标数据。辅以上海证券交易所推出的实时行情信息收费服务Level-2行情,机构投资者就可以利用这些快速更新的高频行情数据,开展高频交易这一新兴的交易活动。在期货市场上,国内四大期货交易所——中国金融期货交易所、上海期货交易所、大连商品交易所和郑州商品交易所,4个交易所的Level-1行情(一般是免费的)都是每秒更新2次,每日将产生1万笔以上的交易数据。

(3) 证券期货行情数据受宏观与行业经济数据、新闻舆论的影响。宏观与行业经济数据包括国内宏观经济数据、行业经济数据、全球宏观经济数据和区域宏观经济数据四大类。当前由前瞻数据库提供的四大类数据各含有数据指标依次为344 139、544 175、141 451和209 622个。在新闻舆论方面,证券公司、期货公司和投资银行等金融中介服务机构会定期或不定期发布公司或行业的研究报告;传统新闻媒体会对公司的财务数据、重大决策、战略规划、公司治理等事件和问题进行跟踪报道;社会化网络媒体如Twitter、Facebook、微博、论坛等会不断爆出与证券期货行业有关的网络舆情。通常,新闻舆论方面的数据是非结构化数据,需要运用网络爬虫进行数据收集,使用语义分析方法转换成结构化数据,通过充分的数据挖掘找出"财富密码",实现市场走势的预判以获得超额收益。中国证券期货行业数据类型如表11-1所示。

表11-1　　　　　　　　　中国证券期货行业数据类型

数据类型	数据描述
证券行情数据	结构化数据,包括上海和深圳证券交易所交易的债券、股票等行情数据、交易所的指数集合数据和K线图等技术分析类数据
期货行情数据	结构化数据,指中国金融期货交易所、上海期货交易所、大连商品交易所和郑州商品交易所全部交易产品的实时行情数据
宏观与行业数据	结构化数据,包括国内宏观经济数据、行业经济数据、全球宏观经济数据和区域宏观经济数据
新闻舆论数据	非结构化数据,包括金融中介服务机构的公司或行业研究报告;传统新闻媒体对公司治理和信息披露等新闻报道;社会化网络媒体的公司网络舆情等

【知识拓展】

证券期货行业数据中心正式成立

2010年12月15日,中国证券登记结算有限责任公司北京数据技术分公司(证券期货行业数据中心)在北京正式成立。根据证监会有关规定,证券期货行业数据中心是唯一覆盖并长久保存全行业数据的数据存管中心,为行业提供数据级灾难备份,并在有关法律法规许可的范围内向监管部门和市场提供数据服务。目前行业数据中心已开始基金业务数据的收集工作。

基于国家金融战略安全考虑,2010年6月21日,中国证监会党委决定设立证券期货行业数据中心,并决定由中国结算公司设立专门机构,负责行业数据中心的建设和运营,为完成此项任务,中国结算公司成立北京数据技术分公司,专职进行行业数据中心的建设和运营。

据了解,数据中心为行业内各机构提供应用系统灾难备份,有效降低行业整体信息技术系统性风险。根据行业信息技术发展及需要,数据中心将稳步推进信息安全及软件产品评测、机房托管、新技术研究与试用、技术培训与交流等全方位、多职能的信息技术支持服务,提升行业整体信息技术安全水平。

(资料来源:侯捷宁. 证券期货行业数据中心正式成立,证券日报,2010年12月16日.)

二、银行业数据

经过40多年的银行体系改革,我国已形成了以中国人民银行为领导,以6大国有商业银行和12家股份制商业银行为主体,以130多家城市商业银行和1 000多家农村商业银行为辅助,以及以众多农村信用社、农村合作银行、村镇银行、民营银行和外资银行为补充,多种金融机构并存的新的银行体系。在这种体系下,商业银行通过经营吸收公众存款,发放短期、中期和长期贷款,办理国内外结算,办理票据承兑与贴现,发行金融债券,代理发行、代理兑付、承销政府债券,买卖政府债券、金融债券,从事同业拆借,买卖、代理买卖外汇,从事银行卡业务,提供信用证服务及担保,代理收付款项及代理保险业务,提供保管箱服务,以及经国务院银行业监督管理机构批准的其他业务[①],起到了支付中介和信用中介的职能,并由此实现了信用创造和调节经济的作用。

---

① 来源于2015年10月1日实施的《中华人民共和国商业银行法》第三条。

在计算机技术和互联网技术的支持下,这些业务每天产生的海量数据被录入银行的信息系统,其数据特征已具备大数据特征。首先,传统的交易系统每天产生数亿笔客户交易、形成了 TB 级的结构化数据;其次,业务处理过程中银行采集了大量用于集中作业、集中授权、集中监控的影像、视频等非结构化数据;再次,银行网站每天点击量达到几千万次,隐含着大量客户需求或产品改进信息;最后,各类媒体、社交网络中涉及银行的信息既有客户需求,也有客户投诉,这些都可以作为银行改进产品或服务的依据。据不完全统计,中国工商银行数据总量超过 60PB(其中安防视频等数据超过 40PB);中国农业银行每年产生的结构化数据已经突破 100TB,而非结构化数据更是突破 1PB 大关;中国交通银行每日处理数据超过 600G,存量数据超过 70TB。这些数据被银行的信息系统存储和管理,因银行的各种需求(如风险防控、产品创新等需求)而被加以计算和利用,有些数据还被用于实时计算以满足诸如精准推送等目的。由此可知,银行业的数据特征和数据处理要求已具备大数据特征。中国银行业的主要数据类型,如表 11-2 所示。

表 11-2　　　　　　　　　　中国银行业数据类型

数据类型	数据描述
银行营运数据	结构化数据,包括存款和贷款利率、法定准备金率、拨备覆盖率和贷款损失准备充足率;资产负债总量、资本充足率、不良贷款率、资本利润率;货币发行量、货币流通速度、黄金储备量等
宏观与行业数据	结构化数据,包括国内宏观经济数据、行业经济数据、全球宏观经济数据和区域宏观经济数据等
银行业务数据	非结构化数据,包括支票、银行汇票、存单、贷款合同、抵押合同、资产负债表、利润表、现金流量表等数据
行业研究报告	非结构化数据,包括政府机构、研究机构、行业资深人士的调研、分析和预测等资料,以及国内外经济金融形势数据

三、保险业数据

目前,中国保险市场业务规模增长非常快,使中国成为全球第二大保险市场。在这一市场中,涵盖了 75 家人寿保险公司、70 家财产保险公司、10 家保险集团和控股公司、9 家再保险公司和 1 家出口信用保险公司。这些在业务上相互竞争的保险公司试图利用大数定律[①]进行产品创新和风险防控,以便实现竞争优势和利润最大化。大数定律行之有效的

---

① 在随机事件的大量重复出现中,往往呈现几乎必然的规律,这个规律就是大数定律。

关键是数据量足够大、数据范围足够广,这对于保险公司而言并不困难。基于财产保险数据保留 20 年以上、人寿保险保留 80 年以上的监管要求和保险公司不断应用信息技术的态势,目前中国大型保险公司的数据量已经达到 100TB 以上。其数据范围不仅覆盖了来自交易、日志、事件和邮件等占比很大的常规数据,也包含了来自社交媒体、传感器、地理信息、音频和视频等信息。例如,光大永明人寿保险有限公司拥有三个数据中心,其中天津数据中心的机房就存储了总量达到 150TB 左右的数据。

保险数据包括记录在保险合同、理赔单、出险记录单和电话营销录音等载体中的数据,也涉及与保险相关的其他行业数据,如医疗保险必然会关联医疗记录和病历等资料,车辆保险必然会关联到投保人的驾驶行为和违章记录等数据。中国保险业数据的主要类型如表 11-3 所示。

表 11-3　　　　　　　　　　　　中国保险业数据类型

数据类型	数据描述
保险公司营运数据	结构化数据,包括投保金额、保险金额、保险期限和保险价值;续保率、退保率、死亡率、重疾率;保额损失概率、保险费率、保单责任准备金、偿付能力额度和预定利率等
保险公司业务资料	非结构化数据,包括保险合同、投保单、保险单、理赔单、经验生命表、流量三角形等
保险客户资料	非结构化数据,包括医疗记录和病历等资料;驾驶人行为和违章记录等数据;投保人网络行为数据;电话营销录音等

四、互联网金融业数据

互联网金融是互联网与金融的结合,是借助互联网和移动通信技术实现资金融通、支付和信息中介功能的新兴金融模式[①],并通过第三方支付、P2P 网贷、众筹、数字货币、信息化金融机构等多种模式进行运作。每种模式均采用网络平台和标准化的流程,以较低的交易成本、较广的覆盖面和较高的效率为用户提供支付和融资服务,与此同时实现以较低的成本收集用户数据以便后续提供更好、更安全服务的目标。目前,国内互联网金融业中百度、阿里巴巴、腾讯和京东处于领先地位。例如,阿里巴巴汇集旗下淘宝、天猫、支付宝和聚划算等平台上的数据,有效地解决了电子商务中的支付和信用问题,小额信贷中信用风险和信息不对称问题,有力地推动了我国互联网金融的发展。

在支付服务中,数据来源于转账付款、信用卡还款、水电煤缴费、电视缴费、教育缴

---

① 学术界和实业界比较认可中国人民银行发布的《中国金融稳定报告(2014)》对互联网金融的定义。

费、手机充值、机票订购和火车票代购等支付服务数据。在融资服务中,数据来源于平台注册信息、经营范围、经营者基本资料、个人偏好等静态信息,也来源于企业在线交易信息、经营状况、财务报表和客户满意度等与信用相关的动态信息。此外,数据还来源于用户网页浏览记录,社交网站上发表的文本、图片和视频等信息。互联网金融业数据类型如表11-4所示。

表11-4　　　　　　　　　　互联网金融业数据类型

数据类型	数据描述
支付服务数据	结构化数据,包括成交量、成交价格、成交金额、付款金额、转账金额和账户余额等
融资服务数据	结构化数据,包括融资金额、融资成本、借贷利率和信用评分等
用户与企业数据	非结构化数据,用户方面包括注册信息、个人偏好、浏览记录、评价信息和投诉信息等;企业方面包括股本结构、运营状况、利润表、现金流量表和资产负债表等

五、外汇数据资源

在当前国际贸易和国际金融领域中,外汇市场正发挥着重要的作用。一方面,跨国贸易、投资、生产和旅游等国际经济往来需要通过外汇市场提供的货币兑换和结算服务来进行。另一方面,跨国金融资本的输出、国际垄断资本的对外扩张和外汇投机活动也需要通过外汇市场来实现。位于法国巴黎、英国伦敦、美国纽约、日本东京、中国香港和新加坡等全球30多个国家和地区紧密联系的外汇市场,交易了全球超过170种不同货币,是当前世界上流动性最强的市场,也是唯一每天24小时运行的市场。据国际清算银行每三年发布一次的报告,截至2016年4月,全球外汇市场日均交易量已经达到5.1万亿美元,交易总量分别是全球GDP、期货市场和股票市场的4倍、13倍和28倍。截至2019年4月,全球外汇市场日均交易量已达6.6万亿美元,比2016年4月增长了30%。

庞大的交易量是海量交易数据的冰山一角。发生的每一次外汇交易不仅有一个交易量、两个交易对手,还对应着一个确定的汇率,并因国际和国内政治局势、经济形势、军事动态、政府和货币当局的政策、市场心理、投机交易以及一些突发事件而发生变动。汇率报价常采用现汇买入价、现钞买入价、现汇卖出价、现钞卖出价和中间价等价格组合。在外汇实盘买卖中每家银行的外币兑外币汇率都是每10秒变化一次,而国内银行外币对人民币的汇率则采用一日多价、不定期变化的方式。外汇市场数据类型如表11-5所示。

表 11-5　　　　　　　　　　　　　外汇市场数据类型

数据类型	数据描述
外汇行情数据	结构化数据，包括170多种货币间现汇买入价、现钞买入价、现汇卖出价和现钞卖出价等汇率数据；美元指数数据等
经济形势数据	结构化数据，包括国内生产总值GDP、工业总产量、失业率、贸易赤字、经常项目收支、资本项目收支、基准利率、生产者物价指数PPI、消费者物价指数CPI、采购经理人指数、设备使用率、耐久财订单、房屋开工率等
政府部门政策	非结构化数据，包括政府的财政政策和外汇政策；政府高级官员的讲话；货币当局的货币政策等
政治与军事态势	非结构化数据，包括国际政治关系、国内党派斗争、重要政府官员更替、战争、局部冲突、恐怖袭击等

第二节　金融大数据挖掘基础

一、数据挖掘概述

我们生活在大数据时代，把海量数据转化为有价值的知识以满足人们生活和工作需要，很自然地催生了数据挖掘的诞生。数据挖掘是数据库和数据管理产业不断发展的结果，是继数据收集和数据库创建、数据存储和检索、数据库事务处理、数据仓库之后新近开发出的一种关键功能，为深层次的数据分析和决策提供了非常有效的方法和工具，如进行数据分类、聚类分类、离群点/异常检测以及刻画数据随时间变化的特征等，并得到有趣的模式和新的知识。因此，基于数据挖掘功能的观点，数据挖掘是从大量数据中挖掘有趣模式和知识的过程。其中大量数据是指来源于数据库、数据仓库、Web、其他信息存储库或动态地流入系统的数据。更详细地说，用于数据挖掘的大量数据包括关系数据库数据、数据仓库数据、事务数据库数据、时间序列数据、数据流、空间数据、工程设计数据、图和网状数据、超文本和多媒体数据，以及Web数据。数据类型涵盖了结构化数据、半结构化数据和非结构化数据。

由此可见数据挖掘是一种非常实用的工具，拥有广泛的应用场景。以下是数据挖掘应用于金融领域的几个例子。

(一) 银行业中的数据挖掘

(1) 数据挖掘在不良贷款处置中的应用。首先,建立金融信贷不良资产数据库——Loss Metrics TM 数据库。其不良贷款数据包括债务人信息、债项信息、抵押信息、担保信息、财务信息、债权评估信息、涉诉信息和处置清收信息。数据来源覆盖了全国 33 个省级地区、20 个基础行业、8 类一级企业类型,2.7 万个违约客户共 10 万笔贷款合同,贷款主要来自于中国银行、工商银行和建设银行等,违约贷款时间跨度为 1984—2006 年,处置时间跨度从 1999 年至今。其次,在海量的不良贷款回收数据的基础上,对不良资产预警信息和不良资产特征信息进行挖掘,对不良资产回收率贝塔分布模型和债权资产包回收率进行研究和对不良资产处置方式选择信息进行挖掘。最后,基于不同理论前提的数据挖掘模型,形成系统软件以服务于资产管理公司的不良贷款处置。

(2) 数据挖掘在银行客户关系管理中的应用。利用数据挖掘工具分析银行客户的实际消费和行为数据,自动把银行客户群体划分为一个个细分的客户群;分析银行客户对银行业务构成的贡献,自动把银行客户群体划分为不同价值的客户群;分析银行客户的购买记录与属性变量之间的相关关系,自动把银行客户群划分为不同偏好和特征的客户群;分析银行客户的财务信息和信用记录,自动把银行客户群划分为不同信用类别的客户群,最终为银行提供个性化服务,提高客户满意度,降低服务总成本和提高银行利润的目的服务。

(二) 证券期货行业中的数据挖掘

(1) 数据挖掘在证券公司客户分析中的应用。对证券客户的客户资金账户、新股申购占比、基金市场占比、A 股市值占比、股票交易次数和佣金等反应偏好特征的指标进行聚类分析,划分出不合格投资者、沉寂客户、高端客户、潜力客户和散户等五种客户群;进一步分析各个客户群中客户流失的原因和表现,预测可能流失的客户,并尽可能进行挽留。

(2) 数据挖掘在投资者情绪分析中的应用。在证券市场中,投资者情绪与股票价格相互作用、相互影响。一方面,如果投资者的过度自信或从众心理等认知偏差与股票价格之间形成正反馈,那么将不断推动股价上涨,直至市场产生泡沫;另一方面,如果投资者的负面情绪与股票价格之间形成负反馈,那么将不断推动股价下跌,引发市场崩溃。欧美等国证券市场已有大量成功应用投资者情绪指导股票投资的案例。投资者情绪的捕捉,首先,需要利用中文分词技术从网络舆情文本资料中拆分出一个个有意义的词汇;其次,利用特征挖掘技术从词汇集合中提取出投资者关注的属性词,形成属性词典;再次,利用情感极性分类技术判断情感分析单元的褒义或贬义,形成情感词典;最后,利用属性词典和/或情感词典提炼出投资者情绪,用于指导股票投资和预测市场行情。

(三) 保险业中的数据挖掘

(1) 数据挖掘在我国保险精准营销中的应用。利用网络爬虫技术从互联网上抓取与保险精准营销相关的网页内容,对网页内容进行中文分词处理、语义语境分析和文本聚类分析形成语义分析数据集,与营销数据样本集一起输入到营销数据模型中,产出用户特征数据、个性化推荐数据和用户倾向性数据,进而建立潜在客户群和精准营销方案。

(2) 数据挖掘在医疗保险中的应用。利用医疗保险理赔数据进行聚类分析,刻画出索赔客户特征,为保险产品实行价格歧视提供参考;利用医疗保险理赔记录进行决策树分析,分离出易发生索赔的客户特征,建立风险等级模型,并据此识别后续投保人的风险等级,优化医疗保险核保过程,提高医疗保险核保质量。

(四) 互联网金融业中的数据挖掘

(1) 数据挖掘在第三方支付欺诈发现中的应用。随着第三方支付实现的功能越来越多、业务规模越来越大,第三方支付欺诈行为日益成为比较严重的经济问题。利用聚类分析、回归分析、预测技术、分类方法、关联规则挖掘和异常检测等数据挖掘工具进行欺诈检测,自动化地发现客户账户中异常的、可疑的交易成为可能。

(2) 数据挖掘在 P2P 个性化推荐中的应用。P2P 个性化推荐系统由用户模块、推荐对象模块和推荐算法模块三大部分组成。用户模块对应偏好数据库,记录了 P2P 用户的基本特征信息和行为信息;推荐对象模块对应信贷产品数据库,存储了 P2P 产品的相关信息;而推荐算法模块最为关键,它使用基于数据挖掘方法构建的各种推荐算法联结了用户模块和推荐对象模块,为 P2P 用户提供个性化推荐。

二、金融大数据挖掘处理流程

通过对上述数据挖掘应用于金融领域的例子的初步认识,数据挖掘基本上是利用分类方法、聚类分析、关联规则、回归分析、时间序列分析、智能推荐等工具,帮助金融机构提取数据中蕴含的模式和知识,更新金融机构的商业模式,提高金融机构的核心竞争力和绩效,实现金融机构的利润最大化目标。

在实施金融大数据挖掘时,通常按照图 11-1 的处理流程进行操作。

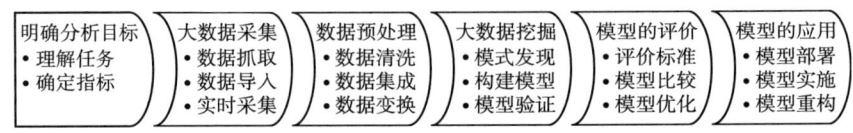

图 11-1 金融大数据挖掘处理流程

（一）明确分析目标

根据金融机构数据挖掘应用的需求，明确本次数据挖掘的目标和预期效果。通过与应用需求部门进行沟通，一方面，了解该部门的有关情况，熟悉应用需求涉及的背景知识，逐步明确数据挖掘的任务和预期达到的效果；另一方面，了解金融机构用于数据挖掘的数据指标和数据来源，以便选择可行的数据挖掘工具，确定配套的数据指标。

以银行业的数据挖掘应用为例，可定义的数据挖掘目标如下：

（1）对银行客户进行细分，了解客户对银行业务构成的贡献度，分析哪些类型的客户是最有价值的、需要维护的和不必关注的，对不同价值的客户实施不同的营销策略，实现精准营销的目的。

（2）对银行客户进行细分，了解客户的偏好和特征，分析客户的购买记录与属性变量之间的相关关系，对不同偏好类型的客户推送产品和服务，实现精准营销的目的。

（3）基于不良贷款回收的情况，了解不良资产的特征和处置方式，分析不良资产回收率贝塔分布，构建数据挖掘模型以服务于资产管理公司的不良贷款处置。

（二）大数据采集

在明确了数据挖掘目标以后，接下来需要从金融机构的多种终端（如金融机构网点硬件端、金融机构网络主站和网上业务端、移动 APP 应用端等）采集数据，并使用关系型数据库（如 My SQL 和 Oracle）和非关系型数据库（如 Redis 和 Mongo DB）进行存储和简单的数据处理。以下是三种常见的大数据采集方法：

1. 数据抓取

利用网络爬虫技术从互联网中下载网页，进行文本资料采集。通用网络爬虫通常从一个初始网页的统一资源定位符（URL）开始下载，识别网页中的所有 URL，并放入 URL 访问队列。按照队列的优先顺序，从中抽取新的 URL 进行网页下载、URL 识别和放入访问队列。这一过程反复进行，直到 URL 队列为空或满足某个终止条件为止。通用网络爬虫抓取速度快，但可能采集了许多与主题无关的网页。而主题爬虫通过设定内容抓取规则，过滤掉与主题无关的链接，实现多级多页等复杂页面中内容数据的精准抓取。

2. 数据导入

利用指定的数据源进行数据采集。例如，从关系型数据库、非关系型数据库、Excel表格、文本文件、日志文件等数据源进行大数据采集。

3. 实时采集

利用传感器自动进行实时数据采集。传感器是"能感受规定的被测量并按照一定的规律转换成可用输出信号的器件或装置，通常由敏感元件和转换元件组成①"。在大数据时代，传感器广泛应用于物联网、水质监测、安全监控等许多领域。例如，商业银行的视频监控系统就是一套由传感设备、有线或无线网络、后台管理程序组成的安全监控系统。

（三）数据预处理

数据在采集阶段被存储在多个不同类型的数据库中。如果要进行下一阶段数据挖掘工作，很有必要构建一个集中的大型分布式数据库或数据仓库，以统一的模式组织数据的存储、检索、清理、集成和联机分析处理，为数据挖掘准备一致的、完整的高质量数据。提高数据质量的方法被称为数据预处理，包括数据清洗、数据集成、数据变换、数据规约等方法。

（1）数据清洗。消除异常数据和重复数据、删除不一致数据、纠正数据错误等。

（2）数据集成。建立数据仓库，统一存储多种数据源的数据。

（3）数据变换。通过数据汇总、平滑聚集等操作，把数据统一成适合数据挖掘的形式。

（4）数据规约。基于对挖掘目标的理解，在尽可能保持数据信息量的条件下，利用因子分析、主成分分析等方法缩小数据规模。

（四）大数据挖掘

本阶段的工作就是利用数据挖掘工具和方法从海量数据中挖掘出有趣模式和知识，并建立用于分析和预测的模型。常用的数据挖掘工具和方法有分类、聚类、决策树、关联规则、时间序列模型、预测模型等。在银行业的数据挖掘应用中，挖掘建模有基于决策树方法的客户贷款风险预测，基于关联规则算法的银行理财产品智能推荐，基于聚类算法的银行客户价值分析，基于分类和预测算法的银行理财产品销量预测等。

（五）模型的评价

有多种数据挖掘方法可以实现对同一个挖掘目标进行分析和建模。模型评价的目的就

---

① 参见国家标准传感器通用术语（GB/T 7665—2005）。

是在一定的评价标准下自动找出最好的模型。在不同种类的方法之间找出一个合适的标准可能会比较困难，但对同一方法的不同实现方式制定一套评价标准还是非常可能的。比如对各种不同的分类算法进行评价，可依照相对/绝对误差、平均绝对误差、均方误差、均方根误差、平均绝对百分误差、Kappa 统计、识别准确度、识别精确率和反馈率等指标/标准来衡量。具体评价时，可以采用单一标准进行简单评价，也可以采用多标准进行综合评价。不论何种方式，都是为了选择出最优模型，以便用于模型的应用。

（六）模型的应用

最优模型产生以后，将被部署到金融机构的相关信息系统中，用于实现第一步中确定的挖掘目标。模型实施后仍需要对模型的准确性和可靠性进行监控，一方面数据大量增加后，有必要对模型进行优化，另一方面外部环境变化后，需要对模型进行重构。

三、金融大数据挖掘分析软件

用于金融大数据挖掘的分析软件种类众多。有些是昂贵的商业软件，例如 IBM SPSS Modeler 每月每位授权用户的价格在 4 000 元以上；有些是免费的开源软件，如 R。本小节将简单介绍 IBM SPSS Modeler，R，MATLAB 和 Python 四种可用于金融数据挖掘的分析软件。

（一）IBM SPSS Modeler

IBM SPSS Modeler 是一组应用于商业数据挖掘活动的工具。它的数据挖掘引擎独立于数据库之外，在进行数据挖掘时需要把数据导入 IBM SPSS Modeler 进行处理和运算，据此建立预测性模型，帮助用户进行决策。IBM SPSS Modeler 包含了丰富的数据挖掘算法，并且不需要编程，如维度规约和异常侦测，决策树模型，聚类模型，关联规则模型，时间序列模型，支持向量机，贝叶斯网络等，具有支持不同层次用户、挖掘流程易于管理和节省时间的优点。

（二）R

R 是一款优秀的专业数据分析开源软件，提供一种面向对象的统计分析语言、输出丰富的可视化图形结果。R 语言是贝尔实验室开发的 S 语言的一种实现。它的设计思想是"提供一些集成的统计工具，以及丰富的数学和统计计算函数，使用户能灵活地进行数据探索、统计分析和图形制作，甚至进行二次开发、创造出新的合意的统计计算方法"。

(三) MATLAB

MATLAB 是美国 Math Works 公司开发的一款主要用于科学与工程计算、控制设计、信号处理与通信、图像处理、信号检测、金融建模设计与分析等领域的商业软件。它不仅拥有强大的数学计算和分析能力，可用于数值分析、矩阵计算、数学规划与最优化、非线性动态系统的建模与仿真等，而且还具有丰富的可视化图形展示功能、交互式的程序设计功能和方便地连接其他编程语言的接口。值得注意的是，MATLAB 没有专门的数据挖掘环境，它通过提供众多的数据挖掘相关算法的实现函数，以及利用交互式的程序设计功能辅助开发合意的数据挖掘算法脚本程序和实现函数，最终达成数据挖掘的目的。

(四) Python

Python 是一款用于科学计算和统计、人工智能、Web 和 Internet 开发、桌面界面开发、软件开发、后端开发、网络爬虫等领域的免费开源软件。它简单易学、易用、易维护，自 2017 年借着人工智能的东风，Python 一直稳居在编程语言排行榜前 5 位。在大数据时代，作为数据挖掘的一种热门工具，凭借着众多开源的第三方扩展库，Python 完全能满足数据挖掘中数据处理、统计建模和图表绘制等功能需求。

第三节 金融大数据挖掘的经典算法

数据挖掘算法是金融大数据挖掘目标得以实现的关键技术之一。对于具有 4V 特征[①]的大数据而言，学术界和实业界的主要任务就是基于数据挖掘经典算法提出合意的大数据挖掘新算法。针对不同的挖掘目标，需要提出不同的解决方法，而针对同一个挖掘目标，可能有若干种解决方法，进而存在所谓的最优或最合适的方法选择问题。与此同时，我们还应该注意到，在实际的金融领域应用中，通常提供一套以某种算法为核心、其他算法为辅助的技术方案来解决某一类实际问题。这一整套由基本算法联合而成的技术方案在某种

---

① 4V 特征是指 Volume（量级巨大）、Variety（多样性）、Velocity（高速处理）和 Value（低价值密度）。

意义上也可以看作一种新算法。

本节将依次介绍分类、聚类分析、特征抽取、关联规则、时间序列分析等方面的经典算法，它们几乎涵盖了金融领域数据挖掘应用中最常见的一些方法。

一、分类

分类是数据挖掘中的一种重要的数据分析方法，是通过对已知的属性数据进行分类训练并利用训练结果创建分类模型，再利用分类模型推测未知的离散型的属性数据所对应的类别的过程，其目的就是把未知类别的样本映射到某个预设的目标类别中。其中，创建分类模型的方案就是分类算法，有朴素贝叶斯、支持向量机、决策树、神经网络等分类算法。

（一）朴素贝叶斯分类算法

朴素贝叶斯分类算法的思路是利用贝叶斯公式计算待分类项出现的条件下各个类别的概率，然后把待分类项划归给拥有最大概率的类别。

给定一个已知分类的训练样本集 $D = (X, y) = \{(X_1, y_1), (X_2, y_2), \cdots, (X_{|D|}, y_{|D|})\}$，其中属性 X 是 n 维元组 $(x_1, x_2, \cdots, x_n)$，具有分类标号 y（y 是标量），$|D|$ 是训练样本集的样本大小。假定属性向量的各个属性是相互独立的，分类标号 y 有 m 个类别，记为 $C_1, C_2, \cdots, C_m$。则对一条需要分类的属性记录 X_0，朴素贝叶斯分类算法如下：

（1）利用训练样本集 D，计算概率 $P(x_{01}), P(x_{02}), \cdots, P(x_{0n})$，基于各个属性是相互独立的这一规定，利用公式计算 $P(X_0) = P(x_{01}) \times P(x_{02}) \times \cdots \times P(x_{0n})$。

（2）利用训练样本集 D，计算概率 $P(X_0 | C_1), P(X_0 | C_2), \cdots, P(X_0 | C_m)$。

（3）利用训练样本集 D，计算概率 $P(C_1), P(C_2), \cdots, P(C_m)$。

（4）利用贝叶斯公式计算概率 $P(C_1 | X_0), P(C_2 | X_0), \cdots, P(C_m | X_0)$。

（5）如果 $P(C_k | X_0) = \max\{P(C_1 | X_0), P(C_2 | X_0), \cdots, P(C_m | X_0)\}$，则属性 X_0 的类别为 C_k。

在以上分类过程中，当属性指标是连续变量时，有两种处理方法。一种是离散化连续属性，分类结果可能不可靠；另一种则是利用连续属性变量的概率分布函数，计算属性指标取某个具体值时的概率大小。

下面我们举个简单例子，展示一下朴素贝叶斯分类算法的计算过程。表 11 - 6 给出了训练样本集和待分类属性集。简单起见，表内仅最后一条记录为待分类属性。

表 11-6　　　　　　　　　　朴素贝叶斯分类演示用数据

性别	房产	贷款结果
男	有	失败
男	无	失败
女	有	失败
女	有	成功
女	无	成功
男	有	成功
女	无	失败
男	无	?

在表 11-6 中属性为"性别 x_1"和"房产 x_2",类别为"贷款成功 y"。则当某个客户是无房产的男性时,即 $X_0 = (x_{01} = 男, x_{02} = 无)$,银行是否应该发放贷款呢?下面我们将按照朴素贝叶斯分类算法的程序进行计算:

$$P(x_{01} = 男) = \frac{3}{7}, P(x_{02} = 无) = \frac{3}{7}$$

$$P(X_0) = P(x_{01} = 男, x_{02} = 无) = P(x_{01} = 男) \times P(x_{02} = 无) = \frac{3}{7} \times \frac{3}{7} = \frac{9}{49}$$

$$P(x_{01} = 男, x_{02} = 无 \mid y = 失败) = \frac{1}{2} \times \frac{1}{2} = \frac{1}{4}$$

$$P(x_{01} = 男, x_{02} = 无 \mid y = 成功) = \frac{1}{3} \times \frac{1}{3} = \frac{1}{9}$$

$$P(y = 失败) = \frac{4}{7}, P(y = 成功) = \frac{3}{7}$$

$$P(y = 失败 \mid x_{01} = 男, x_{02} = 无) = \frac{P(x_{01} = 男, x_{02} = 无 \mid y = 失败) \times P(y = 失败)}{P(x_{01} = 男, x_{02} = 无)}$$

$$= \frac{1/4 \times 4/7}{9/49} = \frac{7}{9}$$

$$P(y = 成功 \mid x_{01} = 男, x_{02} = 无) = \frac{P(x_{01} = 男, x_{02} = 无 \mid y = 成功) \times P(y = 成功)}{P(x_{01} = 男, x_{02} = 无)}$$

$$= \frac{1/9 \times 3/7}{9/49} = \frac{7}{27}$$

比较两者的后验概率,可以预测该无房产的男性客户贷款失败。

(二) 支持向量机

支持向量机(Support Vector Machine,SVM)是由 Cortes 和 Vapnik 根据统计学习理论

提出的一种分类技术，特别适合于小样本、非线性及高维数据识别分类问题。作为一种数据挖掘算法，支持向量机能给出全局最优解，在性能和效果上优于数据挖掘算法，如决策树和神经网络分类算法。

为了理解 SVM 的工作原理和基本术语，我们考虑最简单的两类问题，即对于训练样本集 $D=(X,y)$，分类标号 y 仅有两个类别，且假定其取值为 -1 或者 $+1$，比如分别对应表 11-6 中贷款类"失败"和"成功"。图 11-2 描述了一种线性可分情形的两类分类问题，其中黑点和白点各对应一个类别，它们通过一条直线区分开来。相应地，高维情形下则是一个超平面。从图中容易发现，如果数据是线性可分的，则可以找到无限多个分离直线或超平面，如直线 L_1 和 L_2。设想分离直线向左右两边移动，直到遇到类中对象为止，则终止位置就是分离直线的边缘，如图中与 L_1 平行的两条虚直线即是 L_1 的边缘。当边缘间距离越大时，则分类效果越好，图中分类直线 L_2 较 L_1 分类效果要好。SVM 通过搜索最大边缘超平面（如 L_2）来实现分类。

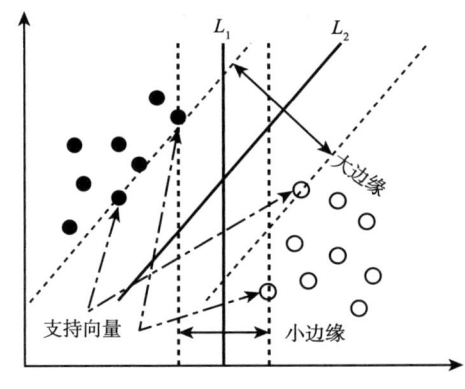

图 11-2　支持向量机示意图

有了上述的直观认识，对于线性可分情形 SVM，我们引入精确的数学描述。给定一个已知分类的训练样本集 $D=(X,y)=\{(X_1,y_1),(X_2,y_2),\cdots,(X_{|D|},y_{|D|})\}$，其中属性 X 是 n 维元组 $(x_1, x_2, \cdots, x_n)$，具有分类标号 y（y 是标量），$|D|$ 是训练样本集的样本大小。分类标号 y 仅有两个类别，且假定其取值为 -1 或者 $+1$。对第 i 个样本，设线性判别函数为：

$$f(X_i) = w_1 x_{i1} + w_2 x_{i2} + \cdots + w_n x_{in} = W^T X_i + b$$

其中 $W=(w_1, w_2, \cdots, w_n)$ 为权重向量，b 是标量，分类超平面方程为 $W^T X_i + b = 0$。通过对判别方程进行归一化，使两类的所有样本都满足 $|f(X_i)| \geq 1$，此时离分类超平面最近的样本满足 $|f(X_i)| = 1$，而要使分类超平面对所有样本都能正确分类，则需满足：

$$y_i(W^T X_i + b) - 1 \geq 0, i = 1, 2, \cdots n$$

上式中使等号成立的样本称为支持向量（Support Vector）。支持向量界定了分类超平面的边缘，容易得到边缘之间的距离为 $2/\|W\|$。要求最大边缘，即 $\max \dfrac{2}{\|W\|}$，相当于求 $\min \dfrac{1}{2}\|W\|^2$，从而求最大边缘超平面的最优化问题为：

$$\min \frac{1}{2}\|W\|^2 = \frac{1}{2} W^T W$$

$$s.t. \ y_i(W^T X_i + b) - 1 \geq 0, \ i = 1, 2, \cdots n$$

对于非线性可分情形 SVM，则相当于求解如下凸二次规划问题：

$$\min \frac{1}{2}\|W\|^2 + C \sum_{i=1}^{N} \varepsilon_i$$

$$s.t. \ y_i(W^T X_i + b) \geq 1 - \varepsilon_i, i = 1, 2, \cdots n$$

$$\varepsilon_i \geq 0, \ i = 1, 2, \cdots n$$

其中 C 是正规化参数，用于平衡分类超平面在数据集 D 中的时间复杂度与分类准确率。

（三）决策树

决策树方法广泛应用于机器学习、数据挖掘等领域。在进行分类时，需要预先把已知分类的训练样本集中的连续型属性离散化，然后以属性作为分类因子，将数据按照目标属性进行分类，最终的可视化结果就是一种类似于流程图的倒置树结构，如图 11-3 所示。由图可知，决策树以某个属性为根节点，以该属性的不同值为枝，向下连接被称为枝节点的下一个属性，直到把训练样本集中所有属性全部连接起来，最后一个被连属性的枝连接被称为叶节点的类别，最终形成一棵二叉树或多叉树。

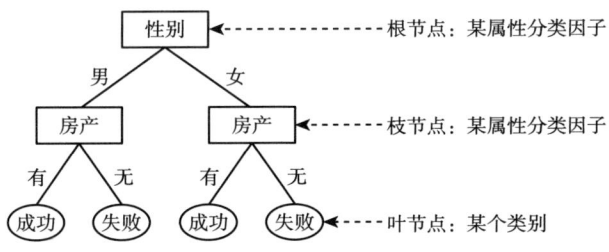

图 11-3 根据表 11-6 数据生成的决策树

如果任意指定根节点和枝节点的属性，那么一个有 n 个属性的训练样本集将可以生成 $n!$ 棵决策树，其中哪棵或哪些决策树的分类效果最好呢？因此预先需要一些方法来决定属性出现的先后顺序。常见的方法有信息增益、信息增益率、Gini 指数、基于卡方检验和

基于 G 统计量等方法。由这些方法扩展开发出来的经典决策树算法有 ID3 算法（基于信息增益）、C4.5 算法（基于信息增益率）、C5.0 算法（C4.5 的升级版）、CHAID 算法（基于卡方检验）和 CART 算法。

以上任何一种决策树算法均包括了决策树的生成和决策树的剪枝两个部分。决策树的生成过程就是利用算法找出最具分类标示能力的属性，并依该属性不同取值把数据集划分为相应的子数据集；然后在子数据集上用同一算法找出其中最具分类标示能力的属性，再根据属性的不同取值把子数据集划分为孙子数据集；如此重复操作，直到满足终止条件，生成叶节点。这样的终止条件有三个，满足之一即可：一是子数据集中所有记录的类别相同，此时在分支的端点创建一个叶节点；二是没有剩余属性用于下一步的分解，此时子数据集中的记录可能有多个类别，使用多数表决的方式在分支的端点生成一个叶节点。例如，在图 11-3 中属性为"房产"后，就没有剩余属性用于分类了。仔细观察第一条路径对应的子数据集的记录，分别是（有，失败）、（无，失败）和（有，成功），"房产=有"对应的类别既有"成功"，又有"失败"，依据多数表决规则，若"成功"出现的次数多于"失败"出现的次数，则指定叶节点为"成功"，反之则指定为"失败"。如果两者相等，根据最大无知原理进行任意指定，由此认识到决策树分类在小样本情形下的不足。三是子数据集中的所有剩余的分类因子属性取值完全相同，此时使用多数表决的方式在分支的端点生成一个叶节点。

在训练样本集中噪声和离群点的影响下，利用决策树算法生成的决策树存在过分拟合数据的问题。因此需要使用统计度量方法剪掉最不可靠的分枝，使决策树能更正确地对独立的检验数据集进行分类。常用的剪枝方法有先剪枝和后剪枝两种。其中，先剪枝方法常使用统计显著性、信息增益、Gini 指数等统计度量方法来提前停止树的生成，从而实现对树剪枝，一旦停止，该位置就生成叶节点。后剪枝方法在决策树完成生长以后，再根据错误率（即决策树的误分类元组所占的百分比）等指标，通过删除节点的分枝并用叶节点替代它，从而实现给定节点上子树的剪枝。叶节点的取值由多数表决得到的最频繁类别给出。CART 使用的代价复杂度剪枝法、C4.5 使用的悲观剪枝法都属于后剪枝方法。

（四）神经网络

心理学家和神经学家在寻找开发和检验神经的计算模拟时开创了神经网络研究领域。简单地说，神经网络由一组带有连接权重的输入/输出单元构成。图 11-4 展示了一个典型的多层前馈神经网络，由一个输入层、一个或多个隐藏层和一个输出层组成。输入层首先接收来自训练样本集中属性元组的观测值。接着这些输入通过输入层与隐藏层间的连接及其权重,加权提供给隐藏层的"类神经元的"第二层。如果有多个隐藏层,那么前一隐藏层的加权输出将作为输入序贯导入下一相连隐藏层。最后一个隐藏层的加权输出成为输出层单元的输入,并经输出层加工后输出给定属性元组的网络预测。

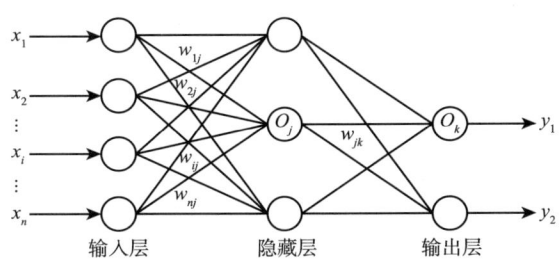

图 11-4 多层前馈神经网络

下面我们结合表 11-6 的训练样本集,描述如何设计前馈神经网络的拓扑结构,即说明输入层单元的个数、隐藏层个数、每个隐藏层单元的个数和输出层单元的个数。

首先,对训练样本集的属性数据逐个进行规范化,并按下面描述的规则逐个指派一个或多个输入层单元用于接收来自属性的输入。对于连续型属性,规范化使其在区间[0,1]上取值,同时指派一个输入层单元接收该属性的输入。对其离散型属性,则进行重新编码。如果离散型属性只有两个取值,则指定其中一个取值为0,则另一个为1,同时指派一个输入层单元接收该属性的输入。如果离散型属性有两个以上的取值,则指定同样数量的输入层单元接收该属性的输入。比如某属性有三个取值 $\{a_1, a_2, a_3\}$,那么指派三个输入层单元 $\{I_1, I_2, I_3\}$。每个输入单元的初始值为0。如果该属性取值为 a_1,那么 I_1 的值为1,其他两个为0;如果取值为 a_2,那么 I_2 的值为1,其他两个为0;如果取值为 a_3,那么 I_3 的值为1,其他两个为0。总之,在这种情况下,只有与出现的取值对应的那个输入层单元取值为1,其余的均保持为0。在表 11-6 的训练样本集中,"性别"和"房产"这两个属性都是离散型的、二元取值的变量,因此只需要两个输入层单元。同时如果指定"性别=男"时取值为1,则"性别=女"对应的值为0;以及"房产=有"时取值为1,则"房产=无"时对应的值为0。

其次,确定隐藏层的个数以及隐藏层单元的个数。不像输入层单元个数的确定有明确的规则,隐藏层的个数和隐藏层单元的个数的确定都没有明确的规则,一般凭个人经验和反复试验等启发式方法来确定。同时输入层与隐藏层、隐藏层与隐藏层、隐藏层与输出层之间连接的权重初始值也是靠启发式方法给出的。通过启发式方法选出的不同神经网络拓扑结构和不同初始权重都可能影响分类结果的准确性,因此用神经网络进行分类,将可能得到局部最优解。除此之外,使用准确率估计的交叉验证技术、自动搜索"好"网络结构的技术在一定程度上辅助使用者确定隐藏层的个数和隐藏层单元的个数。在表 11-6 的问题中,出于示例演示前馈神经网络工作原理的目的,设定网络有一个隐藏层,且该层有两个单元。

最后,确定输出层的单元数。对于数值预测,指派一个输出层单元即可。对于分类预测,如果类别变量有两个取值,那么就指派一个输出层单元,其中取值 1 表示一个类,取值 0 表示另一个类;如果类别变量有两个以上的取值,那么需指派同等数量的输出层单元。在表 11-6 中,类别变量"贷款成功"有"失败"和"成功"两个取值,因此仅需指派一个输出层单元。同时如果指定"贷款成功 = 失败"时取值为 0,则"贷款成功 = 成功"的值为 1。这样,表 11-6 就变成了表 11-7,以及相应的网络拓扑结构如图 11-5 所示。

表 11-7　　　　　　　　　　　　神经网络演示用数据

x_1 = 性别	x_2 = 房产	y = 贷款成功
1	1	0
1	0	0
0	1	0
0	1	1
0	0	1
1	1	1
0	0	0
1	0	?

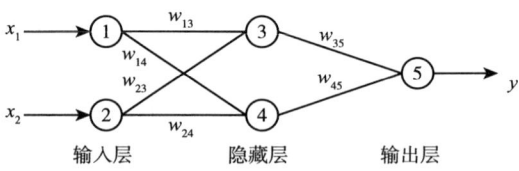

图 11-5　演示用的神经网络

图 11-5 描述的前馈神经网络使用训练样本集通过后向传播的方式进行学习,待学习完成后就可用于分类预测。后向传播通过迭代地处理训练样本集中的属性元组,把每个元组的网络预测结果与已知的分类结果(或称为实际目标值)进行比较学习,同时进行权重修正以便网络预测结果与实际目标值间的均方误差最小。权重的修正由输出层从后往前,依次从最后一个隐藏层到倒数第二个隐藏层,最后到第一个隐藏层为止,这就是后向传播名称的由来。一般而言,经过反复的权重修正,权重将最终收敛,学习过程停止。但实际

上，也有可能用完了训练样本集中的所有样本，权重还没有收敛。因此，后向传播不能保证权重的收敛。

为了直观地认识后向传播的过程，下面将结合表11-7和图11-5进行说明。

出于演示的目的，我们使用表11-7中第一条记录的属性值作为初始输入，并指定初始权重和初始偏倚（Bias）值，如表11-8所示。偏倚值充当阈值，用来改变单元的活性。在初始化偏倚时，需要给每一隐藏层单元和输出层单元赋予一个偏倚初值，而不必给输入层单元偏倚初值，这是因为神经网络假定了输入层单元的输入等于其输出，不存在所谓的偏倚。因此，对于图11-5的神经网络拓扑结构，我们仅需指定单元3、4、5的偏倚值。

表11-8　　　　　　　　　　　　初始输入、初始权重和偏倚值

x_1	x_2	w_{13}	w_{14}	w_{23}	w_{24}	w_{35}	w_{45}	θ_3	θ_4	θ_5
1	1	0.2	-0.3	0.4	0.1	-0.3	-0.2	-0.4	0.2	0.1

对于给定隐藏层或输出层的单元 j，利用下面的公式计算其净输入 I_j 和 Logistic 函数计算输出 O_j，结果如表11-9所示。

$$I_j = \sum_i w_{ij} O_j + \theta_j$$

$$O_j = \frac{1}{1 + e^{-I_j}}$$

表11-9　　　　　　　　　　　　净输入和输出的计算结果

单元	净输入	输出
3	$0.2 \times 1 + 0.4 \times 1 - 0.4 = 0.2$	$1/(1 + e^{-0.2}) = 0.550$
4	$-0.3 \times 1 + 0.1 \times 1 + 0.2 = 0.0$	$1/(1 + e^{-0.0}) = 0.500$
5	$-0.3 \times 0.550 - 0.2 \times 0.500 + 0.1 = -0.165$	$1/(1 + e^{-0.165}) = 0.459$

通过更新权重和反映网络预测误差的偏倚，向后传播误差。对于输出层单元 j，误差 Err_j 的计算公式为：

$$Err_j = O_j(1 - O_j)(T_j - O_j)$$

其中，T_j 是正在训练的样本的已知目标值。在本例中，已知目标值就是表11-7中第一条记录的"贷款成功"位置处的取值0，即 $T_j = 0$。对于隐藏层单元 j 的误差 Err_j，需要考虑到下一层中连接单元 j 的所有单元的误差加权和，因此采用如下计算公式：

$$Err_j = O_j(1 - O_j) \sum_k w_{jk} Err_k$$

其中 w_{jk} 是由单元 j 到下一层单元 k 的连接权重，Err_k 是单元 k 的误差。结果如表11-10所示。

表 11-10　　每个节点误差的计算结果

单元	Err_j
5	$(0.459)(1-0.459)(0-0.459) = -0.114$
4	$(0.500)(1-0.500)(-0.2 \times -0.114) = 0.006$
3	$(0.550)(1-0.550)(-0.3 \times -0.114) = 0.008$

更新权重和偏倚，以反映误差的传播。权重增量 Δw_{ij} 公式和权重更新公式如下：

$$\Delta w_{ij} = l \times Err_j \times O_i$$

$$w_{ij} = w_{ij} + \Delta w_{ij}$$

其中变量 l 在区间 [0, 1] 上取值，称为学习率。合适的学习率有助于找到权重的最优解。在本例中设定学习率 $l = 0.9$。偏倚的增量 $\Delta \theta_j$ 和偏倚更新采用如下公式：

$$\Delta \theta_j = l \times Err_j$$

$$\theta_j = \theta_j + \Delta \theta_j$$

权重和偏倚更新的计算结果如表 11-11 所示。

表 11-11　　权重和偏倚更新的计算结果

权重和偏倚	更新值
w_{45}	$-0.2 + (0.9)(-0.114)(0.500) = -0.251$
w_{35}	$-0.3 + (0.9)(-0.114)(0.550) = -0.356$
w_{24}	$0.1 + (0.9)(0.006)(1) = 0.105$
w_{23}	$0.4 + (0.9)(0.008)(1) = 0.408$
w_{14}	$-0.3 + (0.9)(0.006)(1) = -0.295$
w_{13}	$0.2 + (0.9)(0.008)(1) = 0.208$
θ_5	$0.1 + (0.9)(-0.114) = -0.003$
θ_4	$0.2 + (0.9)(0.006) = 0.206$
θ_3	$-0.4 + (0.9)(0.008) = -0.392$

以上就是利用图 11-5 所示的神经网络处理了一个属性元组，并更新了权重和偏倚。这种对训练样本集中的每一个样本进行处理后就更新权重和偏倚的做法，我们称之为实例更新（Case Update）。与此相对，对训练样本集的所有样本进行处理后再更新权重和偏倚的策略，称之为周期更新（Epoch Update）。针对周期更新，训练的终止条件有三个，满足其中之一即可：一是如果前一周期所有的 Δw_{ij} 都小于某个指定的阈值，则训练终止；二是如果前一周期误分类的元组百分比小于某个阈值，则训练终止；三是如果超过了预先指定的周期数，则训练终止。

在实践中，权重收敛可能需要数十万个周期。当权重收敛以后，就可以用该神经网络对未知分类的属性元组进行预测,即把属性元组输入神经网络,计算每个单元的净输入和输出。依照前文的说明,当类别变量有两个以上取值时,需要对每一个取值(类)指派一个输出单元。此时,以输出值最大的单元对应的类标号作为属性元组的预测类标号。如果类别属性只有两个,则只需指派一个输出单元。此时,当输出值大于 0.5 时,属性元组的预测类标号为类别变量取值为 1 时对应的类标号;相反地,属性元组的预测类标号则为类别变量取值为 0 时对应的类标号。

二、聚类分析

与分类不同,聚类分析事先并不知道属性元组对象的类别,而是要根据属性元组对象之间的相似性,按照一定的准则将高度相似的对象聚集成多个类或簇。对两个属性元组对象相似性的度量,可以用两个对象的距离来表示,如欧几里得距离、曼哈顿距离、闵可夫斯基距离等。对一个由 p 维属性元组构成的、样本容量为 n 的样本,这三个距离的定义依次为:

$$d(i,j) = \sqrt{(x_{i1} - x_{j1})^2 + (x_{i2} - x_{j2})^2 + \cdots + (x_{ip} - x_{jp})^2}$$

$$d(i,j) = |x_{i1} - x_{j1}| + |x_{i2} - x_{j2}| + \cdots + |x_{ip} - x_{jp}|$$

$$d(i,j) = \sqrt[q]{|x_{i1} - x_{j1}|^q + |x_{i2} - x_{j2}|^q + \cdots + |x_{ip} - x_{jp}|^q}$$

其中,对于闵可夫斯基距离,q 为整数。当 $q=1$ 时就是曼哈顿距离;当 $q=2$ 时则为欧几里得距离。除了使用距离来度量相似性,也可以用基于密度的连接性或邻近性来定义。对于所谓的"一定的准则"则是指大量的聚类算法。一般而言,基本的聚类算法可以划分为基于划分的聚类算法、基于层次的聚类算法、基于密度的聚类算法、基于网格的聚类算法和基于模型的聚类算法等几大类。每个大类中包含了大量的具体的聚类算法,如表 11-12 所示。

表 11-12　　　　　　　　　　　常见的聚类算法

类别	主要算法
基于划分的聚类算法	K 均值、K 中心、CLARANS 算法
基于层次的聚类算法	组平均、BIRCH 算法、CURE 算法、CHAMELEON 算法
基于密度的聚类算法	DBSCAN 算法、DENCLUE 算法、OPTICS 算法
基于网格的聚类算法	STING 算法、CLIQUE 算法、WAVE - CLUSTER 算法
基于模型的聚类算法	基于统计学方法聚类算法、基于神经网络方法的聚类算法

在本节中,我们着重介绍 K 均值(基于划分的聚类算法)、组平均(基于层次的聚类算法)和 DBSCAN 算法(基于密度的聚类算法)。

(一) K 均值：基于划分的聚类算法

在基于划分的聚类算法中，以 K 均值（K - Means）算法和 K 中心（K - Medoids）算法最为经典，许多算法都是由这两者改进而来的。其中，K 均值算法要求事先给出拟生成的聚类或簇的个数 K，并以聚类中所有对象的平均值作为聚类的中心，在最小化误差函数的基础上将对象划分到 K 个聚类中。

给定一个含有 n 个对象的数据集，其中每个对象都是 p 维属性元组。希望把该数据集分成 K 个聚类或簇（10K<n），则实现此目标的 K 均值聚类算法的工作步骤如下：

第一步，从 n 个对象中任意选择 K 个作为初始聚类中心。

第二步，计算每个对象与 K 个聚类中心的距离，并把每个对象分配给与其距离最小的聚类中心所代表的聚类。

第三步，待所有对象都分配完成后，重新计算 K 个聚类的聚类中心。

第四步，不断重复第二步和第三步，直到聚类中心不再发生变化时为止。

第五步，输出聚类结果。

以上工作步骤中，第二步的距离应用上述欧几里得距离、曼哈顿距离、闵可夫斯基距离。第三步中聚类中心的计算公式为：

$$e_i = \frac{1}{n_i} \sum_{x \in E_i} x, i = 1, 2, \cdots, K$$

其中，x 是对象，E_i 是第 i 个聚类，e_i 是聚类 E_i 的聚类中心，n_i 表示聚类 E_i 中对象的个数。第四步中判断"聚类中心不再发生变化"的依据是使用误差平方和 SSE，计算公式为：

$$SSE = \sum_{i=1}^{K} \sum_{x \in E_i} [d(x, e_i)]^2$$

值得注意的是，K - 均值聚类方法不能保证获得全局最优的聚类划分，其算法的工作流程往往终止于一个局部最优解，这是因为第一步中初始聚类中心的随意指定会影响解的性质。因此，在实践中通过指定不同的初始聚类中心，多次运行 K - 均值聚类算法，可以得到更好的聚类结果。

(二) 组平均：基于层次的聚类算法

与基于划分的聚类算法不同，基于层次的聚类算法不必指定聚类或簇的数目。它依据聚类之间的邻近度，把给定数据按层次划分为若干个聚类或簇。邻近度事实上也是一种距离，它衡量的是两个聚类之间的距离。常采用邻近度的有最小距离、最大距离和组平均距离，相应的公式依次如下：

$$min\_d(C_i, C_j) = \min_{x \in C_i, y \in C_j} \{|x-y|\}$$

$$max\_d(C_i, C_j) = \max_{x \in C_i, y \in C_j} \{|x-y|\}$$

$$avg\_d(C_i, C_j) = \frac{1}{n_i n_j} \sum_{x \in C_i, y \in C_j} |x-y|$$

其中 C_i、C_j 为第 i、j 个聚类，x，y 分别是聚类 C_i，C_j 中的对象。如果用最小距离 $min\_d(C_i, C_j)$ 来衡量聚类间的距离，则此时基于层次的聚类算法也称为最近邻聚类算法；如果用最大距离 $max\_d(C_i, C_j)$ 来度量聚类间的距离，则基于层次的聚类算法可称为最远邻聚类算法；如果用平均距离来表示聚类间的距离，则基于层次的聚类算法又称为组平均聚类算法。

在具体实施基于层次的聚类算法时，可以采用凝聚的方式，也可以采用分裂的方式。凝聚的层次聚类算法使用自底向上的策略，即初始时把每个对象看作一个聚类，然后依据某种邻近度，把最邻近的两个聚类合并为一个聚类，如此循环操作下去，直到所有的对象都在一个聚类中，或者满足某个终止条件为止。分裂的层次聚类算法采用的是自顶而下的策略，即初始时把所有的对象看作一个聚类，然后依照一定的规则，递归地把这个聚类划分为多个小聚类，直到最底层的聚类只包含一个对象，或者聚类中的对象彼此充分相似而无法划分为止。

给定一个含有 n 个对象的数据集，其中每个对象都是 p 维属性元组。采用凝聚的聚类算法来进行聚类分析，工作流程如下：

第一步，将每个对象当作一个初始聚类。

第二步，计算聚类间的邻近度，合并邻近度最小的两个聚类。

第三步，重复第二步，直到所有对象都在一个类里，或者满足某个终止条件。

第四步，输出聚类结果。

下面将用一份虚构的二维数据集来演示上述工作流程，其中邻近度用平均距离，距离使用欧式距离，二维数据集如表 11-13 和图 11-6 所示。

表 11-13　　　　　　　　　　　　虚构的二维数据集

序号	数据
P1	(6.6, 2.7)
P2	(9.9, 7.3)
P3	(1.1, 2.5)
P4	(0.7, 5.9)
P5	(9.9, 4.6)

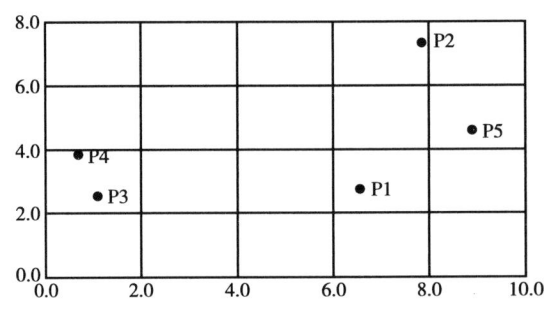

图 11-6 虚构的二维数据集示意图

计算表 11-13 中五个点的欧几里得距离，计算结果如表 11-14 所示。

表 11-14　　　　　　　　　　欧几里得距离结果矩阵

	P1	P2	P3	P4	P5
P1	0	4.78	5.47	6.00	2.96
P2	4.78	0	8.30	8.01	2.92
P3	5.47	8.30	0	1.38	8.04
P4	6.00	8.01	1.38	0	8.24
P5	2.96	2.92	8.04	8.24	0

根据上述算法工作流程，找出距离最近的两个聚类 P3 和 P4，并组合成聚类 {P3,P4}。根据平均距离原则计算聚类间的邻近度，第 1 次更新的欧几里得距离结果矩阵如表 11-15 所示。

$$avg\_d(P1,\{P3,P4\}) = \frac{1}{1\times2}(5.47+6.00) = 5.74$$

$$avg\_d(P2,\{P3,P4\}) = \frac{1}{1\times2}(8.30+8.01) = 8.15$$

$$avg\_d(P5,\{P3,P4\}) = \frac{1}{1\times2}(8.04+8.24) = 8.14$$

表 11-15　　　　　　　　第 1 次更新的欧几里得距离结果矩阵

	P1	P2	{P3, P4}	P5
P1	0	4.78	5.74	2.96
P2	4.78	0	8.15	2.92
{P3, P4}	5.74	8.15	0	8.14
P5	2.96	2.92	8.14	0

根据表 11-15 继续找出距离最近的两个聚类 P2 和 P5，并组合成聚类 {P2,P5}。根据平均距离原则计算聚类间的邻近度，第 2 次更新的欧几里得距离结果矩阵如表 11-16 所示。

$$avg\_d(P1,\{P2,P5\}) = \frac{1}{1\times 2}(4.78+2.96) = 3.87$$

$$avg\_d(\{P3,P4\},\{P2,P5\}) = \frac{1}{2\times 2}(8.15\times 2 + 8.14\times 2) = 8.15$$

表 11-16　　　　　　　　　第 2 次更新的欧几里得距离结果矩阵

	P1	{P2, P5}	{P3, P4}
P1	0	3.87	5.74
{P2, P5}	3.87	0	8.15
{P3, P4}	5.74	8.15	0

根据表 11-16 继续找出距离最近的两个聚类 P1 和 {P2, P5}，并组合成聚类 {P1, P2, P5}。根据平均距离原则计算聚类间的邻近度，第 3 次更新的欧几里得距离结果矩阵如表 11-17 所示。

$$avg\_d(\{P3,P4\},\{P1,P2,P5\}) = \frac{1}{2\times 3}(5.74 + 8.15\times 4) = 6.39$$

表 11-17　　　　　　　　　第 3 次更新的欧几里得距离结果矩阵

	{P1, P2, P5}	{P3, P4}
{P1, P2, P5}	0	6.39
{P3, P4}	6.39	0

根据表 11-17，最终合并剩下的两个聚类。整个过程如图 11-7 所示。

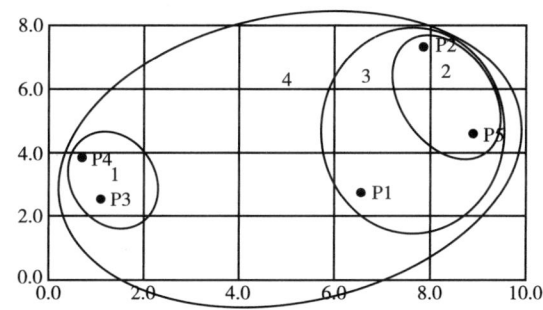

图 11-7　组平均聚类算法举例结果图

（三）DBSCAN 算法：基于密度的聚类算法

基于密度的聚类算法旨在从样本数据空间中找出所有由核心样本点及其密度可达的样本点构成的聚类。一个样本点被称为核心样本点，当且仅当以该点为中心，在给定半径 ε 的邻域内的样本点数目超过某个阈值或样本密度超过某个密度阈值（用户指定的参数 MinPts）。达不到此要求的样本点则被称为边界样本点。如果 a 是一个核心样本点，b 在 a

的 ε 邻域内，则称 a 直接密度可达 b。又 b 直接密度可达 c，那么可称 a 密度可达 c。容易认识到，从一个核心样本点出发，通过密度可达二元关系把样本点串联起来构成的聚类会出现诸如 S 形、折线形、椭圆形的形状，这克服了基于划分的聚类算法和基于层次的聚类算法，很难发现非球状聚类的不足。同时，还克服了基于层次的聚类算法遇到极少数离群噪声点时出现的分类错误问题。

基于密度的聚类算法有很多种，其中 DBSCAN 算法最为经典。DBSCAN 算法的工作流程如下：

第一步，给出参数 ε 和 MinPts 的值，并把所有样本点的访问状态设置为"未访问"，聚类状态设置为"无"。从样本集中任取样本点 a。

第二步，把样本点 a 的状态改为"访问"。根据参数 ε 和 MinPts 的值，对所选样本点 a 作出判定：如果 a 是核心数据点，则建立新聚类 S，并把 a 添加到 S 中，其聚类状态改为"有"，同时把 a 的 ε 邻域内的所有样本点放入候选集合 N；如果 a 不是核心数据点，则将 a 标记为边界点或噪声点。

第三步，任取集合 N 中一个"未访问"的样本点 b，修改其访问状态为"访问"。根据参数 ε 和 MinPts 的值，对样本点 b 作出判定：如果 b 是核心数据点，且 b 的聚类状态为"无"时，就把 b 加入到聚类 S 中，其聚类状态改为"有"，同时把 b 的 ε 邻域内的所有样本点放入候选集合 N。

第四步，重复实施第三步，继续添加对象到聚类 S 中，直到不能再扩展，即直到候选集合 N 为空为止。此时，聚类 S 完全生成，于是被输出。

第五步，从样本集中任意挑选一个"未访问"的样本点，重复第二步到第四步，直到所有对象都已被访问为止。于是，所有的聚类均已被找到和输出。

作为一种基于密度的聚类算法，DBSCAN 算法具有可发现任意形状的聚类和不易受噪声影响的优点。在运用 DBSCAN 算法时，需要预先指定参数 ε 和 MinPts 的值，如果指定不当，则会影响聚类结果。比如阈值过大时，同一聚类会被分割为多个类，阈值过小时，不同聚类会被合并。

三、特征抽取

特征抽取是数据挖掘技术中一种常用的数据降维方法。它通过对数据的特征进行概括和总结，改变了数据的属性，使数据被更少的、更有意义的属性所描述，有助于提高后续建模的质量。特征抽取的算法有很多，本书重点介绍主成分分析法和因子分析法这两种最为经典的特征提取算法。

(一) 主成分分析法

主成分分析法是一种将多指标压缩为少数几个综合指标的统计分析方法。在实际工作中，所涉及的大量指标间存在相互联系和相互影响，因而使所观察到的数据在一定程度上存在信息重叠现象。如果人为地舍弃一些相关指标，很可能丢掉了许多有用的信息；如果把所有指标放在一起进行分析，势必增加分析问题的复杂性。因此，人们自然希望设计出一种能用较少的综合变量替代原有变量（降维），且同时又能尽可能保留原有变量信息的方法（保真），来代替人为武断的变量舍取。主成分分析恰好是这样一种既能降维又能保真的方法。

设 $X = (X_1, X_2, \cdots, X_p)^T$ 是 p 维随机向量，$E(X) = \mu$，$Var(X) = \sum$，考虑它的线性变换：

$$Z_1 = a_1^T X = a_{11} X_1 + a_{21} X_2 + \cdots + a_{p1} X_p$$
$$Z_2 = a_2^T X = a_{12} X_1 + a_{22} X_2 + \cdots + a_{p2} X_p$$
$$\cdots\cdots\cdots\cdots\cdots\cdots\cdots\cdots\cdots\cdots$$
$$Z_p = a_p^T X = a_{1p} X_1 + a_{2p} X_2 + \cdots + a_{pp} X_p$$

当 $E(X) = 0$ 和 $Var(X) = \sum$ 已知时，通过解方程 $|\sum - \lambda I| = 0$ 先求出 $\sum$ 的特征值和单位正交特征向量。设特征值从大到小排列为 $\lambda_1 \geq \lambda_2 \geq \cdots \geq \lambda_p$，相应的单位正交特征向量为 a_1，a_2，$\cdots$，a_p，则 X 的第 i 个主成分为 $Z_i = a_i^T X$ ($i = 1, 2, \cdots, p$)。

在实际问题中，协方差矩阵 $\sum$ 通常是未知的，需要通过样本来估计。只要得到样本协方差矩阵 S，就可以解方程 $|S - \lambda I| = 0$ 求得 S 的特征值和单位正交特征向量，进而求得样本的主成本。主成分分析算法的步骤如下：

第一步，对样本矩阵进行数据标准化处理，并求得样本协方差矩阵 S。

第二步，基于 S 计算其特征值 $\lambda_1 \geq \lambda_2 \geq \cdots \geq \lambda_p$ 和相应的单位正交特征向量 a_1，a_2，$\cdots$，a_p。

第三步，用公式计算 $\sum_{i=1}^{w} \lambda_i / \sum_{i=1}^{p} \lambda_i$ 前 $1, 2, \cdots, w$ 个主成分对变异的累计贡献量，主要累积贡献量达到一定值后（比如 90%），就可以将后面的因子去掉，从而达到压缩数据的目的。

(二) 因子分析法

因子分析法是主成分分析法的推广和发展，它通过研究原始变量的相关矩阵的内部依赖关系，试图找出支配相关关系的少数几个因子，以便达到降低数据维度以及用少数变量更好地解释复杂问题的目的。

对于因子分析法的基本思想，可通过一个实例加以说明。在银行是否发放贷款的决策问题上，银行通常需要收集借款人的各种信息，包括性别、民族、年龄、婚姻状况、常住地、个人收入、家庭年收入、家庭年支出、家庭成员数、房产、汽车、股票账户、理财、工作单位、职业、贷款用途、征信情况等。这些信息可以归纳为个人基本信息、财务状况、资产情况、工作情况等方面，每一个方面都是一个因子，因此适合用因子分析进行建模。

设 $X = (X_1, X_2, \cdots, X_p)^T$ 是 p 维随机向量，其中 X_i 表示第 i 个观察变量。对随机向量进行了 n 次观察，第 t 次的观察结果记为 $X_{(t)} = (x_{t1}, x_{t2}, \cdots, x_{tp})^T (t = 1, 2, \cdots, n)$，在不至于混淆的情况下，仍然以 X 表示样本数据矩阵：

$$X_{n \times p} = \begin{bmatrix} x_{11} & x_{12} & \cdots & x_{1p} \\ x_{21} & x_{22} & \cdots & x_{2p} \\ \vdots & \vdots & & \vdots \\ x_{n1} & x_{n2} & \cdots & x_{np} \end{bmatrix} = \begin{bmatrix} X_{(1)}^T \\ X_{(2)}^T \\ \vdots \\ X_{(n)}^T \end{bmatrix}$$

因子分析法的基本步骤如下（采用主成分估计法）：

第一步，输入原始数据 $X_{n \times p}$，计算样本均值 $\overline{X}$、样本协方差 S 和样本相关系数矩阵 R。

$$\overline{X} = \frac{1}{n} \sum_{t=1}^{n} X_{(t)} = (\overline{x}_1, \cdots, \overline{x}_p)^T$$

$$S = \frac{1}{n-1} \sum_{t=1}^{n} (X_{(t)} - \overline{X})(X_{(t)} - \overline{X})^T \mathrm{def}(s_{ij})$$

$$R = \frac{(s_{ij})}{\sqrt{s_{ii} s_{jj}}} = (r_{ij})$$

其中 $s_{ij} = \frac{1}{n-1} \sum_{t=1}^{n} (x_{ti} - \overline{x}_i)(x_{tj} - \overline{x}_j)$，$i, j = 1, 2, \cdots, p$

第二步，求出 R 的特征根和标准正交特征向量。记 $\lambda_1 \geq \lambda_2 \geq \cdots \geq \lambda_p \geq 0$ 为 R 的特征根，其对应的单位正交特征向量为 $L_1, L_2, \cdots, L_p$。

第三步，确定公共因子个数 m，取 m 为满足：

$\frac{\lambda_1 + \lambda_2 + \cdots + \lambda_m}{\lambda_1 + \lambda_2 + \cdots + \lambda_p} \geq 0.8$（或 0.7 或 0.9）的最小整数。令 $a_i = \sqrt{\lambda_i} L_i$（$i = 1, 2, \cdots, m$），则因子载荷矩阵 A 为：$A = (a_1, a_2, \cdots, a_m)$。

第四步,计算公共因子的共性方差 h_i^2 和特殊因子方差 $\hat{\sigma}_i^2$。

$$h_i^2 = \sum_{t=1}^{m} a_{it}^2 (i = 1, 2, \cdots, p)$$

$$\hat{\sigma}_i^2 = 1 - \sum_{t=1}^{m} a_{it}^2 (i = 1, 2, \cdots, p)$$

第五步,对 m 个公共因子作解释,进一步对公共因子作出专业性的解释。

四、关联规则

关联规则用于发现隐藏在大型事务或关系数据集中属性之间令人感兴趣的相关关系。最早由 Agrawal、Imielinski 和 Swami 于 1993 年提出,起初被用于分析超市已售商品之间的相关性,目的在于帮助超市经理更好地管理在售商品,让顾客在购买某种商品时,理所当然地把搭售的商品也放入其购物篮,因此也称为购物篮分析。由于关联规则简单、易懂以及实用性高,因此其应用领域早已不再局限于购物篮分析,早就扩展到交叉销售、客户流失分析、金融服务、电子商务等众多领域。

关联规则分析是当前数据挖掘领域最活跃的研究之一,研究者们希望创建关联规则的新算法来更好地挖掘数据集中属性或项之间的关联。为了对此有基本的知识储备,本节将着重介绍关联规则的基本概念和两个经典算法——Apriori 算法和 FP – Growth 算法。

(一) 与关联规则相关的基本概念

关联规则作用于事务数据库中的事务 (Transaction)。每个事务 T 包含一个唯一的事务标识号和一列构成交易的项 (Item)。一列构成交易的项或一个项的集合都被称为一个项集 (Itemset)。若一个项集有 k 个项,则该项集被称为 k 项集。如集合 $\{$面包,牛奶,可乐$\}$ 是一个 3 项集。

设 $I = \{I_1, I_2, \cdots, I_m\}$ 是项集,D 是事务数据集,且其中每个事务 T 都是非空项集。又设 X 和 Y 是非空项集。关联规则是形如 $X \Rightarrow Y$ 的蕴含式,且满足 $X, Y \subset I$,$X, Y \neq \emptyset$,$X \cap Y = \emptyset$。规则 $X \Rightarrow Y$ 在 D 中成立,具有支持度 s 和置信度 c,则计算公式为:

$$s = support(X \Rightarrow Y) = P(X \cup Y)$$

$$c = confidence(X \Rightarrow Y) = P(Y \mid X)$$

若关联规则的支持度大于最小支持度阈值,同时置信度大于最小置信度阈值,则称关联规则为强规则。其中最小支持度阈值和最小置信度阈值由用户或专家指定,取 0% ~ 100% 的某个百分数。

D 中包含项集 X 的事务数量被定义为该项集的出现频度或频度、支持度计数或计数、绝对支持度。相对地,把有通过 $support(X)$ 算出的支持度称为相对支持度。如果项集 X 的相对支持度满足最小支持度阈值,或者其绝对支持度满足最小支持度计数阈值,则 X 是频繁项集。频繁 k 项集的集合记为 L_k。又因为

$$confidence(X \Rightarrow Y) = P(Y|X) = \frac{support(X \cup Y)}{support(X)} = \frac{support\_count(X \cup Y)}{support\_count(X)}$$

这表明规则 $X \Rightarrow Y$ 的置信度可通过 X 和 $X \cup Y$ 的支持度计数算出。一旦得到 X、Y 和 $X \cup Y$ 的支持度计数,立刻就可算出规则 $X \Rightarrow Y$ 和规则 $Y \Rightarrow X$ 的支持度和置信度,进而检验规则是否为强规则。因此,关联规则的挖掘问题就被转化为频繁项集的挖掘问题。

(二) Apriori 算法:通过限制候选产生来查找频繁项集

Apriori 算法是 Agrawal 和 Srikant 在 1994 年提出的,用于发现频繁项集的基本算法。它使用逐层迭代的频繁集查找策略,充分利用了"频繁项集的所有非空子集一定都是频繁的,非频繁项集的所有超集一定也是非频繁的"这一先验知识来限制下一次迭代的候选项集的产生,提高频繁项集的查找效率。Apriori 算法的实现包括"找出所有的频繁项集"和"由频繁项集产生强关联规则"两个阶段。

第一阶段:找出所有的频繁项集

第一步,把所有的候选 1 项集放入集合 C_1 中,遍历数据库以获得每个项集的支持度计数,并与事先指定的最小支持度计数做比较,找出频繁 1 项集,放入集合 L_1。

第二步,在频繁项集的集合 L_1 上使用连接 $L_1 \bowtie L_1$,产生候选 2 项集的集合 C_2。利用"频繁项集的所有非空子集一定都是频繁的"这一先验知识,检查候选 2 项集 C_2 并删掉不满足这一要求的候选 2 项集。遍历数据库以获得 C_2 中每个项集的支持度计数,与事先制定的最小支持度计数做比较,找出频繁 2 项集,放入集合 L_2。

第三步,重复第二步的过程,即由连接 $L_{k-1} \bowtie L_{k-1}$ 生成候选 k 项集的集合 C_k,利用先验知识删掉 C_k 非频繁的项集。如果 $C_k \neq \emptyset$,就遍历数据库获得 C_k 中每个项集的支持度计数,与最小支持度计数做比较,找出频繁 k 项集,放入集合 L_k。否则算法终止,输出数据库中的频繁 $k-1$ 项集的集合 L_{k-1}。

第二阶段:由频繁项集产生强关联规则

第一步,任取集合 L_{k-1} 中一项 l,产生 l 的所有非空真子集。

第二步,检验 l 的每一个非空真子集 s,如果它满足 l 的支持度计数、s 的支持度计数和最小置信度阈值 min_conf 的下列关系:

$$\frac{support\_count(l)}{support\_count(s)} \geq min\_conf$$

则输出规则"$s \Rightarrow (l-s)$"。

第三步,当集合L_{k-1}中所有的项都已访问,输出所有已找到的强关联规则。

在第一阶段中,每一次迭代都需要通过遍历数据库来获得候选集中项集的支持度计数。如果是遍历大型数据库,这种操作不仅会大大增加计算机系统的开销,还会随着数据库中记录的增加而呈几何级数增加。与此同时,还可能会产生大量的候选项集,例如若有1 000个频繁1项集,那么将会产生499 500个候选2项集。因此,有必要寻找降低系统开销的其他办法。

(三) FP-Growth算法

频繁模式增长(Frequent-Pattern Growth,FP-Growth)算法在一定程度上克服了Apriori算法的缺点,在发现频繁模式时不用产生候选项集。它采用如下策略:先将数据库中的频繁项集压缩到一棵保留了项集关联信息的频繁模式树中,而后将频繁模式树分成关联了一个频繁项或者模式片段的条件子树,接着通过考察条件子树,获得频繁模式,最后从频繁模式中找出所有的关联规则。

FP-Growth算法的工作流程如下:

第一步,与Apriori算法一样,第一次扫描数据库,用于生成频繁1项集的集合L。与Apriori算法不同的是,对于L,主排序按照支持度计数递减进行排序;如果支持度计数相同,次排序就按项标识号进行字典序排序。

第二步,构造频繁模式树:首先创建一个标记为"NULL"的根节点。第二次扫描数据库,按照L中项标识的顺序对每个事务T进行排序,并为每个事务创建一个从根节点出发的分枝,路径依次是T的第一个项连接根"NULL",第二个项连接第一个项,依次类推,直到最后一个项连接了前一个项,就表示特定事务T的分枝已创建完成。原则上数据库有n个事务,就创建从根"NULL"出发的n个分枝。由于项的数目m小于事务数量n,因此一定存在"由根到一级子结点"路径完全相同的分枝。将这样的分支压缩在一起,并把该子结点的计数增加1。合并后考察该分枝中的一级子结点,一旦发现"一级子结点到二级子结点"路径完全相同的分枝,就实施合并,并把二级子结点的计数增加1,依次类推,直到抵达叶子节点为止。这样,整个事务数据库就完全转换为一棵高度压缩的频繁模式树。数据库频繁模式的挖掘问题就转换为频繁模式树的频繁模式挖掘问题。

第三步,频繁模式挖掘:从L中最后一项开始,找出该项的所有分枝和路径。对于每条路径,如果把该项看作后缀,那么路径的其余部分就是前缀路径。以前缀路径构造该项的条件模式基,进而构造该项的条件频繁模式树,找出其中的频繁模式。当上述操作沿着L中的顺序,从后往前进展到顺数第二项,操作完毕后,频繁项集的挖掘就完成了。

第四步,输出已挖掘的频繁项集,并根据这些项集,找出强关联规则。其过程与 Apriori 算法并无多大差别。

五、时间序列分析

时间序列数据是某个观测指标在不同时间点的观测值按照时间上的先后顺序排列而成的一列数据。生活中存在大量的时间序列数据,如股票市场的行情数据、高速公路的车流量数据、超级市场的销售额数据、一国 GDP 数据等。它们反映了经济和生活的不同侧面,需要使用各种工具挖掘其中隐藏的规律和丰富的信息。挖掘任务大体上分为时间序列数据相似性搜索、分类、聚类、模式识别、预测、可视化等。用于挖掘任务的工具有很多,本节着重介绍如何用时间序列分析方法分析一个已被观测了的时间序列,预测其未来值,完成挖掘任务之一——预测。

时间序列分析是一套应用随机过程理论和数理统计学方法处理时间序列数据,试图发现其所遵从的统计规律以解决实际问题的方法。在具体进行分析时,需要根据拟解决的问题和时间序列数据的特点,选择合适的模型来完成目标。供选择的模型有平滑法模型、趋势拟合法模型、组合模型、AR 模型、MA 模型、ARMA 模型、ARIMA 模型、ARCH 模型、GARCH 模型、灰色系统预测模型等众多适用前提条件和应用场合不同的模型。在本小节中,我们侧重于介绍用于非平稳时间序列分析的 ARIMA 模型的核心思想,以及应用 ARIMA 模型进行预测的完整过程。

(一) ARIMA 模型基础知识

ARIMA 模型,全称为差分整合移动平均自回归模型(Autoregressive Integrated Moving Average Model),是由 George Box 和 Gwilym Jenkins 于 20 世纪 70 年代提出的一种能处理趋势因素和季节因素的时间序列预测分析方法。模型通常以 ARIMA(p, d, q) 的形式出现,其中 AR 是自回归,p 是自回归项数,MA 是移动平均,q 是移动平均项数,d 则是非平稳时间序列变为平稳时间序列需要的差分次数。

ARIMA 模型的核心思想是将用于预测的时间序列看作一个随机的序列,以时间序列的自相关分析为基础,找出能较好拟合数据序列的模型,随后以时间序列的过去值和现在值为输入值,利用找到的模型进行运算,以其结果值作为预测未来值。

ARIMA 模型适合于处理差分平稳的时间序列数据。在现实生活中,除了少数经济指标的时间序列是平稳的,如利率,大多数指标的时间序列是差分平稳的,如以不变价格表示的消费额、收入等流量指标的时间序列数据,只需一次差分就可以转化为平稳的；以不变价格表示的资产总值、储蓄余额等存量指标的时间序列数据，通常经过两次差分就能实现平稳。因此 ARIMA 模型适用于不同的经济环境。与此同时，ARIMA 模型综合考虑了数据在时间上的相关性和在随机波动方面的干扰性，具有短期预测能力较强的优点。

（二）ARIMA 模型的数学公式

ARIMA(p, d, q) 是一个混合了差分、自回归、移动平均的模型，兼具了 ARMA(p, q)、AR(p) 和 MA(q) 的性质，因此比 ARMA(p, q)、AR(p) 和 MA(q) 模型更具普遍性意义。

设 $\{X_t\}$ 表示一组按照时间顺序排列的随机变量 X_1, X_2, $\cdots$, X_t, $\cdots$；用 $\{x_t\}$ 表示时间序列的一个实现，即时间序列观察值的序列；用 $\{x_t, t=1, \cdots, n\}$ 表示时间序列的 n 个有序观察值。一个 AR(p) 过程具有如下数学表达式：

$$X_t = \varphi_1 X_{t-1} + \varphi_2 X_{t-2} + \cdots + \varphi_p X_{t-p} + \mu_t$$

如果随机干扰项 μ_t 是一个白噪声（一个具有零均值同方差的独立分布序列），那么上式描述了一个纯 AR(p) 过程。如果 μ_t 不是一个白噪声，通常认为它是一个纯 MA(q) 过程：

$$\mu_t = \varepsilon_t - \theta_1 \varepsilon_{t-1} - \theta_2 \varepsilon_{t-2} - \cdots - \theta_q \varepsilon_{t-q}$$

将 AR(p) 过程和纯 MA(q) 过程结合起来就是 ARMA(p, q) 过程：

$$X_t = \varphi_1 X_{t-1} + \varphi_2 X_{t-2} + \cdots + \varphi_p X_{t-p} + \varepsilon_t - \theta_1 \varepsilon_{t-1} - \theta_2 \varepsilon_{t-2} - \cdots - \theta_q \varepsilon_{t-q}$$

引入滞后算子 L，对任意 p 和 q，定义 $X_{t-p} = L^p X_t$ 和 $\varepsilon_{t-q} = L^q \varepsilon_t$。这样 AR($p$) 过程、MA($q$) 过程和 ARMA($p$, q) 过程分别重新表述为：

$$\left(1 - \sum_{i=1}^{p} \varphi_i L^i\right) X_t = \mu_t$$

$$\mu_t = \left(1 - \sum_{i=1}^{q} \theta_i L^i\right) \varepsilon_t$$

$$\left(1 - \sum_{i=1}^{p} \varphi_i L^i\right) X_t = \left(1 - \sum_{i=1}^{q} \theta_i L^i\right) \varepsilon_t$$

引入差分算子 ∇，定义 $\nabla X_t = X_t - X_{t-1}$（$t>1$），则：

$$\nabla^2 X_t = \nabla(\nabla X_t) = \nabla(X_t - X_{t-1}) = \nabla X_t - \nabla X_{t-1} = X_t - 2X_{t-1} + X_{t-2}$$

结合滞后算子 L，将上式最右边的式子改成算子形式，则有：

$$\nabla^2 X_t = X_t - 2L X_t + L^2 X_t = (1-L)^2 X_t$$

$$\nabla^2 = (1-L)^2$$

容易证明，对于任意 $d \geq 1$ 总有 $\nabla^d = (1-L)^d$。

经过滞后算子和差分算子的转换后，ARIMA(p, d, q) 模型可以表示为：

$$\left(1 - \sum_{i=1}^{p} \varphi_i L^i\right) \nabla^d X_t = \left(1 - \sum_{i=1}^{q} \theta_i L^i\right) \varepsilon_t$$

$$\left(1 - \sum_{i=1}^{p} \varphi_i L^i\right)(1-L)^d X_t = \left(1 - \sum_{i=1}^{q} \theta_i L^i\right) \varepsilon_t$$

（三）ARIMA 模型预测的流程

第一步，时间序列数据的平稳性识别。一是通过时间序列的图形加以判断，比如通过观察时间序列的散点图、自相关函数图和偏自相关函数图等；二是通过单位根检验方法作出平稳性判断，如 DF 检验、ADF 检验。

第二步，进行差分处理。对非平稳时间序列进行差分处理，使之成为平稳的序列。进一步地，如果数据存在异方差，还需应用相关技术进行处理，直到序列变平稳。最终都是通过检验修改后的数据的自相关函数和偏自相关函数与 0 有无显著差异来判断。无显著差异，则时间序列已变平稳。记录下差分次数 d_0。

第三步，选择合适的模型。根据平稳时间序列的自相关函数图和偏自相关函数图的形态进行模型选择和初始参数选择。如果平稳序列的自相关函数是拖尾的、偏自相关函数是拖尾的，则选择 ARMA 模型。再根据自相关函数从哪一阶段开始衰减趋于 0 来初步确定参数 q_0，根据偏自相关函数从哪一阶段开始衰减趋于 0 来初步选择参数 p_0。如果自相关函数是拖尾的，偏自相关函数是截尾的，则选择 AR 模型，再根据偏自相关函数的截尾阶数确定参数 p_0。如果自相关函数是截尾，偏自相关函数是拖尾的，则选择 MA 模型，再根据自相关函数的截尾阶数确定参数 q_0。如此就确定了模型为 ARIMA(p_0, d_0, q_0)。

第四步，参数估计和检验。由参数（p_0, d_0, q_0）最多可导出 $(p_0+1)(q_0+1)-1$ 个可能的 ARIMA(p, d, q) 模型，如 ARIMA(0, d_0, 1)，…，ARIMA(0, d_0, q_0) 等，这些模型是相互竞争的，用于预测的最优模型将从中选出。估计每一个模型的参数，根据 R^2 判断模型设定是否得当，用 t 值对应的 p 值判断参数是否显著等，剔除没通过拟合优度检验和参数显著性检验的模型。对剩下的模型作 "模型残差是否为白噪声序列" 的检验，进一步减少模型的数量。

第五步，最优模型的选择。综合 AIC（Akaike Information Criterion）、SC（Schwarz Criterion）、BIC（Bayesian Information Criterion）等多个标准和选择规则，确定最优模型。

第六步，运用最优模型进行预测分析。

值得注意的是，第二步对非平稳时间序列进行差分处理会造成不同程度的信息损失，且差分次数越多，损失的信息越多，这最终会影响到第六步预测的准确度。如果有一种能直接处理非平稳时间序列的方法,将会提高模型预测的准确度。为了形象地描述 ARIMA 模型预测的流程,用图 11-8 来展示。

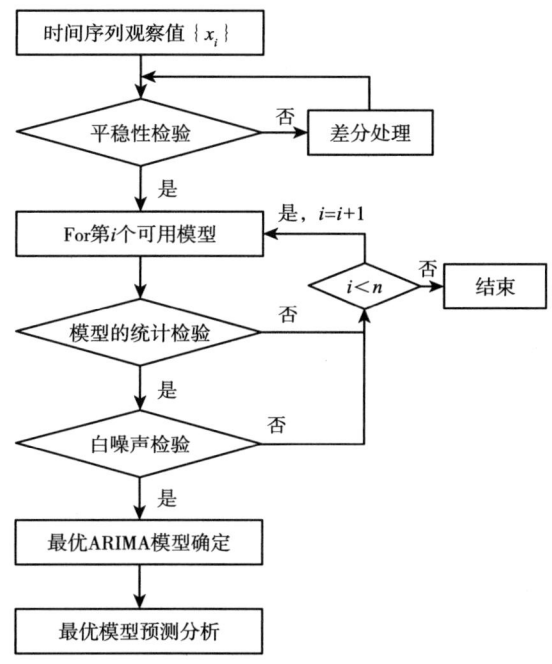

图 11-8 ARIMA 模型预测的流程图

本章复习题

1. 证券期货行业数据有哪些特点?
2. 中国银行业数据有哪些类型?
3. 什么是数据挖掘?什么是金融大数据挖掘?
4. 简述金融大数据挖掘的基本流程。
5. 什么是分类?有哪些常见的分类方法?简要描述它的应用范围。
6. 什么是聚类分析?有哪些常见的聚类分析方法?试比较它们的优缺点。
7. 什么是关联规则?简述常见的关联规则方法及其步骤。
8. 什么是时间序列分析?
9. 简述 ARIMA 模型预测的流程。

参考文献

［1］曹云波，姜家祥．大数据时代专业互联网保险公司的机遇与挑战——以"众安在线"为例．财会月刊，2015（08）：93-96．

［2］陈国青，吴刚，顾远东等．管理决策情境下大数据驱动的研究和应用挑战——范式转变与研究方向．管理科学学报，2018（7）．

［3］陈辉．监管科技框架与实践．中国经济出版社，2019．

［4］陈学彬．程序化交易初级教程．高等教育出版社，2017．

［5］陈敏等．大数据浪潮：大数据整体解决方案及关键技术探索．华中科技大学出版社，2015．

［6］陈云．大数据金融．上海科学技术出版社，2015．

［7］丁鹏．量化投资与FoF基金入门．电子工业出版社，2019．

［8］段永兴．大数据时代商业银行的经营管理策略探析．商业经济，2018（18）．

［9］范佩朕，徐冰雪，赵钟伟．大数据在商业银行的技术实现和应用．现代商业，2020（3）．

［10］高祥宝．程序化交易实验教学设计．实验技术与管理，2015（6）．

［11］高志．金融工程专业人才培养本科《量化投资实验》教学设计研究．经济研究导刊，2014（18）．

［12］耿聪．互联网金融背景下消费金融发展研究．科技经济市场，2019（05）：38-40．

［13］桂泽发．智能投顾或将掀起银行再造第三次浪潮．金融经济，2017（9）．

［14］何大安．金融大数据与大数据金融．学术月刊，2019（12）：33-41．

［15］何平平，车云月．大数据金融与征信．清华大学出版社，2017．

［16］洪松林等．数据挖掘技术与工程实践．机械工业出版社，2014．

［17］侯晓玥．大数据金融的风险与挑战分析．商场现代化，2019（2）：122-123．

［18］黄卓．互联网金融时代中国个人征信体系建设研究．中国社会科学出版

社，2018.

[19] 吉祖来，张建平，丁爱琴等. 监管科技在支付结算领域应用研究. 金融会计，2019（4）.

[20] 鞠彦辉，何毅，许燕等. 线上供应链金融商业模式之比较——基于多案例研究. 财会月刊，2016（23）：110-113.

[21] 李成刚. 基于订单流大数据的证券投资策略研究. 科学出版社，2019.

[22] 李劲松等. 智能投顾. 机械工业出版社，2018.

[23] 李晴. 互联网证券智能化方向：智能投顾的法律关系、风险与监管. 上海金融，2016（11）.

[24] 李硕，杨芳. 大数据时代下互联网金融的发展研究. 现代商业，2019（35）：131-133.

[25] 李文鹏，高宇菲等. 深度学习在量化投资中的应用. 统计与管理，2017（8）.

[26] 李焰，王琳，苏剑晓等. 从惩戒"老赖"看信用与失信成本——以最高法与芝麻信用合作为例. 中国银行业，2017（12）.

[27] 李荣. 电商供应链网络融资研究——基于阿里金融与京东金融的对比分析. 农村金融研究，2018（01）：30-34.

[28] 李勇，徐荣. 大数据金融. 电子工业出版社，2016.

[29] 雷晨光，陈运娟. 大数据时代下商业银行客户关系管理思维变革. 金融与经济，2015（4）.

[30] 林巍，王祥兵. 大数据金融商业模式的构成要素与创新趋势. 经营与管理，2016（4）：24-26.

[31] Rishi K.. 打开量化投资的黑箱. 机械工业出版社，2012.

[32] 零壹财经·零壹智库. 金融基石：全球征信行业前沿. 电子工业出版社，2018.

[33] 刘鹏. 大数据. 电子工业出版社，2017.

[34] 刘世平. 大数据在金融行业实用案例剖析：系列之二. 经济科学出版社，2017.

[35] 刘世平. 大数据在金融行业实用案例剖析：系列之三. 经济科学出版社，2018.

[36] 刘诗雨. 大数据金融模式研究. 湖南大学出版社，2018.

[37] 刘晓星. 大数据金融. 北京：清华大学出版社，2018.

[38] 刘业政，孙见山，姜元春等. 大数据的价值发现：4C模型. 管理世界，2020（36）.

[39] 鲁万波，黄光麟，Kris Boudt. 股市涨跌预测与量化投资策略：基于时变矩成分分析. 中国管理科学，2020（2）.

[40] 卢小松．论大数据金融的发展趋势．经济研究导刊，2018（368）．

[41] 倪嘉津．金融生态环境综合评价及与经济增长的关系研究．浙江工商大学出版社，2018．

[42] 奇兰涛，杨唯实．大数据环境下银行数据分布与存储架构设想．中国金融电脑，2013（7）．

[43] 秦士伟，马云飞，玛嫄．大数据在信用卡领域的应用研究——基于农业银行信用卡的实践．农村金融研究，2018（7）．

[44] 沈皓璠，纪元．浅谈互联网金融背景下消费金融的发展趋势．时代金融，2018（36）：38-43．

[45] 司马新义，夏莹．新形势下国有商业银行中间业务转型发展路径探析．金融经济，2020（3）．

[46] 宋志秀．大数据驱动下我国商业银行构建智慧金融的策略研究．当代经济，2020（01）：112-114．

[47] 孙国峰．从 FinTech 到 RegTech．清华金融评论，2017（5）．

[48] 孙国峰．发展监管科技构筑金融新生态．清华金融评论，2018（3）．

[49] 孙国峰．监管科技研究与实践——中国支付清算协会监管科技研究组优秀课题成果集．中国金融出版社，2019．

[50] 孙文娜，胡继成．中国近代征信业研究．人民出版社，2018．

[51] 孙杨，苗家铭，陈惠民．商业银行大数据挖掘与应用．经济管理出版社，2019．

[52] 田汉卿．量化投资与程序化交易．清华金融评论，2016（2）．

[53] 田小娟．保险科技的发展及风险研究．科技与金融，2019（06）：91-95．

[54] 任衡．智能投顾面临五大挑战．中国经济周刊，2017（39）．

[55] 佟伟民．程序化交易及其监管．中国金融，2017（4）．

[56] 唐家才．小微普惠、无微不至——浙江网商银行科技普惠的实践之路．中国金融电脑，2019（12）．

[57] 王金红．农行试点 x86 服务器应对大数据挑战．金融电子化，2014（3）．

[58] 王军伟．风控——大数据时代下的信贷风险管理和实践．电子工业出版社，2017．

[59] 王韦雯．数字普惠金融下的互联网个人征信业务探索——以芝麻信用为例．时代金融，2017（33）．

[60] 王勇，隋鹏达，关晶奇．金融风险管理．机械工业出版社，2014．

[61] 汪路．论征信的十个特征．征信，2010（2）．

[62] 汪路. 征信：若干基本问题及其顶层设计. 中国金融出版社, 2018.

[63] 王媛, 毛敏. 我国电商平台供应链金融融资模式研究——以蚂蚁金服、京东、苏宁为例. 物流工程与管理, 2019 (03)：75-78.

[64] 谢平, 邹传伟. 网络借贷与征信. 中国金融出版社, 2017.

[65] 谢志龙. 大数据视角下的社会化媒体对证券市场的影响研究. 西南财经大学出版社, 2019.

[66] 徐力. 大数据证券监管之路. 中国金融, 2015 (5).

[67] 徐前特, Chiente Hsu. 量化投资. 中国人民大学出版社, 2018.

[68] 徐宗本, 冯芷艳, 郭迅华等. 大数据驱动的管理与决策前沿课题. 管理世界, 2014 (11).

[69] 闫鼎华. 基于大数据的商业银行风险预警研究. 经济研究导刊, 2018 (17) 146-148.

[70] 杨善林, 周开乐. 大数据中的管理问题：基于大数据的资源观. 管理科学学报, 2015 (5).

[71] 张立钧. 中国智能投顾市场蕴藏巨大潜力. 清华金融评论, 2016 (10).

[72] 张良均等. MATLAB 数据分析与挖掘实战. 机械工业出版社, 2015.

[73] 张晓露, 马先仙. 大数据在金融行业中的应用研究. 时代金融, 2019 (25)：38-41.

[74] 赵卫东, 董亮. 数据挖掘实用案例分析. 清华大学出版社, 2018.

[75] 赵志升. 大数据挖掘. 清华大学出版社, 2019.

[76] 郑志明, 缪绍日, 荆丽丽. 金融数据挖掘与分析. 机械工业出版社, 2015.

[77] 郑志明. 金融数据挖掘与分析. 机械工业出版社, 2015.

[78] 朱扬勇. 大数据资源. 上海科学技术出版社, 2018.

[79] 中国人民银行开封市中心支行课题组. 大数据金融体系建设与应用研究——以兰考普惠金融改革试验区为范本. 金融理论与实践, 2017 (6)：105-109.

[80] 中国支付清算协会金融大数据研究组. 金融大数据创新应用. 中国金融出版社, 2018.

[81] 钟润涛, 胥爱欢. 美、英、日三国互联网保险发展比较及对我国的启示. 南方金融, 2016 (09)：77-82.

[82] Ehret M. Kashyap V. Wirtz J. Business models：Impact on business markets and opportunities for marketing research [J]. Industrial Marketing Management. 2013. 42 (5)：649-655.

[83] Einav. L. . and Levin. J. . 2014. "Economics in the Age of Big Data". Science. 346 (6210). 715-721.

[84] Favaretto Maddalena. Shaw David. De Clercq Eva. Joda Tim. Elger Bernice Simone. Big Data and Digitalization in Dentistry: A Systematic Review of the Ethical Issues. [J]. International journal of environmental research and public health. 2020. 17 (7).

[85] Jiawei Han. Micheline Kamber. Jian Pei. 数据挖掘：概念与技术（原书第3版）. 机械工业出版社，2012.

[86] Zott C. Amit R. Creating Value Through Business Model Innovation. MIT Sloan Management Review. 2010. 53. 41-49.